O Poder das Emoções
A DESCOBERTA DA INTELIGÊNCIA EMOCIONAL

Fritz Stemme

O Poder das Emoções

A DESCOBERTA DA INTELIGÊNCIA EMOCIONAL

Tradução
HILDEGARD HERBOLD

EDITORA CULTRIX
São Paulo

Título do original:
Die Entdeckung der Emotionalen Intelligenz
Über die Macht unserer Gefühle

Copyright © 1996 Wilhelm Goldmann Verlag GmbH, Munique.

Todos os direitos reservados. Nenhuma parte deste livro pode ser reproduzida ou usada de qualquer forma ou por qualquer meio, eletrônico ou mecânico, inclusive fotocópias, gravações ou sistema de armazenamento em banco de dados, sem permissão por escrito dos Editores.

Edição	Ano
1-2-3-4-5-6-7-8-9	99-00-01-02-03-04

Direitos de tradução para a língua portuguesa
adquiridos com exclusividade pela
EDITORA CULTRIX LTDA.
Rua Dr. Mário Vicente, 374 — 04270-000 — São Paulo, SP
Fone: 272-1399 — Fax: 272-4770
E-mail: pensamento@snet.com.br
http://www.pensamento-cultrix.com.br
que se reserva a propriedade literária desta tradução.

Impresso em nossas oficinas gráficas.

Sumário

Parte 1
O imperativo emocional

A dupla mudança: O ano de 1989 na política mundial e nas ciências 11
O grito vindo dos Estados Unidos 16
A psicologia pode ajudar? 18
O projeto de Goleman: a inteligência emocional 18
As psicologias norte-americana e alemã 21
De nobis ipsis silemus? (Calamos a respeito de nós mesmos?) 23
Evolução 24
Q.I.: Qualidade com predicado 25
Inteligência emocional: vinho novo em odres velhos 26
A grande coalizão: razão e emoção 27
A nova classe: os filósofos amadores 28

Parte 2
O triunfo da inteligência racional
Imagens coloridas vindas das profundezas do cérebro

Protocolo de uma experiência 33
Rasputin e os Sete Anões 38
Centros mentais para o cérebro de esportistas 40
Cérebro réptil também nos seres humanos 43
A sede das emoções 47
Experiências arriscadas 50
O paraíso perdido 53
À procura do espírito 56
Os pensamentos são livres, mas não sabemos nada 58

Parte 3
Esplendor e miséria do Q.I.
Cem anos de pesquisa da inteligência

A inteligência matemática: Max Planck e Friedrich Gauss 67
Os pesquisadores da inteligência: estatísticos e aritméticos..................... 69
Inteligências múltiplas 77
Economia de energia através de uma comutação melhor no cérebro?..... 80
A luta dos gigantes: Kasparov contra o Deep Blue da IBM 83
A física quântica da memória... 89
O desempenho da memória a serviço da inteligência prática................... 90
Os dois hemisférios do cérebro.. 92
Diferenças entre os cérebros masculino e feminino................................. 96

Parte 4
A cruz do autoconhecimento

Como reconhecer as próprias emoções 101
Metaexperiências... 105
O fantasma das experiências 109
A autopercepção é algo bom?.. 112
Emoções básicas.. 113
Teorias das emoções.. 118
Os grandes e os pequenos aborrecimentos 119
O *stress* 124
A inveja 127
O medo e o pânico 129
"Curto-circuito" no cérebro 137
O "choque do futuro" 139
O princípio da esperança... 141

Parte 5
O "gerenciamento" das emoções

Uma criança aprende a andar 147
"É um milagre!" 152
O teste de gratificação... 155
O índice de animosidade... 156
O método de Stanislawski... 158
Programado emocionalmente: os estados desejáveis.............................. 160
Kennedy e a crise cubana 163

Excesso de estímulos emocionais 165
A "arte de viver" na Guerra Fria 168
Os déficits emocionais.. 170
As emoções dos autistas 173
Os pobres príncipes 173
Outras culturas 175
Executivos com déficit emocional 176
A empatia... 181

Epílogo.. 185

Notas 187
Bibliografia 199
Índice Onomástico.. 205

PARTE 1

O imperativo emocional

O lema do novo esclarecimento:
Tenha a coragem de usar
as suas emoções!

E o novo imperativo categórico:
Aja de modo tal que suas emoções possam a qualquer hora
servir como princípio de uma legislação geral!

A dupla mudança:
O ano de 1989 na política mundial e nas ciências

Vivemos semanas e meses agitados no ano de 1989. O massacre chinês na Praça da Paz Celestial em Pequim, em junho, e a mudança que se esboçava no outono na RDA* dessa época ficarão na memória inclusive das pessoas que não têm nenhum interesse especial pela história contemporânea.

No outono de 1989, a revolta interior e exterior da população da RDA cresceu de modo preocupante. O Kremlin ficou muito agitado. Michail Gorbatchov escreveu nas suas *Memórias* que reconheceu, já no dia primeiro de outubro, que na RDA "estava chegando a hora". Será que as emoções represadas eclodiriam em atos agressivos e demonstrações violentas, como acontece na maioria das revoluções? Ou será que os sentimentos de "nós somos o povo" e "pátria unida" poderiam ser controlados e articulados de uma maneira condizente com a situação histórica? Se, por um lado, um número cada vez maior de pessoas — até cem mil — ia para a rua, por outro lado, cada vez mais cidadãos abandonavam a RDA, atravessando as fronteiras que levavam para outros países do bloco comunista. Esse foi um dos maiores trunfos da inteligência emocional ocorridos neste século. Não se tratava de nenhum evento organizado de massas, como os ditadores gostam de encenar! Nenhuma descarga da raiva popular, que tantas vezes já havia levado a lutas sangrentas.

Em 1989 e nos anos anteriores, muitos psicólogos e políticos do mundo inteiro começaram a compreender que até então não se havia pensado suficientemente nas emoções das pessoas quando se falava em inteligência. É verdade que as emoções eram abordadas e utilizadas pela política, mas sempre da maneira sugestiva que correspondia às intenções dos políticos. Mas isso não tinha nenhuma relação com a inteligência. Esta é também a capacidade de dife-

---
* RDA = República Democrática Alemã, a antiga Alemanha Oriental.(N.T.).

renciar. Quem não sabia diferenciar certamente confundia o ato de fazer valer conjuntamente os valores humanitários, como a liberdade e a autodeterminação, com massa, histeria e motim. A tradicional psicologia das massas, até então citada solicitamente, negou às massas qualquer capacidade de auto-regulação no sentido da inteligência emocional.

Já no início dos anos 80, o conceito tradicional de inteligência havia sido abalado quando o "pai" da psicologia cognitiva, Ulric Neisser, da Universidade de Cornwell, fez a pergunta provocadora: "Inteligência — ela existe?"

Sua crítica dizia que o exame da inteligência ter-se-ia restringido aos laboratórios, onde simplesmente não era o lugar adequado para pensar em contextos da vida quotidiana. E Howard Gardner abalou ainda mais a teoria clássica de inteligência ao falar em sete tipos de inteligências equivalentes.[1] Entre esses sete havia dois que tinham uma relação imediata com o ser humano. E eles ganhariam cada vez mais importância. A inteligência chamada pessoal foi desmembrada em uma inteligência que diz respeito à própria pessoa e em outra inteligência que, por sua vez, diz respeito a outro indivíduo. Autoconhecimento e conhecimento da natureza humana eram desde então os nomes populares dados a elas. Agora, os psicólogos as redefiniram. Acertaram em cheio.

Em 1988, Roger Peters falou em inteligência prática. Isso parecia sensato. Também era chamada de inteligência quotidiana, e ganhou os atributos do social e emocional. Em 1988 apareceu na revista alemã *Psychologie Heute* [*Psicologia Hoje*] um artigo informativo de Heiko Ernst a respeito disso. Nos anos 70, alguns pesquisadores norte-americanos partiram do pressuposto de que existiam dois tipos de pensamento. Seymour Epstein, da Universidade de Massachusetts, disse a esse respeito: "Um deles refere-se à nossa maneira de sentir o mundo e de reagir emocionalmente a ele. Não tem nada a ver com o quociente de inteligência tradicional. O outro, a maneira racional de pensar, por sua vez, tem pouca relação com o sucesso na vida."

Logo as formas de inteligência ou competência prática, social e emocional foram reunidas num só conceito: o da "inteligência emocional". A contradição e a ligação provocadora de "inteligência" e "emoção" se tornaram muito atraentes para a propaganda. A prática diária das emoções uniu-se ao ato de pensar e à inteligência: abriu-se um novo campo de ação para a pesquisa da inteligência. Dizia-se que nossas emoções teriam uma contribuição decisiva para a maneira como usamos nossas capacidades intelectuais e com que sucesso. Já naquela época Epstein falava em "inteligência emocional". Ela seria a inteligência do dia-a-dia, que lidava de maneira correta com as emoções e até as usava com sucesso para solucionar problemas. O conceito de "gerenciamento das emoções" também surgiu nessa época; este, entretanto, designava o significado específico e o uso correto das emoções.[2]

Inteligência emocional significa: o homem está consciente de suas emoções. Deve, entretanto, não só reconhecer suas emoções, mas também saber lidar com elas, saber expressá-las de modo adequado. Ou, dependendo das circunstâncias, também deve reprimi-las. Saber transformar as emoções em ações práticas é igualmente importante. Emoções também podem estimular um desempenho específico, que exige inteligência racional e talento especializado. As emoções podem reforçar um determinado comportamento em sentido positivo ou negativo. A empatia também faz parte da inteligência emocional: é importante reconhecer a maneira de pensar e de sentir de outra pessoa. Isso pressupõe a observação e a interpretação correta da linguagem corporal. Finalmente, faz parte da inteligência emocional que o homem saiba lidar com as emoções, as próprias e as dos outros, de tal maneira que possam surgir relacionamentos sociais significativos e duradouros. O psicólogo norte-americano Daniel Goleman propõe, por meio de muitos exemplos, um treinamento e um uso tão abrangente da inteligência emocional que resulta em todo um sistema educacional e numa filosofia correspondente.

A expressão "inteligência emocional" abrange muitas possibilidades. Será que designa uma inteligência que se ocupa das emoções? Nesse caso, seria mantida a primazia de uma inteligência que não pode ser a própria emoção. Ou seria ela a inteligência que se encontra na própria emoção e tira dela conhecimentos que levam ao que chamamos de relações sociais perfeitas?

Na história da cultura, essa alternativa é conhecida há muito tempo. Dependendo da atitude e da mentalidade, as respostas são sempre como se alguns colocassem o conhecimento na razão e outros na emoção. Uma terceira possibilidade consiste numa tentativa de compensação.

Aqui, o conceito é entendido da mesma maneira como o entende Daniel Goleman, que acertou em cheio com seu livro *Inteligência Emocional*.

A inteligência examina as emoções, quer regulá-las, usá-las, servir-se delas, acalmá-las. O conceito pressupõe as emoções, mas também não lhes nega certa capacidade cognitiva.

Isso corresponde aproximadamente à experiência de vida da grande maioria das pessoas, e também aos resultados da pesquisa sobre o *stress*. O conceito convencional de inteligência, todavia, tem um grande defeito. O quociente de inteligência podia ser determinado, mas nunca mais mudado. Deveria ser uma grandeza estável que determinasse, assim, o destino de todos os que jamais tiveram de se submeter a um teste de inteligência.[3] Uma grandeza assim imutável, supostamente até mesmo fundamentada na hereditariedade, tinha de provocar opiniões contrárias, tanto mais porque freqüentemente se notava que pessoas com um Q.I. baixo subiam a posições superiores e tinham mais sucesso do que pessoas com inteligência elevada.

Enquanto no ano de 1989 a história mundial vivia um dos seus pontos altos em termos de emoções, a pesquisa rotineira acerca da inteligência emocional seguia seu ritmo habitual nas universidades norte-americanas. Goleman estava numa casa nas florestas de Vermont quando começou a colocar no papel suas idéias e seu conhecimento acerca da inteligência emocional.

A reestruturação da situação mundial e as mudanças, de tirar o fôlego, que aconteceram num tempo extremamente curto, sem que houvesse nenhuma guerra, passaram quase despercebidas por muitos cientistas que viviam longe das cidades. É que eles mesmos enfrentavam mudanças e tarefas enormes. Estas diziam respeito aos instrumentos científicos e às novas teorias. Dentro de pouco tempo, haveria revoluções silenciosas e rupturas também na ciência. Essa convicção existia desde a invenção da Positron Emission Tomography (PET)* e do satélite de pesquisa COBE.[4] Por isso, a elite dos cientistas nos Estados Unidos mal tomou conhecimento daquilo que acontecia no Leste europeu. E o público não percebeu o que acontecia no mundo da ciência. Os dois campos haviam tomado rumos tão diferentes, que até mesmo os cientistas praticamente não tinham conhecimento das pesquisas nas respectivas áreas.

Nessa época, eu estava nos Estados Unidos para conhecer os novos laboratórios nas áreas de pesquisa cerebral e farmacêutica, e também para participar de experiências em campos desconhecidos da ciência.[5] Já nessa época era visível para os *insiders* que uma "década do cérebro" estava por vir. O que me surpreendeu, entretanto, foi a localização isolada de alguns desses laboratórios. Freqüentemente, seus prédios baixos ficavam escondidos atrás de árvores e mal eram visíveis. Os próprios cientistas mantinham contato apenas entre si, e raramente com pessoas do mundo exterior. Assim devem ter-se sentido os colegas na época em que, em total isolamento, construíram as primeiras bombas atômicas em Los Alamos, no deserto do Novo México. Quando perguntei a um dos químicos como ele se sentia ali, ele disse: "Somos uma elite silenciosa. Trabalhamos muito, de modo concentrado e com grande ímpeto. Somos uma sociedade fechada, convencida de que cada um de nós traz uma grande contribuição para chegar ao nosso objetivo."

"E o objetivo?"

"Desbravar terras virgens, ganhar conhecimentos científicos!"

Foi uma rara coincidência de fatos na minha vida. Num instituto de pesquisa, palavras isoladas pronunciadas por uma pessoa deveriam ser analisadas quanto ao seu conteúdo emocional e ao seu respectivo centro de atividade no cérebro humano vivo. No dia em que começaram as experiências no Instituto de Pesquisas Cerebrais da Universidade Washington em St. Louis, todas as agências de notícias do mundo divulgavam a notícia de que todos os dias milhares de alemães deixavam a RDA rumo à Hungria.

Naquela manhã, tive de assimilar duas informações que aparentemente não tinham relação nenhuma uma com a outra. Uma delas dizia: Um grande

---

* Tomografia com Emissão de Pósitrons (PET).

número de pessoas na RDA está decidido a abandonar sua pátria. A outra dizia: A pesquisa cerebral descobre, através de substâncias radioativas, as áreas ativadas pelas pessoas quando pensam, lêem, assimilam ou analisam determinadas palavras como povo, liberdade e pátria. Será que esses acontecimentos tinham relação entre si? Ou será que a mente humana une algo porque é arquivado ao mesmo tempo no seu pensamento?

Essa situação mais tarde me fez pensar que talvez haja algo como uma inteligência emocional coletiva, não apenas individual. Na minha opinião, os acontecimentos da *Wende** de 1989 podem ser vistos dessa maneira como uma realização. Havia-se delineado claramente a alternativa de que o homem pode ficar consciente de suas emoções e usá-las para seus objetivos de modo controlado, mas também pode ficar preso a elas. Nesse caso, era um grupo grande, um povo inteiro, que se organizava. Esse era o aspecto especial.

E uma outra experiência ainda me sobressaltaria. Em 1988, o grupo empresarial farmacêutico Bristol-Myers Squibb havia construído um novo laboratório em Connecticut. Lá, mais de mil cientistas trabalhavam no desenvolvimento de novos medicamentos que exigiam uma intensa pesquisa do cérebro. Seu diretor, Dr. Mike Eison, um conhecido biólogo, mostrou-me os efeitos possíveis de antidepressivos nas cobaias. Estas que não comiam, não bebiam, não mostravam nenhuma atividade sexual, mas apenas ficavam num canto, apáticas; no entanto, podiam ser revitalizadas em poucos dias com a ajuda de novos medicamentos. Pela primeira vez puderam ser apontados os transmissores e os processos metabólicos do cérebro responsáveis por isso. Tornou-se possível demonstrar as comutações que acontecem no cérebro. Surgiram conhecimentos excitantes a respeito dos processos de comutação no cérebro, nos quais o repertório clássico de comportamento da inteligência animal era restabelecido através de psicofármacos modernos. "Alguns de nós", disse Eison, "já acreditam que o medo e a depressão são parte de um contínuo. Ambos estão interligados. E o diagnóstico, de fato, às vezes é muito difícil." Ele havia desenvolvido um medicamento que eliminava o medo e a depressão de modo surpreendente e simultâneo, sem provocar efeitos colaterais fortes. Também aqui impressionavam as técnicas modernas. Cérebros de cobaias eram cortados em fatias de frações de um milímetro de espessura. Debaixo de um microscópio de elétrons com uma ampliação de cem mil vezes podia-se ver como os neurônios haviam-se modificado sob a influência dos novos medicamentos.

"Estamos no início de uma nova época científica", disse Mike Eison. E provavelmente com razão.

A abundância de publicações a respeito disso passou despercebida naquela época. As revistas e jornais científicos não despertavam nenhum interesse

---

* Wende = virada, expressão usada para designar a queda do muro de Berlim e o fim da RDA (N.T.).

entre nós, porque as notícias a respeito dos maiores acontecimentos deste século no bloco comunista ocupavam as pessoas. Novamente, tivemos a confirmação de que as descobertas científicas chegam ao público e podem ser absorvidas por ele só com alguns anos de atraso. Agora chegou essa hora.

O grito vindo dos Estados Unidos

No dia 16 de outubro de 1995 o *Time* publicou um artigo de oito páginas sobre o livro *Emotional Intelligence* [*Inteligência Emocional*] de Daniel Goleman. O título dizia: "O fator Q.E. A moderna pesquisa do cérebro sugere que as emoções, e não o quociente de inteligência, são a verdadeira medida para a inteligência humana." Em fevereiro de 1996, apareceu um artigo mais extenso sobre o livro na revista *Spiegel*, com o título "Macht der Gefühle" ["O Poder das Emoções"]*. Antes, muitas revistas haviam publicado centenas de artigos sobre a revolução na pesquisa do cérebro, preparando o terreno sobre o qual se desenvolvia o interesse geral pela neuropsicologia e a neurofilosofia.[6] O título com conotação técnico-estatística no *Time* e o título mais concentrado no emocional no *Spiegel* caracterizam a recepção do livro. E também explicam a ressonância que este encontra nos Estados Unidos e na Alemanha. Para os Estados Unidos, a psicologia, quando não é psicanálise, está intimamente ligada a medidas, estatística e à procura de fatores de comportamento. Lá sempre se desconfiou da auto-observação. Aquilo que podia ser experimentado apenas na auto-observação não deveria constituir o critério para uma ciência, pois, através de métodos científicos, não se podia confirmar nem contestar aquilo que as próprias pessoas experimentaram. Conseqüentemente, partiu-se para a observação do comportamento, para experiências que a qualquer momento podiam ser reproduzidas e repetidas. O behaviorismo encontrou muitos imitadores. E no que diz respeito à psicanálise, uma auto-análise sem ajuda de terceiros parecia impossível por causa do inconsciente.

Na Alemanha, a psicologia tem uma história diferente. Está profundamente enraizada em primitivas noções de origem religiosa. Assim, no Pietismo, o fiel deveria examinar a cada dia se realmente estava vivendo uma vida cristã "exemplar". Ele deveria confessar a si mesmo seus verdadeiros motivos e não fingir que tinha um comportamento cristão. Tudo isso, entretanto, só era possível através da auto-observação, pois se tratava menos do comportamento em si do que dos próprios motivos, dos próprios processos religiosos internos. No decorrer da secularização, desenvolveu-se a partir disso uma psicologia diferente da americana, que havia encontrado apoio no Calvinismo. Este ensina que

---

* A tradução dos títulos de livros ou artigos em alemão é literal, e pode não corresponder aos títulos em português dos mesmos caso tenham sido publicados no Brasil.

tudo já está decidido no momento do nascimento da pessoa. Ela só pode deduzir, a partir de seu sucesso ou fracasso na vida, se foi escolhida ou não por Deus, se pertence aos bons ou aos maus. Portanto, precisava fazer esforços imensos no que se refere ao comportamento exterior. Nos Estados Unidos a psicologia se pauta pelo critério do sucesso. Este é que era registrado e observado, e não os acontecimentos psíquicos interiores. Os motivos não eram interessantes.[7]

Goleman rompe com essa tradição norte-americana. Ele reivindica, quase à maneira européia, que as pessoas se observem constantemente, registrem e regulem as próprias emoções sistematicamente. Por isso, ele também gosta de se remeter a filósofos ocidentais que, na verdade, nunca perderam de vista as emoções.

O desenvolvimento seguido por Goleman começou há alguns anos. O conceito de inteligência emocional foi cunhado em 1989 por Peter Salovey, psicólogo da Universidade de Yale, e por John Mayer, que leciona na Universidade de New Hampshire. Com esse conceito, eles descreveram a compreensão de todas as emoções, das próprias e das alheias. Eles equipararam a inteligência com a compreensão. Com isso, quiseram obedecer à antiga exigência filosófica de se conhecer a si mesmo, e à exigência moral de respeitar os outros, levando a sério seus sentimentos.

Com esse conceito, entretanto, também quiseram designar a capacidade de controlar e regular as emoções de maneira tal que a pessoa melhora sua vida e a torna mais suportável.[8] É como se houvesse chegado aos Estados Unidos a famosa frase pronunciada há três séculos por Blaise Pascal: "O coração tem razões que a própria razão desconhece. Isto se sabe por mil exemplos."

A virada iniciou-se já nos anos 60. Stuart Shaw desenvolveu um conceito de Q.E. enquanto trabalhava para a empresa Procter & Gamble. Segundo esse conceito, alguém que tem produtos a vender deve tirar mais proveito da empatia com o consumidor do que de uma análise de mercado, calculista e fria. Os sentimentos do cliente são importantes e devem ser reconhecidos o mais rápido possível. Entre os vendedores viajantes norte-americanos, empatia chegou a significar: sem a atitude certa e sem a avaliação certa do cliente não há negócio.[9]

Roger Peters caracterizou um agente imobiliário como alguém capaz de distinguir imediatamente e à primeira vista se um comprador tem intenções de compra realmente sérias ou não.

Naquela época, todavia, ainda não era possível abalar o conceito clássico de inteligência. Esta pressupõe a capacidade de diferenciar. Junto com a inteligência emocional, a diferenciação das emoções tornou-se um novo objetivo. E como sempre nesses casos, não demorou muito até que se descobrisse que os antigos gregos também já sabiam disso. Apenas não haviam inventado nenhum nome específico para isso. Eles classificavam as emoções, mas não pressupunham a existência de nenhuma capacidade especial para o fato.[10]

A psicologia pode ajudar?

Os abalos da ordem social preocupam cada vez mais os Estados Unidos, mas também a Europa. Os livros publicados, todavia, não tratam do declínio mas prometem ajuda. Pessoas que têm inteligência emocional são otimistas. De repente as emoções foram descobertas. Será que os males teriam alguma ligação com as emoções e sua negligência? As emoções seriam a causa de tudo? O Q.E. seria mais importante do que o Q.I.?

Goleman e muitos dos seus compatriotas estavam preocupados com os Estados Unidos. O índice de divórcios atinge os cinqüenta por cento. Um número cada vez maior de menores de idade engravida. O alto índice de criminalidade infantil e juvenil prenuncia uma grande onda de crimes que nos espera daqui a alguns anos. Os estados calamitosos da educação e o abuso de drogas crescem cada vez mais. Para muitos, os Estados Unidos transformaram-se num pesadelo.

Nos andares reservados aos líderes empresariais encontra-se um número crescente de chefes com um comportamento tipo A, também causado pelo isolamento cada vez maior. É o homem impulsivo, com tendências à hostilidade e à pressa, com pressão arterial alta e outros fatores de risco para um infarto cardíaco; que não controla suas emoções, mas as usa freqüentemente com sucesso e de modo rigoroso para aumentar o próprio desempenho, e que não leva em consideração os sentimentos dos outros. Num primeiro momento, todos os focos foram dirigidos para ele. De repente as pesquisas de comportamento tipo A estavam em voga.

Nos anos 70, a medicina e a pesquisa sobre o *stress* estudaram esse tipo. No exemplo dele podia-se demonstrar claramente o que acontece quando a pessoa não se enxerga claramente, não quer admitir suas motivações e não respeita as emoções dos outros.[11]

O projeto de Goleman: a inteligência emocional

Diante dos "indicadores da miséria emocional" na sociedade norte-americana, Goleman considera absolutamente necessário "dedicar uma atenção maior à competência emocional e social de nossos filhos e de nós mesmos, e fomentar mais energicamente as forças e aptidões do coração humano".[12]

Suas teses e postulados são as seguintes:
1. As pessoas esqueceram como perceber suas emoções. Uma "constante percepção dos próprios estados interiores" ou uma "atenção" constante,[13] entretanto, é necessária para que cada um possa regular, refrear ou usar suas emoções.

2. As formas de desempenho das inteligências racional e emocional não devem ser vistas como opostos, mas consideradas dentro de um mesmo contexto.

A educação em casa e na escola deve se concentrar nas emoções, ou seja, desenvolver e fomentar nas crianças aptidões essenciais emocionais. Os programas de certos cursos para a formação emocional, que dentro de instituições específicas norte-americanas estimulem a competência emocional e social, devem servir de base para medidas preventivas válidas para todos os alunos em escolas absolutamente normais.[14]

Com toda a simpatia que se possa ter pelo apelo de Goleman aos homens para que se tornem conscientes de suas emoções, não se pode descartar totalmente as objeções contra suas teses e o modelo de ação decorrente delas: uma constante concentração nas emoções, próprias e alheias, não pode ser suportada por ninguém. Se a gente quisesse fazer dela um princípio do dia-a-dia, chegaríamos a uma auto-observação que obstruiria igualmente os impulsos negativos e positivos de ação. É exigir demais de uma pessoa que observe incessantemente os outros e, ao mesmo tempo, queira compreendê-los. Não é possível descobrir os contextos dos quais resulta o nosso comportamento. Muitas formas de comportamento têm causas fisiológicas, algumas são inconscientes, e outras por sua vez dependem do conhecimento e da experiência.

A auto-observação e a empatia levam a uma criação de contextos para os quais não existe nenhum juiz objetivo. É quase impossível distinguir entre as experiências espirituais e os contextos funcionais dessas experiências. Se essa atenção dominasse conscientemente o comportamento cotidiano, teríamos como resultado um modo de vida introvertido. Os relacionamentos sociais se perderiam, os contatos se atrofiariam. O modelo resultaria no oposto daquilo que se pretende.

Além do fato de que os apelos freqüentemente estão condenados ao malogro, a autodefesa do homem proíbe que ele observe constantemente a si mesmo e aos outros. De outro modo, ele poderia ficar hipocondríaco e neurótico. Decisões rápidas seriam impossíveis. Alguns de nós se transformariam em Hamlets: vacilantes, duvidando, observando, analisando, indecisos, incapazes de agir. A adoção sem crítica do modelo de Goleman, portanto, na verdade até impediria o fomento da competência emocional e social, portanto, do seu próprio objetivo. Ele não deve ser transformado em matéria de cursos de aperfeiçoamento depois da formação profissional ou no novo gerenciamento das emoções em moda. Com ele não é possível mudar as estruturas do funcionamento social nem a natureza do homem. O valor do modelo, entretanto, está na motivação a realizar uma reflexão e uma maneira diferente de pensar que aparentemente tocou muita gente. Mas através da escola, da formação e da educação, Goleman também quer fazer mudanças. No entanto, o sistema educacional teria de mudar sua orientação e se voltar para os valores emocionais; toda a cultura deveria mudar. Algo que infelizmente até agora nenhuma sociedade conseguiu fazer.

A sociedade desenvolve-se rapidamente em direção a uma forma totalmente nova. A informação tornou-se o produto preferencial. Quem coleta e produz informações, quem as processa e divulga, e sobretudo as usa para seu próprio proveito, tem uma vantagem no campo da ação possível e necessária. Imagens da televisão mostrando o horror despertam emoções, desde a compaixão para com as vítimas até a indignação sobre a desumanidade dos criminosos. Essas imagens nos despertam e convocam para a ajuda ativa. Mas o que se pode fazer? As imagens não fornecem nenhum dado acerca do número daqueles que estão fugindo, em qual direção se deslocam, quais as relações de poder político que se esboçam e quais epidemias se espalham, nem quais são as causas dos acontecimentos. Para saber isso, precisamos de informações diferenciadas e exatas que não podem ser obtidas através das emoções, mas de sistemas de comunicação tecnológica do processamento de dados. Devemos à nossa inteligência racional, cada vez mais desenvolvida, a descoberta da inteligência emocional. Conhecemos as raízes e as maneiras de funcionamento das emoções. Estas estão mais profundamente enraizadas na natureza do que a razão. Nossas elites científicas de Q.I. alto, todavia, retiraram-se ao isolamento. O motivo para esse afastamento da vida pública é que a ciência teria ficado demasiadamente difícil e complexa para ser compreendida por todos.

Por isso, a antítese só pode ser: mais comunicação entre os grupos sociais, que devem seu sucesso profissional à inteligência racional, e todos os outros grupos que trabalham mais na base da inteligência emocional. O público e a sociedade permanecem ignorantes se ficam sabendo apenas dos resultados das pesquisas, mas nada acerca dos métodos de pesquisa. É verdade que a reação emocional do público pode exercer certa função controladora diante de algumas produções da inteligência racional — por exemplo, o desenvolvimento da pesquisa genética — mas para isso precisa de informações competentes.

O prêmio Nobel Arno Penzias postulou um conceito que estabelece uma boa ligação entre os dois. Ele fala em pensamento emocional inteligente. A capacidade de julgamento e a aptidão de pensar em contextos maiores seriam algo diferente da inteligência abstrata. Mas também não seriam idênticas à inteligência emocional, pois o pensamento emocional seria a capacidade de constantemente aprender algo de novo e de questionar o conhecimento a qualquer momento. Mas mesmo assim seria emocional porque, nesse processo, as próprias convicções e maneiras de comportamento teriam de ser revistas. Penzias quer conciliar a inteligência abstrata com a inteligência emocional e prática. Existiriam jogadores de xadrez geniais que não seriam capazes de encontrar sozinhos o caminho até o elevador. Visto desta forma, pessoas altamente inteligentes podem ser muito tolas.[15]

As psicologias norte-americana e alemã

Depois da Segunda Guerra Mundial, a Alemanha ficou numa situação em que adotava quase tudo dos Estados Unidos também no campo da psicologia. Um dos motivos pelos quais isso deu certo foi o fato de que os principais psicólogos alemães dos anos 20 e 30 haviam emigrado para lá e alimentavam a psicologia norte-americana com o ideário europeu. Agora essa psicologia voltava para a Alemanha, porém americanizada.

O tempo estava maduro para uma noção que Wolfgang Köhler, de Berlim, um psicólogo da Gestalt, havia ligado à diferença essencial entre os fatos psicológicos e a dependência funcional.[16] Até mesmo a psicanálise de Sigmund Freud podia se reconhecer nela. Vou deter-me mais especialmente nessa noção porque ela está intimamente ligada ao modelo de Goleman.

Sigmund Freud declarou que não somos donos dentro da nossa própria casa. Ele sabia que freqüentemente não sabemos nada a respeito de nossos verdadeiros motivos e emoções.

O outro filósofo e psicólogo, quase esquecido, P. D. Ouspensky, nascido em Moscou no ano de 1877, também reconheceu o problema já nos anos 20, independentemente de Freud. Sendo um andarilho entre as culturas orientais e ocidentais, ele distinguia entre fatos psicológicos como inteligência, desejos, interesses, inclinações e motivos, e a consciência da função destes. Ele não acreditava que o homem jamais encontraria o caminho para todas as suas potencialidades se não aprendesse a se observar pormenorizadamente.

"O homem notará que não consegue observar nada de modo desinteressado, e muito menos ainda a si mesmo", exclamava para as pessoas em todos os lugares do mundo onde fazia suas palestras. O homem não poderia estudar a si mesmo como estudava a Lua ou um fóssil. Não seria suficiente partir da insatisfação com as condições de vida e tentar chegar a uma atenção, esperando dela alguma melhoria. A única que daria alguma esperança seria a persistência, um esforço prolongado de mudança.

"Quando nós nos atribuímos algo que não temos, não tratamos de um fato empírico que a nova psicologia está pesquisando. Trata-se de uma possibilidade que tentamos concretizar. Esta pressupõe uma consciência que nunca pode ser idêntica a características, capacidades, emoções e inteligência. Essa consciência é uma análise de nós mesmos, um conhecimento daquilo de quem o homem é e onde está. A atenção voltada para aquilo que ele sabe e para aquilo que não sabe constitui a consciência", declarou Ouspensky. E isso é algo que cada um só perceberia em si mesmo, nunca nos outros. Essa atenção não seria contínua, nem permanente. Conseguiríamos ter essa consciência por dois minutos no máximo. "Os momentos mais altos da consciência criam a memória." Tudo o mais será esquecido. Dessa maneira, surgiria a ilusão da atenção contínua. E a conclusão de que se deveria manter a vigilância constante só poderia ser entendida como exigência divina que constituiria um obstáculo aos deuses. Na verdade, só nos lembramos de momentos isolados da nossa consciência.[17]

Mayer, Salovey e Goleman também fazem essa distinção essencial; mas, apesar disso, parece que esta não lhes ficou clara e nitidamente consciente. A questão decisiva é se o homem realmente quer mudar. Igualmente decisivo é que a consciência se torne aguda em face das emoções. Mas essa consciência não pode ser incluída na inteligência emocional como aptidão. A "vigilância" recomendada por Goleman é um estado da consciência e não uma aptidão, como a inteligência emocional. Com essa vontade consciente de explorar as possibilidades, deixamos de lado a psicologia empírica que trata de "objetos", mas não de possibilidades. Tendo em vista a evolução às novas possibilidades poderia estar ligada também uma evolução diferente do homem. Essa pelo menos é a opinião da maioria dos pesquisadores da evolução. Se o homem continuar existindo por mais um milhão de anos, ele não será mais comparável ao homem atual.

Goleman remete a J. Kabat-Zinn, da Medical School da Universidade de Massachusetts, que transformou a vigilância até mesmo em método de tratamento clínico e a descreve da seguinte maneira: "Vigilância significa ficar atento de uma determinada maneira: intencionalmente, no momento presente e sem julgamento."[18] Segundo Goleman, a vigilância tem "um efeito mais forte sobre as emoções intensamente negativas. O reconhecimento 'É raiva que estou sentindo' oferece uma medida maior de liberdade — não apenas a opção de influenciar a raiva, mas a opção adicional que tenta se livrar dela".[19]

Quem tem consciência da problemática de um estado emocional e do processo ativo dentro dele, e procura uma solução, tem de reconhecer que o estado desejado ainda não existe mas é almejado. Na prática, portanto, isso significa converter emoções. Na Antigüidade, eram os filósofos que se ocupavam desse tema. Hoje, o esporte e a política se utilizam dessa conversão das emoções. Desenvolveram-se técnicas psicológicas que se baseiam nos novos resultados das pesquisas. O "Supertreinamento", por exemplo, é um treinamento do sistema nervoso central e autônomo que passou a existir depois que o homem planejou a viagem à Lua. Agora já é amplamente difundido.[20]

A psicologia já sabe há muito tempo que as emoções também são aprendidas. O processo de aprendizagem é conhecido e culmina na assim chamada lei da contigüidade. O que existe ao mesmo tempo na experiência e na consciência tem a tendência de também reaparecer concomitantemente. Isso vale sobretudo para as emoções. A formação e o trabalho de atores e domadores tiram proveito desse conhecimento. Os desportistas às vezes também treinam como lidar emocionalmente com eles mesmos, transportando-se para o estado emocional mais pleno. Mas normalmente as emoções não são transmitidas por meio de processos voluntários de aprendizado. Não há motivação nem persistência quando estas não são asseguradas institucionalmente.

O próprio Salovey, que foi o padrinho de Goleman, distingue cinco áreas da inteligência emocional:

1. Conhecer as próprias emoções
2. Lidar com as emoções
3. Transformar as emoções em ações
4. A empatia
5. Lidar com os relacionamentos.[20a] O modelo é impressionante, mas sua realização é problemática. Por causa do inconsciente, é impossível compreender as emoções no seu contexto funcional. Seu amortecimento tem sucesso apenas no caso das emoções moderadas. Para isso também já existem programas de treinamento.

É verdade que técnicas inteligentes nos ensinam a lidar com emoções em certas condições. As culturas orientais conhecem a ioga e o tai chi chuan para trazer calma interior e afugentar a depressão. O treinamento autógeno também é, em última instância, uma técnica que visa transpor os praticantes a uma situação de calma emocional.

"De nobis ipsis silemus?"
(Calamos a respeito de nós mesmos?)

Os pesquisadores desprezaram as emoções durante muito tempo. O motivo para isso encontra-se na psicologia do próprio pesquisador; suas emoções tiveram de ser silenciadas; nada de pessoal podia afetar-lhes o trabalho. Para a vida, todavia, as emoções são o que há de mais importante. Desse ângulo ninguém pode descuidar-se delas. A inteligência emocional torna-se um objetivo educacional. A constante observação de nós mesmos deve ser praticada. Goleman visa a totalidade. Seu modelo constitui uma espécie de terapia social para os Estados Unidos. Na Alemanha, a situação é outra. No decorrer da americanização em nível mundial, entretanto, para nós também logo poderia chegar a hora de termos de nos preocupar com as emoções. Na Alemanha também aumentam as taxas de criminalidade, de divórcio e de falências empresariais. Pode-se desconfiar que o culpado seja o descuido em relação às emoções.

Há duzentos anos, os Estados Unidos estão apostando na liberdade do comportamento. O autoconhecimento continuava sendo algo estranho para eles. Não levavam as emoções em consideração. Ou se faziam de missionários ou se omitiam. Isso não constituía nenhum pré-requisito sensível para as emoções. Na Alemanha, no decorrer de sua história, aconteceu o oposto. As emoções eram levadas excessivamente a sério; o romantismo e a introspecção eram levados longe demais e, freqüentemente, sofriam abusos da política. A reflexão e a consciência de si mesmo exigidos pela religião levavam à introversão.

Por isso, temos de analisar cuidadosamente se as teses de Goleman têm o significado universal que lhes foi atribuído pelas descobertas da pesquisa cerebral. Emoções não surgem apenas a partir da individualidade de um organismo, mas se dirigem a uma sociedade. As pessoas riem de modo diferente quando estão num grupo alegre ou sozinhas no quarto. As emoções não são iguais em todas as partes do mundo, pois variam de cultura para cultura. Na China, por exemplo, as pessoas não demonstram suas verdadeiras emoções.[21]

Evolução

Já em tempos remotos a evolução cuidou para que as capacidades racionais não dominassem as emocionais. De outro modo, não teríamos sobrevivido. A neurociência nos ensina que os primórdios da evolução continuam determinando o nosso comportamento. Essas capacidades emocionais não se deixam reprimir nem domesticar; no máximo podem ser acalmadas temporariamente. Há muitas situações nas quais a natureza interrompe a inteligência emocional, como no homem primitivo. Como lidamos com isso?

Durante a evolução do cérebro humano, a própria natureza tomou as providências para que as emoções vitais e salvadoras não pudessem passar pela consciência. Há um circuito anatômico que se desvia do cérebro. Dessa maneira, nos tempos primitivos, o homem ganhou uma vantagem no tempo, pequena mas importante, para se colocar em segurança ou para matar o inimigo. A transmissão de estímulos nervosos, por exemplo, acontece nos nervos longos, nas extremidades superiores, numa proporção de 50 a 65 metros por segundo, ou então entre 0,1 e 120 metros por segundo, dependendo da espessura da parede da medula. Isso pode ser tempo demais para poder se salvar. Mas esse mecanismo de salvação funciona ainda hoje, embora não nos convenha e pareça inútil. É que a inteligência emocional é desligada quando o organismo como um todo teme pela sua sobrevivência. Por isso, algumas pessoas não podem explicar mais tarde por que agrediram alguém ou fugiram da polícia, por que gritaram quando eram testemunhas de um atentado a bomba, ou por que queriam pôr um fim à vida. Elas não têm nenhuma consciência da função emocional que passou longe da consciência. Aparentemente, o número de situações nas quais a consciência é deixada de fora é bem maior do que queremos admitir na nossa civilização moderna.

Nem tudo pode ser explicado através da evolução, do desenvolvimento do cérebro. Também somos determinados e cunhados por aquilo que assimilamos do mundo exterior: normas, valores, moral, modos sociais. Nossa história não pode ser equiparada à dos Estados Unidos, tampouco às nossas estruturas sociais. O modelo de Goleman não pode ser aplicado na Alemanha sem mais nem menos, porque parte de uma civilização extrovertida e vai para uma outra, introvertida, que talvez tirasse proveito exatamente do oposto.

Trata-se também de transpor o abismo que se abre entre as respostas dadas num auditório universitário e as perguntas que uma criança do primário faz em sala de aula. Temos de buscar a terra da inteligência racional e também os lugares onde a base emocional ainda se apresenta inalterada, onde borbulham emoções às quais os adultos reagem sem nenhum preparo. Nosso destino haverá de ser o Q.E. — e não o Q.I. —? Será que a evolução humana realmente terminou? Entre as centenas de definições da psicologia, quase não se encontra nenhuma que considere essa questão. O psicólogo russo Ouspensky viu a psicologia como um estudo que trata dos princípios, das leis e dos fatos que "têm relação com o possível desenvolvimento do homem".[22] É claro que uma definição como essa contradiz a concepção da maioria dos psicólogos de que a psicologia seria uma ciência empírica que teria de se submeter a métodos objetivos. O modelo de Goleman parece ser orientado no sentido de satisfazer tanto o empirismo quanto a evolução. Se isso for correto, eu gostaria de apoiá-lo. Considero insuficiente uma avaliação psicológica que deixa de considerar as possibilidades de uma pessoa.

Q.I.: Qualidade com predicado

É verdade que com o Q.I. também existiam possibilidades, mas apenas dentro dos limites de um Q.I. imutável em si mesmo. O caso do Q.E. é diferente. Ele é capaz de se desenvolver e abre possibilidades que não se pautam pela inflexibilidade de um Q.I. O Q.E. é mais livre, mais dinâmico. Equivocadamente, ele foi visto como uma oposição ao Q.I. Mas dá-se o contrário. O Q.E., a inteligência emocional como equivalente ao antigo quociente de inteligência, depressa ganhou concorrentes, e ainda nem foi definido cientificamente. Goleman também evita a questão acerca do que é que na verdade constitui o Q.E. quantitativamente. A inteligência clássica com seu Q.I. se defende.

Os grupos sociais mais bem-sucedidos dos Estados Unidos têm um Q.I. acima da média.[23] O mesmo vale para a Alemanha. Pelo menos nas áreas profissionais modernas, como a computação, a genética, a indústria espacial e a pesquisa de saúde, não é a inteligência emocional mas a racional que as mantém vivas.

O Q.E. é parte do Q.I. Não há Q.E. sem inteligência racional. Uma inteligência racional sem participação do Q.E., no entanto, também não é possível.

Inteligência emocional: vinho novo em odres velhos

Aquilo que é descrito com o conceito de "inteligência emocional" não é nada novo. O próprio conceito foi cunhado há alguns anos. Novo é o estado da sociedade norte-americana que reage a males que encontram na inteligência emocional uma explicação plausível. Entre nós acontecerá algo parecido. Sociedades que se organizam a si mesmas sempre são ao mesmo tempo sistemas processadores de informações que reagem ao estado geral da sociedade e por isso mesmo já o modificam. Mas é difícil tirar conclusões. Provavelmente, são antes de mais nada as reações de muitas pessoas que surgem quando uma sociedade recebe um retorno a respeito de sua própria situação. Basta lembrar os acontecimentos no bloco oriental em 1998 e, sobretudo, na antiga RDA.

Nossa sociedade é feita de grupos de populações. Há cientistas que produzem conhecimento e novas descobertas, a mídia que divulga o conhecimento e um público e uma economia que usam e avaliam esse conhecimento. Eles estão num relacionamento mútuo cada vez mais estreito. Isso coloca a psicologia diante de dificuldades enormes. De repente, ela tem de lidar com possibilidades do desenvolvimento para as quais não tem métodos cognitivos. Técnicas não poderão resolver o problema; tampouco a inteligência emocional, que não é nem boa nem má. Ele pode tornar-se ou um ou outro, todavia, nas mãos dos que a usam para o bem ou para o mal. A solução também não pode consistir na atenção incessante exigida por Goleman. Esse seria um caminho intelectual biologicamente condenado ao fracasso. Qual é a contribuição mais importante para a formação de uma pessoa? Cultura, religião, sociedade, psicologia, família? Os valores que ela escolhe ou aqueles dentro dos quais cresce?

A filosofia foi primeiro cosmologia e em seguida teoria cognitiva, ambas reunidas entre os gregos no logos, que englobava tudo. Emoções como base de sua filosofia era algo que encantou apenas poucos filósofos; alguns, porém, entusiasmaram-se muito, como Maquiavel, Schopenhauer e Nietzsche. De resto, as emoções eram transferidas para a literatura. Dostoiévski conseguiu fazer com que o leitor entrasse emocionalmente no ambiente de seus romances.[24] Hoje, novelas televisivas transmitem a milhares de telespectadores emoções mostradas por um patife como J.R. Ewing ou aquelas representadas por um pároco amável como o Padre Brown.

Daniel Goleman tem o mérito de ter transformado em conhecimento geral o conceito de inteligência emocional. Como esse conceito valoriza as emoções sem desvalorizar a inteligência de cunho clássico, ele deve ser mantido na definição escolhida por Goleman: "O que realmente podemos mudar para que nossos filhos tenham uma vida melhor? Qual é o motivo, por exemplo, de pessoas com um Q.I. alto fracassarem e pessoas com um Q.I. modesto terem um sucesso surpreendente? O que por vezes é decisivo, na minha opinião, são as aptidões que chamo de inteligência emocional; entre elas há o autodomínio, a diligência, a persistência e a capacidade de se motivar. Veremos que essas são aptidões passíveis de ser ensinadas às crianças, de modo que elas possam utilizar mais o potencial intelectual que a loteria genética lhes concedeu."[25] Essa mensagem de Goleman precisa ser enfatizada. No entanto, ela não é nova. Tanto na pedagogia alemã quanto na norte-americana, pedagogos de visão ampla já trilharam esse caminho. Sua educação de caráter agora é revivida. O motivo pelo qual havia mais ou menos fracassos nos últimos anos foi a mudança na atitude social das pessoas em relação a si mesmas e aos outros. A vida na sociedade tornou-se mais egoísta e mais fria. Por isso, a civilização ocidental pode ser chamada de doente. Esse é o motivo pelo qual, neste livro, apoiaremos menos a exclamação positiva que tantas vezes leva a decepções, mas mostraremos as formas de resistência psicológica da natureza humana que se opõem à mudança das emoções. Talvez seja possível, um dia, através da discussão sobre elas, realizar o que foi sugerido por Goleman.

Segundo a sua opinião, há muitos pontos que indicam que as atitudes fundamentais éticas do homem se baseiam em aptidões emocionais. Os impulsos seriam o elemento mediador das emoções. Mas quem se entrega aos seus impulsos, sem exercer nenhum autodomínio, sofreria de um déficit moral. Goleman vê a base da vontade e do caráter na capacidade de reprimir os impulsos. Por outro lado, acha que a base do altruísmo é a capacidade de reconhecer as emoções dos outros, por exemplo, seu desespero. Ambas as aptidões são indispensáveis, segundo Goleman: "E se no nosso tempo temos a necessidade de duas atitudes morais, elas são exatamente estas: o autodomínio e a compaixão."[26]

A grande coalizão: razão e emoção

Goleman exige que se reconcilie o mundo racional com o irracional. Mas quem acha que isso é dirigido a ele? Foi a inteligência racional que reconheceu o significado das emoções. E é a inteligência racional que indica o caminho. Ela destaca as emoções, mas também nos adverte contra elas.

Goleman afirma que o homem deve 80% do sucesso na profissão e na vida à sua inteligência emocional, e apenas 20% à racional. Mas não há êxito emocional sem inteligência racional. Provavelmente, é o efeito sinergético de Q.I. e Q.E. que repentinamente faz aparecer com tanta clareza os êxitos da inteligência emocional. É sobretudo a língua que comunica as emoções, de modo que sua transmissão adequada depende da capacidade de expressão; depende, portanto, da inteligência lingüística.

Goleman opõe-se à pesquisa usual e tradicional de inteligência. Ela teria desprezado o que nos leva ao sucesso na vida, aquilo que ele chama de inteligência emocional.

Goleman refere-se a resultados da pesquisa cerebral que se enquadram no seu modelo. Essa pesquisa demonstra que todas as realizações do cérebro se desenvolvem em processos paralelos. Áreas diferentes do cérebro trabalham numa mesma tarefa. As emoções podem, mas não precisam, estar incluídas nela. Há uma instância principal que distribui os serviços para os diversos departamentos. Um deles trabalha com as emoções.

A instância principal é a inteligência geral, o fator g; "g" significa "geral". É o potencial geral do qual dependem todas as outras aptidões e talentos. Provavelmente, precisamos de um bom fator geral para compreender a inteligência emocional. A respeito disso ainda não existe nenhuma pesquisa. Mas podemos supor com segurança que o modelo de Goleman desmoronaria sem o clássico fator g.

Cem anos de ciência com quinhentos prêmios Nobel criaram uma imagem do mundo que é compreendida apenas por poucos especialistas. Era apenas questão de tempo até que houvesse o contrário. Agora, ele aconteceu através de modelos que valorizam as emoções, e nisso se baseiam exatamente aquelas ciências que ninguém mais entende. O conflito que resulta desse estado de coisas pode ser solucionado. Os próprios cientistas voltam a discutir as antigas questões filosóficas; os leigos se referem mais às emoções. Ambos se aproximarão, quando for possível enxergar os respectivos problemas num contexto maior.

A nova classe: os filósofos amadores

O século XX trouxe-nos descobertas científicas revolucionárias. A inteligência racional comemorou nesta época os maiores triunfos já obtidos. Mas também houve épocas em que ela levou o mundo à beira do abismo. Agora a neurociência dá o que falar. Com instrumentos técnicos extremamente complicados, inspeciona o cérebro vivo. Vê como pensamos, sentimos, falamos e decidimos.

A pesquisa do cérebro está até mesmo à procura do espírito. Será que um dia o encontrará? Ou à alma? A inteligência humana adquiriu a consciência dela própria. Mas será isso suficiente para as últimas perguntas?

Os pesquisadores do cérebro são os filósofos de hoje. Será que podemos compreender o universo? Como será que tudo começou? A nossa mente é capaz de pesquisar a si mesma? Ela pode compreender o seu significado?[27]

Nós comemos da árvore do conhecimento. Não podemos voltar ao paraíso. Mas podemos nos lembrar dos valores básicos e, com sua ajuda, sempre voltar a resolver e equilibrar o dilema entre a razão e a emoção. Tudo depende do ambiente que criamos para nós mesmos.

Como já mencionamos, a ciência fez descobertas espetaculares neste século. Mas também na ciência há períodos de prosperidade e outros de recessão. No que diz respeito à pesquisa do cérebro, agora existe aquela agitação antes da partida. Normalmente, as questões científicas fundamentam-se durante muito tempo num novo paradigma. Ainda não se pode dizer se atualmente a pesquisa cerebral passa por uma dessas mudanças de paradigma. O que pode ser afirmado até agora é o seguinte: os psicólogos aprenderam a respeitar os neurologistas, e vice-versa. A troca recíproca de informações abala teorias conhecidas há muito tempo, mas concomitantemente faz com que surjam novas. Quando, entretanto, os especialistas de uma ciência estudam paralelamente a ciência de outros especialistas, surgem descobertas filosóficas que interessam também ao leigo interessado. Uma vez que este compreendeu que as ciências que tocam a realidade de sua vida podem trazer novidades, ele também se interessa por essas novidades. Aqui está a grande responsabilidade das publicações científicas. Elas têm de explicar de maneira compreensível a todos, mas ao mesmo tempo correta.

PARTE 2

O triunfo da inteligência racional

Imagens coloridas vindas das
profundezas do cérebro

Às experiências com tomógrafos com emissão de pósitrons devemos os
novos conhecimentos a respeito do modo de funcionamento do nosso
cérebro. Aqui descreveremos uma dessas experiências, para que o
leitor saiba de quais procedimentos e invenções dependem as
descobertas, e como as conclusões surpreendentes
se tornam possíveis.

Protocolo de uma experiência

O dia 24 de setembro de 1989 foi um dia de trabalho absolutamente normal no Instituto Mallinkrodt da Universidade de Washington em St. Louis (Estados Unidos). Às nove horas todos os colaboradores se reuniram para uma discussão sobre a situação. Projetos e resultados de pesquisa foram discutidos. A reunião foi dirigida pelo Professor Marcus Raichle. Ele é não só o diretor do instituto, mas também um pioneiro, conhecido mundialmente, da pesquisa com o tomógrafo com emissão de pósitrons. O PET, como foi mencionado acima, é a sigla de Positron Emission Tomography (Tomografia com Emissão de Pósitrons).

Às dez horas deveriam chegar alguns estudantes voluntários para as experiências. Cada um deles recebia 50 dólares por experiência. Agora eles deveriam ser esclarecidos a respeito do processo e dos riscos. Como de costume, isso foi feito por Steve Petersen, um neuropsicólogo, que teve méritos especiais no campo da pesquisa dos centros lingüísticos no cérebro humano. No instituto ele é, além disso, uma espécie de "faz-tudo".

Steve anunciou aos quinze presentes que um grêmio científico independente havia dado seu consentimento às experiências que começariam às quatorze horas daquele dia.

"A liberdade da ciência é algo bom. O controle também! Ha, há!" Essa é a sua frase introdutória, como sempre. Ele explica rapidamente os preparativos e o decurso planejado. A estudante Jeane, que nessa tarde será a primeira a participar, ainda faz algumas perguntas a partir das quais se desenvolve um diálogo sobre a técnica do exame diagnóstico PET. Steve parece um pouco impaciente, mas se esforça por explicar o processo complicado de modo cientificamente correto. É que também há a presença de um visitante da Alemanha. Nesse meio tempo, também chegou o Professor Raichle. Ele permanece em pé, perto da janela, e ouve de modo sereno. O chefe, com quase dois metros de altura, é um pesquisador importante. Já corre o boato de que um dia receberá o prêmio Nobel. Ele levou a neurologia das águas rasas para o mar aberto.

"Os novos aparelhos técnicos com os quais examinamos o cérebro não estão mais voltados para as estruturas anatômicas do cérebro", começa Steve com suas explicações, "mas para os processos fisiológicos. Hoje em dia podemos seguir na tela a maneira como o cérebro trabalha. Na base dos tomógrafos de emissão de pósitrons está a idéia de que as partes ativas do cérebro recebem mais sangue do que as que estão em repouso. Constantemente, há sangue fluindo pelo nosso corpo. Ele também tem de transportar o combustível usado pelas células nervosas do cérebro que estão trabalhando naquele momento. A energia utilizada pelo cérebro é a glicose. Esta foi marcada antes de ser injetada na veia do seu braço. Podemos então acompanhar para onde o sangue leva a energia. Vamos dar-lhe algumas tarefas simples e estamos curiosos para ver em qual parte do seu cérebro serão resolvidas. Mais tarde lhe contaremos o resultado. Portanto, antes da experiência você vai receber uma injeção que não apresenta perigo nenhum. Em seguida, você só terá de seguir as minhas instruções. Tudo vai demorar uma hora."

Steve parou por um momento. "Há mais alguma pergunta?"

Jeane não tinha só uma, mas muitas perguntas. Ela estudava inglês e espanhol. Em primeiro lugar, queria saber se a experiência realmente não oferecia nenhum perigo para a sua saúde. A respeito da radioatividade, etc.!

"Não", disse Steve. Nesse momento o professor interveio, dizendo que seu filho também participou dessa experiência. Se houvesse o menor perigo, ele, como pai, não teria dado o seu consentimento. Assim se podia ver que não haveria mesmo nenhum risco. "O PET trabalha com quantidades minúsculas e, portanto, inócuas, de matéria radioativa. Quando você viaja num avião, fica mais exposta a essa matéria do que aqui entre nós!"

A estudante está tranqüilizada. Em seguida, dirige-se a Steve: "O senhor fará a experiência sozinho conosco?"

"Ah, não. Somos toda uma equipe. Num exame de PET às vezes participam neurologistas, cirurgiões, analistas de sistemas, engenheiros, mas sobretudo químicos."

"Químicos?", pergunta Jeane, surpresa.

"É. Eu deveria lhe dizer ainda que a injeção que você receberá daqui a pouco é preparada por químicos no nosso porão. Como se trata de um nuclídeo radioativo, sofremos uma grande pressão do tempo. Ele se desintegra rapidamente."

"Se os químicos trabalham no porão, é claro que realmente se enfrenta um longo caminho," observou Jeane.

Steve sorriu diante de uma observação tão ingênua. Mas também ficou contente porque ela lhe deu a oportunidade para provar suas habilidades didáticas.

"Veja bem", disse, "o conteúdo da injeção é um isótopo que volatiliza rapidamente. Para produzir um isótopo, necessita-se de um acelerador de partículas. E ele está no porão." Após um curto intervalo, acrescentou: "Uma usina atômica aqui perto também serviria." O que importava era que se produzia um núcleo atômico instável. E para isso precisava-se de um ciclotron.

"Humm..." A estudante quer saber agora o que acontece com os campos magnéticos no cérebro. "Isso também pode ser visto, não é?"

Steve não deixa transparecer que está um pouco decepcionado com essa pergunta. Jeane está falando de uma tecnologia completamente nova. Deve ter acabado de ler algo a respeito numa revista. A gente conhece isso. "Você está se referindo a Squid [abreviação de *Superconducting quantum interference device*]. Com ele é possível registrar pequenas mudanças nos campos magnéticos. Quando os neurônios disparam, eles produzem energia elétrica. Campos elétricos indicam campos magnéticos. Portanto, mudanças magnéticas mostram atividade neural. Mas isso não é feito aqui."

Steve volta ao PET: "Queremos reconhecer a atividade cerebral com a ajuda de raios provenientes de uma parte do cérebro que você ligou, por assim dizer. No cérebro sempre acontece algo. Não importa se você está aqui ouvindo ou se depois toma uma xícara de café na cafeteria. Ou, se na noite seguinte, sonha com a experiência. Sempre acontece algo no seu cérebro."

E como agora todos voltaram a sorrir e a prestar atenção, acrescenta: "Neste momento, o centro de atenção voltou a ser ativado dentro de vocês. Eu posso vê-lo. Agora estão consumindo glicose na área dos lobos frontais."

Todos o admiram e parecem satisfeitos.

O visitante alemão repara que o relacionamento entre os professores e os estudantes é extremamente informal e que todos têm muito tempo. Embora não haja cientistas naturais/biólogos entre os que participam da experiência, tudo lhes é explicado, mesmo quando se nota que mal o compreendem. Mas uma conversa pode motivá-los a interessar-se pelo assunto mais tarde. O Professor Raichle intervém mais uma vez. Está preocupado com a possibilidade de um simples esclarecimento virar um seminário sobre física nuclear ou até sobre bombas de hidrogênio. Por isso, declara que está disposto, num dos próximos dias, a esclarecer a experiência em todos os detalhes e de uma maneira compreensível também para os leigos. Mas antes, os interessados deveriam ler uma pequena brochura sobre o PET, disponível na secretaria. Infelizmente, o tempo estava ficando curto. Logo em seguida a reunião terminou. Depois do almoço, eles se encontrariam de novo.

Dirigindo-se a mim, ele constatou satisfeito que a disposição dos participantes de cooperar nos testes era um componente psicológico importante na experiência, e não havia falta disso, como se acabou de ver. Medo ou agitação poderiam alterar os resultados da experiência. Afinal, tratava-se de descobrir, através dos processos metabólicos marcados no cérebro, onde se gasta mais energia quando vemos, ouvimos, pensamos, ficamos tristes ou entramos em pânico. As emoções teriam sua sede no cérebro. Como hoje não estariam no centro do enfoque da pesquisa, elas só poderiam atrapalhar. A intenção era descobrir os centros da linguagem. Ele sempre ficava feliz por poder colaborar com os estudantes. Isso o compensaria quanto ao fato de ele exercer uma atividade profissional que infelizmente consistia exclusivamente na pesquisa.

Depois do almoço nos reencontramos. Na sala de PET, Steve abaixou as venezianas. A claridade da luz diminuíra em função de um regulador de iluminação. Na mesa de trabalho e perto de um grande tubo estão pequenos abajures de mesa. É difícil descrever o ambiente do recinto. A atmosfera é de concentração. Mas ao mesmo tempo causa arrepios. Dentro do tubo está a estudante. Ela está deitada em cima de uma mesa de operação, as pernas estendidas e os braços dobrados.

As luzes são apagadas. Está escuro. Mas Petersen, duas assistentes e um outro ajudante deslocam-se com segurança através do recinto, embora naquele momento quase não enxergassem nada. Tudo é supervisionado e observado por Marcus Raichle. Ele está de novo na janela, o seu lugar favorito. Estão esperando o sinal para iniciar a experiência.

Quase não se consegue distinguir a cabeça da estudante. Ela usa uma máscara rígida no rosto; apenas a boca e os olhos aparecem. Essa máscara fora confeccionada de antemão para ela. Parece que ela pretende participar do carnaval de Veneza. A máscara tem a finalidade de evitar que a cabeça se mova. Alguns institutos trabalham com máscaras pretas; outros, com brancas.

Em volta da máquina redonda há um círculo formado por muitos cristais. São os detectores. Mais tarde, eles vão captar a radiação que emana da cabeça da voluntária. A mulher está imóvel. Sobre sua cabeça, a uma distância de aproximadamente trinta centímetros, há um monitor de computador. No centro da tela, há uma pequena cruz branca.

"Fique bem calma agora, Jeane. Relaxe. Dirija sua atenção para a cruz!"

Essas frases, pronunciadas por Steve, fazem pensar numa hipnose, mas aqui ninguém é hipnotizado. Pouco depois, ouve-se uma voz do fundo da sala que conta: 5-4-3-2-1-0, como numa contagem regressiva da NASA, quando um foguete é lançado ao espaço. Foi um colaborador da equipe de Raichle que fez a contagem. Através de uma espécie de correio pneumático vindo do porão, chega no número 0 uma seringa de plástico. Ela contém a forma radioativa de glicose que havia sido anunciada. Glicose é a única fonte de energia para o nosso cérebro. Para essa experiência, ela foi fabricada a partir das folhas de um nabo. Isso facilita muito o exame. Essa glicose mistura-se instantaneamente com o sangue. Dessa forma, chega também ao cérebro pouco tempo depois, dentro de aproximadamente dez segundos. Quanto mais uma parte do cérebro é solicitada por tarefas dadas ao voluntário, mais glicose é transportada ao respectivo lugar.

Também podem ser usadas outras substâncias transformadas em radioativas como, por exemplo, o carbono 11 ou fluordeoxiglicose. Elas funcionam como marcadores. Mostram para onde vai o sangue, porque naquele lugar precisa-se de combustível para os nervos. O procedimento tecnológico tem como finalidade obter diagramas do cérebro que aparecem num monitor: imagens ao vivo das profundezas do cérebro! Mas estas estão na sala ao lado. O tomógrafo com emissão de pósitrons pode, portanto, demonstrar em que parte do cérebro, por exemplo, está ocorrendo neste momento o pensamento ou onde é disparado um alarme que leva ao pânico, onde se sente alegria ou nojo.

A técnica do PET é simples em seu princípio e modelo. O FDG (Fluor-2-deoxiglicose) fica visível no sangue depois de ser injetado. Portanto, pode-se observar a corrente sanguínea porque o FDG está dentro dela e é levado através das veias. Ele também é absorvido pelo cérebro. Dentro dos trinta minutos seguintes, o cérebro vai precisar de glicose. Como esta se tornou radioativa, ela emite pósitrons. Estes colidem com os elétrons do tecido do corpo e desintegram-se em raios gama com ângulos de 180 graus. Em volta da cabeça do voluntário são captados esses raios gama. Isso acontece através dos cristais. Nesse processo são liberados fótons e quanta de luz são captados através de tubos fotográficos de aumento de alta velocidade. O local da colisão pode ser determinado. Dentro de poucos minutos, acontecem milhões dessas colisões. Durante o período de trinta minutos, durante o qual o isótopo se decompõe, os tomógrafos com emissão de pósitrons podem representar numa imagem a atividade metabólica da respectiva área do cérebro. A meia-vida da glicose radioativa força os realizadores da experiência a agir rapidamente.

Um átomo consiste em um núcleo atômico com uma capa de elétrons à sua volta. O núcleo, por sua vez, consiste em prótons e nêutrons. Agora existem diversos tipos atômicos de um mesmo elemento. Quando há um número idêntico de prótons, mas um número diferente de nêutrons, fala-se em isótopo. Trata-se de um elemento anômalo que se decompõe e, então, emite raios alfa, beta ou gama. Portanto, tira-se proveito do fato de os núcleos atômicos instáveis, pobres em nêutrons, não serem duradouros. Por isso, passam para um estado energético mais estável. Nisso, um próton no núcleo atômico se transforma em nêutron. Quando os núcleos são pobres em nêutrons, aspiram a um equilíbrio no qual são emitidas partículas elementares de carga positiva, os pósitrons. Se esses encontram elétrons de carga negativa, ambas as partes da massa se transformam em energia de radiação. Elas são transformadas em energia de radiação porque antimatéria encontra matéria. Elas se afastam umas das outras voando com energia idêntica em direções opostas. Para isso, há a famosa fórmula de Albert Einstein: $E = mc^2$ (E = energia, m = massa, c = velocidade da luz). Há uma explosão de energia de raios gama. Essas explosões são descobertas pelos detectores e transmitidas ao computador. Este transforma as informações numa imagem colorida do cérebro. Amarelo e vermelho significam um consumo alto de energia; azul e roxo indicam um consumo baixo. Assim foi organizado.

Tudo isso acontece no cérebro da estudante. E com isso estamos na pista de grandes segredos.[1]

Rasputin e os Sete Anões

Agora, Steve está pronto. Com luvas de borracha, tira a seringa do correio pneumático e, cuidadosamente, vai até a voluntária. Injeta-lhe o conteúdo da seringa, cerca de seis centímetros cúbicos, numa veia do braço preparada anteriormente para isso. Como a substância começa a se decompor imediatamente, pode se seguir o seu caminho no sangue. Ela funciona como um emissor que fica cada vez mais fraco.

Agora, Steve movimenta o tomógrafo com emissão de pósitrons. O sangue provido de radioatividade chegou ao cérebro. O anel dos detectores de rádio começa a girar. Tem a aparência de um bambolê em volta do anel de detectores que se movimenta em oscilações. Ele gira ao redor da cabeça da estudante. Nos quarenta segundos durante os quais ela olha para a cruz branca, o sangue radioativo corre para a parte do cérebro que assimila estímulos visuais, e no jargão técnico é chamada de córtex visual. Correntes de raios gama são produzidas e captadas pelos detectores.

"Agora, o cérebro está transmitindo", cochicha Raichle no meu ouvido.

Com base nos padrões da corrente sangüínea, surgem as assim chamadas equivalências de todos os processos que acontecem no cérebro. Podem ser emoções, mas também pensamentos, percepções.

"Estamos na pista das emoções?"

"É, é isso mesmo!"

Na sala ao lado há alguns computadores. O maior deles foi apelidado de Rasputin. Os menores são os Sete Anões. Em todos os lugares onde se trabalha com computadores especialmente potentes, as pessoas que as operam dão apelidos a estas máquinas. Assim, lidar com elas tornou-se uma tarefa mais "humanizada". Aqui elas estão encarregadas de compor os sinais recebidos para formar a imagem que representa a corrente sangüínea no cérebro. O sangue sempre leva a maior quantidade de energia para onde ela é consumida. E isso pode ser representado.

A primeira imagem produzida é uma imagem de controle. Mostra o que é ativado pelo cérebro quando os olhos se fixam em algo que não se move. Nesse caso, é uma cruz branca.

Depois de cerca de dez minutos, é feita a primeira pergunta. A pessoa dirige-se mais uma vez à voluntária:

"Olhe para a cruz branca! Fixe o olhar ali, por favor, relaxe! Daqui a pouco, verá algumas palavras que aparecerão na parte horizontal inferior, sempre com o intervalo de um segundo. Mas, por favor, fique calma. Nada vai lhe acontecer, Jeane", disse Petersen.

Injeta-se mais uma dose de substância radioativa. "Não repita as palavras que você vê. Por favor, apenas olhe para elas calmamente. Nada mais!"

Agora é feita uma fotografia de corte transversal. É que tomografia significa apenas a fotografia de cortes transversais do cérebro feita pelo computador, igual a um microscópio. Dessa maneira, esses cortes podem ser feitos em qualquer parte do cérebro. É claro que é uma imagem de computador e não um corte de verdade. Alguns minutos depois, Rasputin já havia reconstruído o modelo provocado pela radiação gama. Portanto, temos uma segunda imagem. Com essas duas imagens elabora-se agora, com o máximo de precisão, um mapa do cérebro vivo.

A segunda imagem é sobreposta à primeira. Isso é feito pelo computador. A primeira imagem é subtraída da segunda. Isso é tarefa do computador, mas não é difícil para ele. Dessa forma, surge uma terceira imagem, que contém apenas as atividades produzidas pelo cérebro que lê — não aquele que apenas olha. Os cientistas soltam exclamações de alegria como "Oh!" e "Ah!" quando vêem as imagens na tela. Elas mostram nitidamente uma área em cores claras no cérebro: na parte occipital (pertencente à parte posterior) e temporal (pertencente às têmporas). Portanto, essas partes devem ser as responsáveis pelo reconhecimento de palavras.

Para a estudante, não há perigo nenhum, embora ela tenha recebido alguma radioatividade. Se existisse algum perigo os próprios cientistas correriam riscos, pois a pessoa que recebe uma injeção transforma-se de repente numa fonte de radiação. Por isso, o responsável pela experiência volta a repetir muitas vezes em voz baixa: "Cuidado. Agora você entra no círculo de radiação da voluntária. Não permaneça por muito tempo ali!" É como se enxergasse a radiação com os próprios olhos.

Agora a primeira parte do teste de linguagem do tomógrafo com emissão de pósitrons está terminada. Há o material básico e os dados. Mas isso é apenas o início. Nas condições do tomógrafo, serão gravadas outras experiências em que os estudantes devem aprender palavras, pronunciar, lembrar e ler — tudo o que está relacionado com o ato da fala e com a língua. As imagens são trabalhadas e comparadas. Dessa maneira, descobre-se qual é a parte do cérebro que trabalha quando falamos, lemos e nos lembramos de algo relacionado com a língua. Desenha-se e mede-se um território novo, um mapa do cérebro. É uma questão de frações de milímetros. E também são descobertos centros emocionais que dependem do mundo de idéias da língua. A surpresa é grande.

Participam no mínimo seis centros, que ficam a uma distância de centímetros. Ninguém sabe até agora quem organiza tudo tão perfeitamente. Ainda não se encontrou nenhuma central de comando no cérebro. Não se sabe quem coordena tudo. Mas continua-se procurando. Talvez um cérebro que funcione bem sempre seja também um cérebro bem organizado. A resposta surgirá e constituirá uma descoberta importante, que também influenciará a organização do mundo exterior. A procura por uma instância central determinante poderia terminar como no caso do biólogo que, de tanto ver as árvores não enxergava mais a floresta. Provavelmente, é o cérebro em sua totalidade que determina a direção.

Todas as manhãs, às nove horas, reúnem-se todos os membros do instituto. Discutem, planejam coisas novas, e também combinam o que será divulgado para a imprensa ou publicado em revistas especializadas. Publicidade é importante. Ajuda a conseguir o dinheiro dos patrocinadores.[2] E em St. Louis há gente rica, da época quando dali ainda eram baldeadas imensas quantidades de madeira. Um desses milionários ficou tão impressionado, que mandou construir um instituto novo para Raichle, no valor de quatro milhões de dólares.

"Os psicólogos que pesquisam a inteligência e que o fazem com ajuda de testes de inteligência agora têm concorrência", disse John, um assistente um pouco petulante, mas que tem a simpatia do chefe porque fala desse modo, sem cerimônia. "Os neurocientistas planejam uma revolução."

"Os filósofos que falavam em amor, confiança e medo da vida ainda terão de se haver conosco", acrescenta Raichle, sorridente.

Ele sabe que estamos dentro de uma revolução na medicina molecular, na qual o PET tem um papel especialmente importante. E ele está entre os revolucionários.[3]

Centros mentais para o cérebro de esportistas

Quando o homem fala uma língua, supõe-se que ele a entenda também sem ouvir-lhe o som. O senso comum nos diz que não faz diferença se falamos ou falamos sem som. Língua é língua. Mas trata-se de um engano. Raichle ainda descobriu algo mais: quando falamos, ativamos uma área do cérebro diferente da que utilizamos para a compreensão da língua. Isso explicaria rapidamente por que algumas pessoas entendem uma língua, mas não a falam, e outras a lêem, mas não conseguem expressar-se nela.

A neurologia clássica supôs que o centro para o significado e a compreensão da língua ficasse bem perto do centro auditivo. Mas esse centro não reluz quando se fazem experiências com associação de palavras no tomógrafo com emissão de pósitrons. Essas palavras são desenvolvidas na região em que se localiza o centro de leitura. No total, há a participação de três centros quando falamos: na metade direita do cérebro, no córtex frontal e um outro centro no meio. As regiões frontais, todavia, também consomem mais energia quando existem processos matemáticos. Enigma após enigma!

As descobertas dessas experiências viram do avesso tudo o que se presumiu até então. A conseqüência será uma mudança na educação, na avaliação da inteligência e dos recursos à disposição do nosso cérebro. Mas ainda não se sabe o suficiente para desenvolver modelos práticos a partir disso. Parece que há um excesso de imaginação entre os que ficam entusiasmados com a pesquisa neurológica porque ela lhes traz um novo alimento para os planos, as tentativas e mudanças na área da educação.

Em St. Louis descobriu-se um pequeno centro que parece ser responsável exclusivamente por processos mentais que têm algo a ver com a seqüência de movimentos. Ao cerrar o punho, o centro do cérebro responsável por isso passa a despender mais energia. Isso acontece no centro lingüístico chamado de Broca, aproximadamente na altura do cocuruto, no lado esquerdo do cérebro. Mas esse também é responsável, como se descobriu só agora, pelas seqüências de movimentos controlados a partir dessa área. Quando imaginamos que cerramos o punho, sem fazê-lo realmente, a energia das áreas próximas desse centro se consomem. Isso deve indicar que as seqüências de movimento imaginadas também têm uma base fisiológica e anatômica no cérebro. Os movimentos que são apenas pensados, imaginados, também são controlados. Com isso, os movimentos se tornam independentes de sua realização. São reduzidos a seu conteúdo mental. Esse fato constituía uma grande vantagem para a evolução do homem. Ele podia treinar algo sem gastar muita energia. Sua inferioridade quanto aos movimentos, em comparação com os animais, podia ser compensada pela superioridade de sua mente e de sua imaginação. Além do mais, quando ele imaginava seqüências de movimentos, não errava. Isso também era uma vantagem, e ela é usada ainda hoje quando os esportistas treinam mentalmente antes do início de uma competição. Revelou-se que o treino é mais eficaz quando consiste em movimentos mentais e reais na relação de 1 a 3. Pelé, o jogador de futebol brasileiro, foi o primeiro a reconhecer isso.

"Antes de todos os jogos, eu imaginava de que modo passaria pelos meus adversários com a bola 'grudada' no meu pé. Não haveria mais nada entre mim e a bola. Eu antevia tudo com muita clareza. Os melhores jogos, entretanto, foram aqueles em que eu imaginei que ia deixar todos os meus adversários para trás. Muitas vezes também sonhei com isso."[4]

Essa capacidade de realização pressupõe um cérebro e uma inteligência localizada na visualização, na imaginação e no aspecto ótico. Não há nenhum indício de que acontecimentos imaginados do passado, do presente e do futuro sejam possíveis fora do neocórtex. A conclusão inversa também é verdadeira.

Quando encontramos seres vivos que não têm córtex, eles também não podem pensar nem imaginar. As seqüências de seus movimentos devem ser inatas.

Causa surpresa o fato de que disciplinas de pesquisa tão distantes umas das outras, como as experiências com o tomógrafo com emissão de pósitrons e a paleontologia, repentinamente se aproximem dentro de nosso cérebro pensante e pesquisador. Mas já existem indícios que explicam isso. É que nosso cérebro, como armazenador de informações, é construído de maneira tal que, através da atividade que executamos no aprendizado de um campo de conhecimento, também formamos o arquivo onde esse conhecimento é guardado.

O cérebro arquiva o conhecimento exatamente nos mesmos sistemas que participam na aquisição desse conhecimento ou dessa ação. Uma faca é arquivada no cérebro no local onde temos prateleiras importantes com relação à faca. Por isso, ainda na idade avançada encontramos "faca" perto de "cozinha", e não em "talheres". Tudo depende da maneira pela qual o cérebro se apropriou de algo ou de como o cérebro o adquiriu. O cérebro também arquiva tudo o que tem alguma relação com as interações. No caso de faca e garfo, a sensação do toque desses instrumentos e o modo como as mãos os manuseiam.[5]

Outros sentidos também têm seus arquivos. Da mesma maneira como as dores. Alguém pode sentir dores depois da amputação de um membro que agora não existe mais mas, no arquivo do cérebro, ainda continua registrado. O mesmo vale para os sons. Alguém ouve diversos sons. Os altos são processados numa parte totalmente diferente do cérebro com relação aos sons baixos. Mas tudo é organizado como o teclado de um piano. A distância entre as duas áreas do cérebro, dos quais uma registra um Dó alto e a outra um Dó médio, é análoga àquela de um Dó médio e um Dó alto no piano. Já que existem línguas, como a chinesa, onde a elevação do tom da voz em si já muda o sentido das palavras, não é despropositado falar em cérebro chinês. Sua sensibilidade característica é influência da língua materna. Esse é o motivo pelo qual para nós é tão difícil aprender chinês. Entre nós, a elevação do tom da voz tem um papel diferente. A palavra bola continua sendo bola, mesmo se for dita mais alto ou mais baixo. O mesmo acontece com a palavra casa. Na língua chinesa, entretanto, teríamos quatro palavras diferentes.

Na língua japonesa isso é ainda mais evidente, embora sua estrutura gramatical não tenha parentesco nenhum com a chinesa. É que o cérebro também realiza uma análise lingüística dos estímulos que não desempenham nenhum papel entre nós, quando se trata de falar, ouvir ou ler. O rumorejar das árvores, o chilrear dos pássaros, o latido de um cachorro, o murmurar de um riacho são ouvidos pelos japoneses como nós ouvimos as consoantes e vogais. Dizem também que, nos japoneses, o lado esquerdo do cérebro não é especializado em consoantes, como nos ocidentais. Um elemento absolutamente essencial da língua japonesa são as vogais. Por serem importantes, são analisadas pelo lado esquerdo do cérebro. "O oooo oo o" pode ser uma frase falada em japonês. Entre nós, só seria uma expressão emocional de surpresa ou lamentação. Entre nós, isso acontece no lado direito, enquanto no "cérebro japonês" se dá no lado esquerdo, porque está ligado a valores emocionais que dizem respeito à natureza.[6]

Cérebro réptil também nos seres humanos

Ainda me lembro dos pormenores de uma aula dada há mais de trinta anos na Universidade de Kiel pelo anatomista Wolfgang Bargmann. Eu tinha um encontro marcado com ele e aproveitei a oportunidade para, antes, ouvir sua aula. Ele falou sobre o cérebro humano, especialmente sobre a estruturação e a conexão dos bilhões de neurônios, das células nervosas do nosso cérebro. De repente todos, acostumados a adquirir seu conhecimento em aulas rotineiras, puseram-se a prestar atenção.

"Não se trata da organização do corpo humano, mas da organização da mente humana", ouviram do professor. "No início de seus estudos, vocês precisam aprender a dissecar adequadamente as partes do corpo de um morto cortando-o com o bisturi. Assim, vocês constroem o corpo mentalmente dentro de vocês. Ele surge novamente no mundo de imaginação da consciência de vocês."

Isso significa que a anatomia seria uma ciência filosófica?

Eu não podia perder uma confissão como essa, feita por um professor de anatomia. Por isso, logo no início do nosso encontro, toquei nesse assunto. Ele citou então o discurso feito por seu conhecido colega Rudolf Virchow, quando este assumiu a reitoria da Universidade Friedrich-Wilhelm em Berlim. Em 1895, ele teria falado sobre "Aprender e pesquisar", e teria frisado claramente que o ensino, o aprendizado, a pesquisa e os métodos deveriam sempre voltar a formar uma unidade, algo, todavia, que ficava cada vez mais difícil.[7] Ele não podia saber quais seriam as transformações revolucionárias com as quais a ciência modificaria o mundo alguns anos mais tarde. Em 1895, Wilhelm von Röntgen descobriu os raios X. Em 1901, recebeu o prêmio Nobel por isso. Em 1905, Albert Einstein recebeu essa mesma distinção, a mais alta na ciência, por sua inovação do pensamento físico. Segundo Bargmann, a anatomia também foi atingida por essas transformações. E esse homem, por sua vez, não sabia nada da invenção de aparelhos radioativos de alta tecnologia com os quais, vinte anos depois, seria possível olhar para dentro do cérebro humano vivo.

O cérebro humano é um sítio arqueológico. As camadas superiores, com seus objetos descartados ou gastos, não nos causam mais nenhuma surpresa. Mas quando escavamos mais fundo e encontramos algo novo, nossa curiosidade cresce. Mas também nesse caso temos de saber escavar. Avançamos em direção a épocas mais antigas. A partir das cerâmicas e ferramentas de pedra, deduzimos a vida de milhares de anos atrás. Das partes do cérebro formadas em épocas anteriores na história da evolução deduzimos as atividades dos primeiros seres humanos.

As camadas mais profundas e as capacidades e emoções já existentes nos primórdios da evolução não suscitam apenas o nosso interesse científico. Continuamos tendo relações anatômicas e irracionais com elas. Elas não são românticas, mas inteiramente realistas quando, dentro de nós, causam comportamentos e reações que têm algo a ver com desgosto, raiva, indignação, alegria, luto e medo. Às vezes também acreditamos que temos de tomar uma decisão "ditada pelo instinto". Temos a impressão de que não somos criaturas exclusivamente racionais.

A formação do nosso cérebro se deu em três etapas. No início, os seres vivos possuíam apenas um cérebro réptil. É o tronco encefálico onde fica a sede dos processos vitais decisivos. Trata-se da vida como tal. Mais tarde, e acima desse cérebro, desenvolveu-se o sistema límbico, responsável por tudo o que diz respeito a impulsos e emoções. O cérebro, com seus bilhões de células cinzentas no neocórtex, é a formação mais nova dentro da evolução. Consiste em dois hemisférios que, no decorrer de dois milhões de anos, estabeleceram uma divisão de trabalho que continua existindo até hoje. Na realidade, portanto, temos na cabeça quatro regiões: tronco encefálico, mesencéfalo e os dois hemisférios do cérebro. Todos têm sua estrutura própria, sua própria química e seus próprios ambientes aos quais reagem.[8]

A estrutura e anatomia do cérebro humano é conhecida há muito tempo. Os artistas do Renascimento desenhavam órgãos humanos segundo a natureza. Em dissecações proibidas, faziam separações limpas de músculos e ficavam impressionados com a maravilhosa arquitetura do corpo humano. Os gregos e romanos também conheciam o corpo humano, mas não por dentro. Deixaram isso aos cuidados dos filósofos e, mais tarde, dos Padres da Igreja. O filósofo francês René Descartes ainda concedia a primazia à mente, embora já estivesse à procura de seus substratos físicos. Ele supunha que a sede da alma ficava na glândula pineal, no centro de cérebro, o que não estava tão errado, como sabemos hoje. A glândula pineal é que produz a melatonina, reguladora do ritmo de todos os órgãos internos. A melatonina cuida do ritmo dia/noite baseada em informações que a glândula pineal recebe através dos sinais claro/escuro dos olhos. No jet-lag, a glândula pineal não consegue acompanhar as mudanças e perde o ritmo. A medição de concentrações de melatonina serve ao diagnóstico do câncer. Pessoas saudáveis produzem uma quantidade maior de melatonina à noite; pessoas com câncer, não.[9] Hoje, alguns historiadores da arte consideram-na o campo que expressa com mais nitidez o que as pessoas antigamente sabiam a respeito de tudo isso. De Miguel Ângelo Buonarotti sabemos que secretamente dissecava corpos e também se interessava pelo cérebro.

Sua procura da unidade entre mente e corpo é expressa especialmente na sua pintura na Capela Sistina, que representa a criação de Adão. Seu embasamento era um conhecimento da realidade adquirido através do estudo, mas também uma visão dos processos que acontecem no corpo humano, que ele não podia conhecer, apenas imaginar. É isso o que afirmam agora alguns historiadores da arte, como o norte-americano Frank Lynn Meshberger, que, por sua vez, se encantou com a moderna pesquisa do cérebro, e por isso procurou em Miguel Ângelo símbolos e mensagens cifradas que refletissem os conhecimentos anatômicos e as compreensões espirituais do Renascimento.[10]

Deus estende o braço direito a Adão. Com cuidado, a mão esquerda de Adão toca com um dedo o dedo de Deus, como se a faísca elétrica saltasse de uma sinapse no cérebro para a outra e, através de transmissores, levasse adiante a atividade mental. Sinapses são fendas microscópicas entre os neurônios. Através delas dá-se uma ligação que se estende de um lado a outro, feita por transmissores que, por sua vez, são provocados por impulsos elétricos decorrentes dos neurônios. Estes parecem disparar incessantemente, mas seguindo um esquema secreto de comutadores, às vezes fraca, outras vezes fortemente, às vezes parando. Toda a vida depende da conexão entre centenas de neurotransmissores, que nesse jogo de milhões de neurônios constituem a verdadeira química do nosso cérebro. Nossas emoções, pensamentos, lembranças e sonhos, nosso sono, sexo, as reações a *stress* são o resultado de desempenhos máximos realizados incessantemente pelo cérebro.

Na obra de Miguel Ângelo, o próprio Deus é inserido dentro dos contornos do cérebro humano. Pode-se ver nitidamente o tronco encefálico, o sistema límbico, o cérebro e o córtex. Se isso for verdade, a estrutura do cérebro humano seria a imagem da estrutura divina. Miguel Ângelo possuía conhecimentos anatômicos diferenciados, que o levaram à questão de como os tendões e músculos mais finos conseguiam produzir movimentos de elegância e graciosidade. O grande artista aparentemente sabia mais a respeito desse assunto do que podia revelar em sua época.

Nos anos 60 deste nosso século, a escola da anatomia havia chegado a certa definição. Como trabalho intelectual, todavia, na forma de uma atividade manual, certamente permanecerá sendo a base para a formação. Mas as perspectivas mudaram.

A antiga anatomia parecia estagnada no campo da pesquisa cerebral, quando se queria saber dela mais a respeito da estrutura mental. Quando a professora Mariann Diamond, da Universidade de Princeton, em 1983, viu diante dela, na mesa, o cérebro de Albert Einstein, disse:

"Estou aqui e vejo o cérebro que desenvolveu a teoria da relatividade. Numa das partes do cérebro encontrei 73% mais de células de apoio por célula nervosa do que num cérebro comum. Mas não sei o que isso significa."

Já em torno de 1900, na Universidade Cornell, havia-se iniciado uma experiência ambiciosa que acabou fracassando. Analisavam-se os cérebros de pessoas falecidas famosas ou não, para constatar se havia alguma relação com o respectivo temperamento da pessoa quando viva. Entre eles, havia cérebros de psicopatas e assassinos. Ainda hoje, cerca de cem desses cérebros continuam conservados em álcool no Uris Hall da universidade.

A análise de outros gênios ou estadistas não teve nenhum resultado. O professor Oleg Adrianow dissecou o cérebro de Andrej Sacharow. As fatias milimétricas, aumentadas cem mil vezes no microscópio de elétrons, não trouxeram nenhuma revelação. Os cérebros de Josef Stalin e Vladimir Iljitsch Lenin foram examinados. Nada se encontrou que não se tivesse achado também em outras pessoas. Parece que a anatomia do cérebro não é nenhum termômetro para medir a genialidade de uma pessoa. E ao mesmo tempo sabe-se com certeza que é lá que tudo acontece.[11]

Rudolf von Virchow disse, há cem anos, que durante suas dissecações nunca encontrou nada que se assemelhasse a uma alma. Mas pesquisadores atuais, adiantados na ciência por meio de instrumentos e métodos de pesquisa precisos e de alta tecnologia, partem novamente na busca romântica da emoção. Eles não precisam esperar mais até que a pessoa morra. Eles olham para dentro do cérebro ainda vivo, não por meio de raios X que representam a estrutura, mas por tomógrafos que representam a circulação sangüínea.

É verdade que não é muito apropriado comparar tipos de cérebro com computadores. No cérebro dá-se uma concentração muito complexa de células, que se comunicam através de substâncias bioquímicas. Trata-se de reações medidas em milésimos de miligramas e microssegundos. Todos os cérebros têm o seu próprio *software*. Isso significa que também têm sua própria inteligência. Continuando essa comparação, a anatomia seria uma questão de *hardware*.

A inteligência do cérebro réptil se limita a cerca de vinte padrões de comportamento, todos tendo a ver com a preservação do indivíduo e da espécie. Entre eles, os direitos territoriais, a procura de comida e a ordem hierárquica. Desconsiderando os comportamentos que visam a preservação do outro e que, portanto, constituem uma forma básica de altruísmo, é surpreendente o quanto nosso cérebro réptil ainda está presente em nós e é utilizado.

Seguindo essa analogia do computador, também temos, portanto, um programa réptil. Ele nos influencia o comportamento em rituais, em questões hierárquicas e no cumprimento das ordens de uma autoridade. Ele é responsável por modos de comportamento que não mudam, como a atitude de impressionar os outros, o desafio e a submissão. Infelizmente, também o início das guerras, como desafio, e o seu término, como submissão, têm base no antiquíssimo cérebro réptil. Pode ser que a decisão tenha sido tomada pelo córtex, mas em seguida grande parte do que acontece é automático.

No Central Park de Nova York, certo dia observei um homem cujo comportamento consistia quase que exclusivamente em rituais. Ele trazia consigo três garrafas vazias, que colocava na calçada de tal forma que os transeuntes tinham de passar por cima delas, a não ser que se desviassem. Mas, para isso, eles tinham de sair um pouco do caminho e fazer um desvio pelo gramado. Quando um transeunte fazia isso, o homem voltava a recolher as garrafas, avançava alguns metros e as colocava de novo na calçada. Esse comportamento repetitivo tinha o sentido de influenciar outras pessoas ou não tinha sentido nenhum. Era pura estereotipia. Eu queria descobrir o que o fazia se comportar daquela forma. Mas não consegui falar com o homem. Finalmente, concentrei a atenção nas pessoas que "respeitavam" as garrafas. Para minha surpresa, não vi um único transeunte que passasse sem dar atenção ao homem das garrafas. Todos escolheram o desvio. Essa era a solução. Havia-se criado uma comunicação que satisfazia o homem que não usava seu neocórtex. Mais tarde, voltei a ver o homem algumas vezes. Seu comportamento era estupidamente idêntico, como se estivesse baseado exclusivamente em seu cérebro arqueológico e fosse alimentado por ele. O ambiente praticamente não tinha nenhum papel na ativação desse comportamento. O cérebro réptil e o sistema límbico aparentemente são suficientes para preservar a vida e para garantir uma pequena experiência emocional através das ligações neurais entre ambos.

Talvez nesse caso também tenha sido um comportamento esquizofrênico e obsessivo. Não sei.

A sede das emoções

O sistema límbico é a sede das emoções. Quando a pessoa está em atividade, ele contém mais noradrenalina. E isso faz com que as pupilas se dilatem, a musculatura receba um fluxo sangüíneo maior, o pulso acelere. O estado emocional depende do equilíbrio adquirido pelos neurotransmissores no sistema límbico. Não há nenhuma emoção sem processos fisiológicos!

Mas também há mensagens de outras áreas do corpo que entram na central de distribuição das emoções e ali são interpretadas.

As emoções primárias, as que são inatas, baseiam-se em comutações do sistema límbico. A amígdala, uma estrutura em formato de amêndoa nesse sistema, e a parte anterior do *gyrus cinguli*, outro componente do sistema, têm um papel especial nisso. Com base em numerosas pesquisas, pode-se considerar como certo que há uma ligação entre a amígdala e as emoções. Se o lobo temporal, ao qual pertence a amígdala, é removido cirurgicamente, acontece a indiferença afetiva.

O sistema límbico é o cérebro de todos os mamíferos. O comportamento muda imediatamente assim que se toca ou estimula partes dele. Um estímulo elétrico na amígdala faz com que o animal sinta agitação, raiva ou alegria. No caso de um cachorro que não conhecemos nunca poderemos saber como ele vai reagir se for provocado. Um gato se prepara para o ataque. As pupilas dilatam. Ele arqueia o dorso e arreganha os dentes. Por meio de cirurgias experimentais do cérebro em animais provou-se que o sistema límbico é a instância do cérebro onde se formam as emoções.

Isso pode ser provado com muita exatidão no caso de pessoas epilépticas. Elas vivem emoções que não correspondem à realidade. Como são seres humanos que dispõem de um neocórtex, eles podem antecipar suas próprias emoções em frações de segundos. Ninguém descreveu mais clara e detalhadamente essa situação extrema do que o escritor russo Fjedor Michailowitsch Dostoiévski, ele mesmo um epiléptico com uma inteligência social excepcional, que praticamente continua sendo o mestre dos psicólogos e psiquiatras. No seu romance O Idiota, o príncipe Miskin tem traços tanto de Jesus Cristo quanto de uma pessoa solitária e de alguém que teme suas crises epilépticas, mas nunca consegue controlá-las. Elas sempre acontecem quando ele se agita ou se vê incapaz de agir em situações extremas.

O sistema límbico representa apenas um quinto do cérebro. Mas, por causa de suas funções importantes, é muito mais significativo do que seu tamanho parece sugerir. É como a roda num veículo. O cérebro fica à sua volta e numerosos raios o alimentam com hormônios, instintos, regulação de temperatura, emoções negativas e positivas. Enquanto isso, gira, e por isso é difícil de ser reconhecido. As reações e experiências emocionais resultantes parecem mesmo que são arquivadas numa parte do sistema límbico. Este, portanto, serve como uma espécie de memória específica para emoções. Quando o sistema límbico é modificado através de intervenções experimentais, modifica-se o comportamento de todo o organismo. O sistema límbico é responsável pelos atos de comer e de beber, pelo comportamento na fuga, pela luta e pela sexualidade. Há uma ligação estreita entre esses quatro padrões de comportamento e a produção de emoções. É o equipamento básico.

Mas ainda não é tudo. As emoções chamadas secundárias podem juntar-se a isso. Elas nascem quando somos capazes de digerir os sentimentos e de identificar situações, pessoas e objetos. A rede do sistema límbico estende-se, portanto, para muito além de seu próprio território. Ele usa especialmente os potenciais e aptidões que nosso cérebro recebe através dos sentidos. Para a avaliação das emoções humanas, é importante saber tudo isso, pois as emoções se baseiam em processos bastante complexos. Acontecem na cabeça e não no coração, como se acreditou durante muito tempo.

Se levássemos a sério a auto-observação e a experiência de nós mesmos, deveríamos visitar o jardim zoológico para observar o comportamento dos répteis. Pois é esse o nosso comportamento assim que todo o resto estiver desligado. Lá podemos estudar a autopreservação e a preservação da espécie. Através do sistema límbico, acrescenta-se a ressonância emocional. Ficamos na dependência de uma conexão contínua entre o cérebro réptil e o sistema límbico, pois de outro modo não poderíamos ter experiências emocionais. É provável que haja muita gente visitando jardins zoológicos porque essa gente sente que seu destino também depende de processos que são de importância fundamental nos animais.

Na evolução, há milhões de anos, os mamíferos devem ter começado a desenvolver um córtex. Isso aconteceu na época em que os anfíbios saíram da água e se transformaram em répteis. Um grande acidente quase aconteceu ali. O neocórtex (na história da evolução, a parte mais jovem do córtex do cérebro) crescia cada vez mais. Ameaçava tornar-se tão grande e pesado que os homens não conseguiriam mais ficar de pé, e qualquer nascimento humano deveria ser feito através de um parto cesariano. A natureza tinha de solucionar de outra maneira o problema do crescimento. O lance genial da evolução consistiu em partir para a profundidade. O neocórtex aumentou sua superfície por meio de sulcos, sem se estender. Hoje em dia, 98% da superfície do córtex estão escondidos nas profundezas e não são visíveis do lado de fora. A arqueologia é consistente. A base permanece igual, os andares superiores se diferenciam. Sua especialização é surpreendente. E quanto mais fundo penetramos nos mistérios do cérebro, mais surpresos ficamos. Pesquisadores do cérebro já podem hoje supor que nosso potencial de aprendizado está longe de ser esgotado. Alguns cientistas até mesmo acham que até agora só utilizamos de 10 a 20% desse potencial. Por isso, existiriam possibilidades nunca imaginadas para a evolução.

Quando Paul McLean, em 1952, descobriu a função do sistema límbico e lhe deu o seu nome, era o início de um modo psicobiológico de observar totalmente novo. Esse sistema se ocupa da produção de emoções. Embora perfaça apenas um quinto do cérebro, ele é o seu "coração". Aparentemente, a natureza quis afrouxar o comportamento rígido e estereotipado dos répteis. Essa foi a primeira tentativa de emancipação bem-sucedida. Desde então, qualquer ser humano saudável sabe a diferença entre o que pensa e o que sente. Normalmente, pensar e sentir estão em harmonia. Uma refeição com amigos nos traz alegria, dá a sensação agradável de segurança e calma. Ter de jantar junto com seus adversários políticos, entretanto, pode provocar emoções programadas para a luta ou a fuga.[12] A partir daí é só um pequeno passo para entender que os comportamentos podem adquirir um caráter irracional. Podem até tornar-se destrutivos. Richard Nixon, o presidente norte-americano deposto, é um exemplo disso. Seu medo paranóico de conspiradores motivou-o a tramar, por sua vez, uma conspiração. O perigo objetivo de perder as eleições de 1974 era pequeno. Mas o perigo irracional no seu cérebro era imenso. Era a sensação irracional de ser ameaçado que o lançou na aventura de Watergate. Seu sistema límbico havia perdido o contato com o neocórtex. Seu comportamento não podia mais ser controlado racionalmente por ele. Mas por causa de seu córtex ele era capaz, durante os interrogatórios diante da comissão de investigação do senado norte-americano, de justificar constantemente suas emoções, elevando à norma sua própria paranóia. Paranóia a serviço da paz mundial, disse Nixon, não era tão mau assim.[13]

"A moderna neurociência não consegue trabalhar com o conceito do cérebro como sendo uma máquina fria, duramente calculadora. Há um número demasiadamente grande de resultados de pesquisa que o contradizem", afirma hoje, vinte anos depois de Watergate, Marcus Raichle, da Universidade Washington em St. Louis. "É impreterível que incluamos toda a gama de nossas emoções. E isso já é válido na pesquisa sobre o ato de falar. Acreditamos que agora ganhamos um acesso às emoções que explica muita coisa." Graças à revolução na pesquisa neurológica.

Pode não ser importante para um leigo saber onde "estão" as emoções. Para o conhecimento científico, isso é muito importante. Para o homem prático, podem ser tiradas conclusões surpreendentes. O ser humano não pode tomar nenhuma decisão quando carece de emoções. Isso já pôde ser comprovado cientificamente. Quando as respectivas ligações anatômicas foram destruídas — por exemplo, por ferimentos — não existe mais nenhuma química de sangue correspondente que cuide do transporte dos importantes hormônios e substâncias necessárias para as emoções.

Se, todavia, já nas decisões racionais, há uma necessidade absoluta dos componentes emocionais, então processos puramente racionais não podem mais ser considerados realistas. Na verdade, eles não existem. Eles não seriam nada mais do que déficits, carecendo das emoções como componentes absolutamente necessários. Essa é uma das hipóteses mais interessantes da moderna pesquisa do cérebro: sem emoções, não existe nenhum conhecimento.

O inverso também é verdadeiro. Quando apenas os processos emocionais são utilizados, falta, neste nosso mundo complexo de hoje, um processamento estratégico da massa de informações. A sociedade informatizada como tal não tem emoções. Mas pode provocá-las entre as pessoas. Aqui há tantas informações a serem trabalhadas que nosso cérebro emocional não daria conta, se tivesse de funcionar como regulador. Nesse caso, a inteligência racional e artificial das tecnologias será mais rápida e segura do que os processos emocionais. Também essa hipótese é excitante: sem a razão, existe apenas o caos emocional.

Experiências arriscadas

No dia 25 de maio de 1983, o radiologista Dr. Henry Wagner, da Universidade John Hopkins de Baltimore, não deitou no sofá. Isso era cômodo demais.

Colocou a cabeça num tomógrafo com emissão de pósitrons para descobrir o que acontecia no seu cérebro depois de uma injeção de ópio radioativo. Sabia-se, devido a experiências com cobaias, que havia alguma relação entre esse medicamento e os receptores no cérebro. Tratava-se de um carbodióxido radioativo com uma meia-vida de vinte minutos, que é colocado dentro do carfentanil, um forte narcótico. É usado para anestesiar ursos e animais selvagens no seu hábitat e para fazer medições. A experiência de Wagner foi uma revolução na pesquisa dos processos do cérebro humano. Pela primeira vez, conseguiu-se localizar receptores de neurotransmissores no cérebro de uma pessoa viva. Durante sessenta minutos, Wagner ficou deitado imóvel, enquanto seus colegas seguiam no monitor o caminho do sangue com o ópio radioativo. O sangue concentrou-se no cérebro, nos receptores de ópio. Pela primeira vez, os cientistas viram esses receptores em ação. Alguns anos antes, nem se tinha muita certeza se as células do cérebro realmente tinham receptores para determinadas substâncias químicas. E agora, de repente, se via a possibilidade de se produzir novos mapas desses receptores. Se um dia fosse possível relacionar as observações de comportamentos com áreas específicas de receptores, também seria possível testar medicamentos de modo objetivo como, por exemplo, antidepressivos, neurolépticos e tranqüilizantes.

Na tarde do dia 25 de maio, a experiência foi repetida. Mas dessa vez Wagner recebeu antes a injeção de um antagonista de opiato, o naloxon. Essa substância bloqueia imediatamente os receptores que normalmente assimilam os opiatos. Dessa vez, o voluntário não se sentia nem um pouco cansado nem paralisado. Estava inteiramente desperto e quase não conseguiu ficar debaixo do tomógrafo pelo tempo necessário sem se mexer constantemente.[14]

Antes não havia instrumentos que possibilitassem a visão do cérebro humano vivo para observar a corrente sangüínea dentro dele. Graças ao desenvolvimento dessas técnicas, foram reconhecidas relações novas entre a esquizofrenia, a depressão, o mal de Alzheimer, os vícios e os atos de pensar, sentir e perceber.

"Não é impossível que nos próximos dez anos possamos descobrir cem novas doenças do cérebro", disse William Comer, o presidente do grupo farmacêutico Bristol-Myers-Squibb.

Em 1986, perguntou-se aos 227 pesquisadores biomédicos mais importantes dos EUA o que esperavam nos próximos dez anos em termos de progressos e descobertas científicas. Segundo sua opinião, deveriam acontecer grandes progressos no tratamento do câncer. A sociedade aboliria o fumo. Conseguir-se-ia um equilíbrio entre o tratamento medicamentoso e aquele por medidas psicológicas. A expectativa de vida nos Estados Unidos aumentaria para 82 anos para as mulheres e 75 para os homens.[15]

Há uma grande quantidade de novos conhecimentos a respeito de problemas antigos. Como é, por exemplo, que o cérebro humano reserva receptores para o fruto de uma planta como a papoula? Como é que as células do cérebro sabem que a papoula existe na natureza? A resposta é: elas não sabem isso, mas elas mesmas produzem essa substância para que, em situações extremas, em questões de vida ou morte, duas coisas sejam alcançadas: nenhuma dor ameace a resistência, e haja euforia para que se tenha vontade de lutar e de se defender. É exatamente por isso que os opiatos são a substância indicada. O ópio administrado vai imediatamente às reservas criadas para ele no cérebro. A catástrofe é que agora o cérebro não cria mais nenhum depósito de reserva. Já possui o suficiente. A produção é interrompida. De repente, o desejo por novas provisões dirige-se a um ponto exterior em potencial. O primeiro passo em direção ao vício foi dado.

A experiência de Wagner tem importância histórica na ciência. Além do fato de o próprio pesquisador do cérebro ter servido de cobaia, o resultado foi mais do que surpreendente e abriu a porta para a compreensão de centenas de doenças neurológicas. Provou que temos receptores no cérebro que assimilam o ópio. As diversas substâncias que acalmam as dores e produzem efeitos eufóricos tornaram-se um fanal para a indústria farmacêutica. Agora sua pesquisa podia avançar para terras novas. Por isso também não é nenhuma coincidência a indústria ter-se entusiasmado a ponto de, nos seus relatórios anuais, que normalmente contêm exclusivamente balanços e índices de bolsas de valores, publicarem ensaios científicos, como por exemplo a respeito das encefalinas.[16] Algo semelhante nunca acontecera antes. A descoberta das encefalinas também surpreendeu porque consistem em apenas cinco aminoácidos, e portanto são muito pequenos e de estrutura simples. Como moléculas que transportam mensagens dentro do cérebro também existem em outros lugares no corpo. O sistema imunológico depende de seu funcionamento.

Ainda não compreendemos suficientemente o papel desempenhado por esses neuropeptidas no sistema nervoso central. A pesquisa ainda está no início.

"Alguns deles transmitem emoções", diz Candice Pert, uma importante pesquisadora do exame diagnóstico PET. "Outros regulam o apetite, o sono, reações a *stress*, sede, memória e aprendizado."

Apenas temos a certeza de que os bilhões de células nervosas dentro do nosso cérebro se especializam muito cedo. Os neurônios, que são ativados quando ouvimos não são ativados quando falamos. As células do cérebro não são como as células do fígado. Essas podem ser removidas sem que algo de decisivo se altere na função do fígado. As células do cérebro, no entanto, são todas individualizadas. É verdade que podem assumir as funções de outras células. Mas nenhuma célula é igual a outra. Todas são diferentes. Sua verdadeira função parece ser a de criar ligações com outros neurônios. Por isso, seu significado nunca pôde ser visto num microscópio.

Em 1987, o neurologista dinamarquês Niels Lassen, do hospital Bispebjerg de Copenhague, fez uma experiência com o tomógrafo com emissão de pósitrons na qual conseguiu representar um pensamento humano numa imagem. Era como se fosse repetido ali o que o dinamarquês Niels Bohr, décadas antes, conseguira com a teoria dos átomos. Um átomo isolado foi reconhecido na sua estrutura. Agora talvez se tratasse do pensamento que se ocupava da física nuclear que era representado por Lassen. O conteúdo do pensamento naturalmente não podia ser visto em suas imagens. Mas ele pôde mostrar onde no cérebro ocorre o ato de pensar. Sua experiência começou com o pedido de que o voluntário levantasse a mão esquerda. As zonas frontais e motoras do hemisfério direito do cérebro receberam mais sangue porque então necessitavam de glicose. Em seguida, foi dito ao voluntário que ele deveria ficar absolutamente quieto e apenas imaginar que estivesse movimentando a mão esquerda. Então foram poupadas as áreas do cérebro que antes eram ativadas pela ação motora. A imagem mostrou apenas o padrão de atividade básica dos neurônios do pensamento, menos as componentes motoras.

Em outro estudo, o dinamarquês descobriu que, para o cérebro, faz uma grande diferença se a pessoa ouve sua língua materna ou uma língua que não entende. A língua materna está alojada em algumas áreas do córtex; a outra língua não tem nenhum padrão de reconhecimento no cérebro. Um agente de espionagem que não compreende nada de inglês hoje em dia poderia ser desmascarado facilmente com a ajuda do PET, caso ele realmente compreendesse o inglês.[17]

Atualmente, pesquisas como essa ainda dependem da perspicácia e da inventividade do pesquisador. Mas o caminho já foi esboçado. Num primeiro momento, as técnicas tradicionais da obtenção de informações como entrevistas e reações espontâneas a estímulos são complementadas e, dentro de alguns anos, serão substituídas por análises sutis do cérebro, como acontece no caso do PET.

O medo também pode ser medido pelo PET. Nesse caso, a atividade metabólica do hemisfério direito do cérebro muda em comparação com o esquerdo, como veremos mais tarde.

O paraíso perdido

Experiências com o tomógrafo com emissão de pósitrons seriam bastante adequadas para um filme de ficção científica. Os cientistas poderiam ser chamados de Frankenstein ou de Ivan, o Terrível. Os computadores já têm nomes parecidos. E são tão grandes, que ficariam bem em filmes de horror. Apenas não se deveria troçar deles, como se faz hoje em dia. É claro que, no filme, eles ficariam bravos e se vingariam. O ambiente nos institutos lembra Los Alamos ou Silicon Valley.

Mas vamos parar de brincar!

A partir do momento em que o homem descobriu a radioatividade, o mundo mudou. Não é o fenômeno como tal que revolucionou o mundo, mas as possibilidades de sua aplicação. Agora o homem se prepara para aplicar a própria mente à sua mente — graças à radioatividade.

"Tornamo-nos soldados no *front* e, dentro de pouco tempo, transporemos a última fronteira", disse Richard Restak, o pesquisador do cérebro e escritor que divulgou esse novo conhecimento pela televisão, no congresso de Munique, para a pesquisa de dominâncias cerebrais em 1988.

Até o ano 2002, todos os genes do homem estarão representados num atlas. É como se a ciência quisesse ir além da literatura de ficção científica.[18]

Agora parece que o homem transpôs a última fronteira do conhecimento. Pela primeira vez, ele faz descobertas que não dizem mais respeito ao cérebro morto, mas ao interior do cérebro vivo. Ele consegue tornar visíveis os processos intracranianos e, com isso, seguir os processos de pensamento típicos e normais. Assim não é de surpreender que essas imagens das profundezas do cérebro atraiam uma atenção semelhante àquela suscitada pelas imagens de raios X ou fotografias do Universo feitas por teleobjetiva. A física, a química, a biologia e até mesmo a astronomia chegaram novamente perto de fronteiras da ciência onde se apresentam as questões religiosas. Na psicologia e na neurologia nunca antes existiram possibilidades parecidas com as da técnica de registro de imagens do tomógrafo com emissão de pósitrons. Disso nascerá uma revolução do conhecimento, não apenas no que diz respeito às emoções.

Na Alemanha, todavia, a legislação proibiu as experiências neuropsicológicas que trabalham com isótopos e servem a finalidades não-médicas. Mas as leis não podem impedir o conhecimento. Por causa da restrição dessas experiências na Alemanha perderemos nos próximos vinte anos os prêmios Nobel que serão concedidos à pesquisa do cérebro através do tomógrafo com emissão de pósitrons. Para fazer pesquisas desse tipo, teríamos de nos entregar aos cuidados e à colaboração dos norte-americanos e japoneses. E realmente há um constante ir e vir dos proeminentes neurocientistas alemães entre os norte-americanos e japoneses. Os pesquisadores mais velhos vão para lá com a intenção de se informar, os jovens ficam de vez. O famoso Instituto de Medicina Nuclear da Universidade McGill, em Montreal, é dirigido por um japonês. O Professor Lucas Yamamoto também leciona na Universidade de Tóquio. Ele gosta muito de receber alemães para conversar com eles e para lhes mostrar, no seu pequeno museu, o primeiro tomógrafo com emissão de pósitrons do mundo, há muito posto fora de serviço. Ele participou de modo decisivo na sua invenção e desenvolvimento. É possível, entretanto, que se tenha de esperar durante uma hora enquanto os cientistas alemães apresentam uma quantidade excessiva de questões e atrapalham a agenda de Yamamoto.

Nos últimos tempos, o PET tornou-se o instrumento de pesquisa mais importante. Como não reproduz a estrutura do cérebro, como a tomografia Kernspin e a tomografia computadorizada, mas os processos metabólicos, abre perspectivas nunca imaginadas para a medicina, mas também para outras ciências que têm o homem como objeto de pesquisa.

Cerca de cem universidades dispõem de tomógrafos com emissão de pósitrons e fazem pesquisas com eles, sobretudo nos Estados Unidos, no Japão e na Bélgica. Na Alemanha, há exemplares em Hannover, Heidelberg e Colônia. As máquinas são caras demais; custam cerca de dez milhões de marcos alemães cada. Para utilizá-las, precisa-se de uma equipe de colaboradores altamente qualificados.

Em setembro de 1989, em cerca de dez lugares diferentes no mundo inteiro aconteceram experiências com esse tipo de tomógrafo. Em três institutos diferentes examinou-se a inteligência matemática, a inteligência emocional, a linguagem dos seres humanos e o que acontece no *stress* e nos estados de pânico. O Instituto Neurológico da Universidade McGill de Montreal, no qual o grande neurocirurgião Wilder Penfield havia realizado, pela primeira vez em cirurgias de cérebro aberto, uma estimulação elétrica de células nervosas através de toques dirigidos, o Instituto Mallinkrodt da Universidade Washington de St. Louis e o Instituto para Neurologia da Universidade de Irvine, na Califórnia, reconheceram quase que simultaneamente que nosso conhecimento a respeito do cérebro, da inteligência, da linguagem e de muitas doenças neurológicas ameaçava entrar em colapso. Era insuficiente, talvez até incorreto.

A Universidade John Hopkins de Baltimore também ficou conhecida nesse contexto. Das cem universidades que dispõem de tomógrafos com emissão de pósitrons, assim como dos institutos especializados e dos laboratórios da indústria farmacêutica esperam-se, nos próximos anos, revelações profundas a respeito da natureza humana. Mas certamente levará muito tempo até que estadistas e grandes artistas se declarem dispostos a colocar seus cérebros à disposição da pesquisa, ainda em vida, para alguns exames. Aos cientistas isso não importa muito. Eles fazem experiências com outros cientistas.

Num futuro próximo, deve-se lidar sobretudo com as emoções. Depois do momento em que foi possível ver como o medo se alastra no cérebro a partir da amígdala, essa expectativa não é sem fundamento. Esse pequeno nódulo formado por células nervosas fica bem perto do tronco encefálico e se especializou na memória do medo. Emoções sentidas fortemente no passado são armazenadas ali. Quem, por exemplo, tinha dez anos de idade quando John F. Kennedy foi assassinado, vai-se lembrar de onde estava e do que fazia quando chegou a notícia. Esse é o trabalho da amígdala. Não só temos as emoções, mas também as lembranças delas. Isso é importante para a tomada de decisões. Como diz o professor Antonio Damasio: "A emoção é um acontecimento central para qualquer pensamento racional."[19]

Quando as memórias emocionais não existem mais, talvez porque um tumor no cérebro as tenha destruído, o homem perde também a capacidade de considerar as conseqüências emocionais de suas decisões. É que decisões inteligentes são decisões emocionalmente inteligentes, porque incluem as reações das outras pessoas. Aprendemos a integrar essas emoções em nossas decisões. A sabedoria da idade é uma sabedoria das emoções. Talvez muitos casamentos não durem porque os parceiros não têm consciência de suas emoções. Mas sem a participação das emoções nenhuma decisão produtiva pode ser tomada.

Considerações como essas estimulam a ciência. Mas tirar conclusões disso, querer usar esses conhecimentos para orientar a educação, a vida e a profissão significaria fazer com que o mundo e as pessoas dependam das primeiras revelações estimulantes, mas de maneira nenhuma asseguradas, de alguns cientistas. Nem a técnica nem a metodologia dessas pesquisas são conhecidas pelo público. Uma pequena elite científica publica resultados que o público em geral não pode verificar. Por isso é que, neste livro, descrevemos detalhadamente também a técnica do exame do cérebro.

À procura do espírito

"Ainda supõe-se largamente que um conhecimento completo da física, da química e da biologia hoje em dia possa explicar os fenômenos da vida, da consciência e da mente", diz o físico quântico Henry Margenau.[20] Isso leva a uma confusão entre a física atual e as ciências da vida. Por meio da física quântica, todavia, aconteceram mudanças fundamentais em relação à imagem da realidade. É que não se pode encontrar esclarecimentos definitivos das leis da mecânica quântica a não ser que se faça referência à consciência. O próprio observador, o cientista com seu comportamento, não pode mais ser deixado de fora. Isso vale, entretanto, apenas para as grandezas bem pequenas. A observação da partícula faz com que algo seja feito com ela.

"Portanto, eu não posso dizer: O átomo é uma partícula; ou: É uma onda, mas: Nem partícula nem onda, e eu decido isso pela disposição da experiência como ele se manifesta", diz Friedrich von Weizsäcker. Significativa é a indefinição do próprio átomo.

"Átomos formam antes um mundo de tendências ou possibilidades do que um mundo de coisas e fatos", observam Robert Augrus e George Stanciu a respeito da revolução na ciência biológica.[21]

Não se podia continuar a recorrer a modelos que eram geralmente compreensíveis e facilmente imagináveis, como a física de Newton, apenas porque eram compreendidos por todos. O físico Heinz Pagels explica isso da seguinte forma:

"Se quisermos compreender a realidade da física quântica, temos que abdicar da realidade que podemos ver e perceber através dos sentidos, em favor de uma realidade descoberta por instrumentos e perceptível apenas intelectualmente. O mundo descrito pela física quântica não nos é imediatamente plausível, como era o caso da antiga física clássica. A realidade dos quanta é racional mas não pode ser imaginada."[22]

Se adotarmos essa maneira de pensar e a transferirmos para o ser humano, sobretudo para a sua psicologia, veremos que, na verdade, sempre foi assim. Nenhuma experiência pode excluir a disposição da experiência exatamente por aquela pessoa que a realiza. E nenhum voluntário mostra um comportamento que não seja de alguma forma também uma reação à experiência. Provocam-se as possibilidades que jazem no comportamento e na evolução do homem. Mas apenas são possibilidades. Outras permanecem sem uso até que sejam ativadas. No caso do homem, no entanto, por princípio não se pode abarcar toda a abrangência de suas possibilidades.

Aplicado aos resultados das experiências com o PET, isso significa: ganhamos um conhecimento que, entretanto, não pode ser generalizado de maneira confiável. É difícil compreender que uma experiência isolada seja generalizada em favor de um modelo do qual se espera um melhoramento social.

A origem da ação está na mente, na sua liberdade e no seu livre-arbítrio. A física moderna não pode agir de outra maneira; ela tem de aceitar esse espírito, e não submetê-lo novamente à análise da física.

"Se o 'espírito' existe inteiramente fora de qualquer corpo físico, é difícil compreender por que tantas características espirituais podem ligar-se tão nitidamente às características do cérebro", comenta Roger Penrose, um físico excelente, que também faz pesquisas do cérebro. Segundo a sua opinião, deveríamos nos concentrar nas estruturas "materiais". Seria decisivo que se reconheça as estruturas materiais no nível dos quanta. Os processos da física quântica podem agir sobre todo o cérebro.[23] Assim, portanto, a teoria quântica levou à consciência do espírito. É inevitável que os pesquisadores que olham para dentro do cérebro cheguem a esse resultado. E em todos os institutos do mundo que se ocupam dos processos subatômicos também o espírito voltou a fazer parte do cenário.

O espírito, descoberto primeiramente pelos gregos, virou assunto novamente, dessa vez na física moderna. "A liberdade é um pré-requisito da experiência", diz von Weizsäcker. "Não são as circunstâncias, os motivos e as emoções que determinam a experiência, mas o meu livre-arbítrio."

Há mais uma diferença na interpretação das descobertas neurocientíficas. Enquanto alguns tiram as conclusões psicológicas, outros procuram pelo espírito humano. Não o encontrarão. E também sabem disso. Mas, no caso deles, a necessidade aponta para uma direção que deve ser decisiva: procuram por uma ordem abrangente, não por um gerenciamento psicológico. O interessante é que as novas descobertas feitas nos Estados Unidos são comentadas em revistas norte-americanas e alemãs com manchetes como "In search of the mind" ou "The mind in motio", "Wie der Geist im Gehirn entsteht", "Was die Seele wirklich ist". Elas não expressam que a psicologia recebeu o chamado de desenvolver novos procedimentos da inteligência, mas o fato de que não sabemos nada a respeito do espírito humano, a não ser que seja a filosofia como um todo.

Se as emoções não são boas nem más, não é possível usá-las simplesmente para modificar o mundo. Para isso deveria haver outros critérios e outras normas, contra os quais as emoções ainda teriam de ser checadas. Não se pode acreditar que o convite de Goleman para que se pare primeiro e em seguida se confesse a si mesmo a emoção vibrante — "o que eu tenho é sentimento de vingança" — possa ser seguido entre os membros do Hamas.* Os fundamentalistas do mundo inteiro não podem ser atingidos individualmente por meio do gerenciamento emocional. Nesse caso, precisamos de políticos. E isso mostra que, no nosso mundo, não são as teorias psicológicas que são decisivas mas as ideologias, os princípios da fé, das religiões, das civilizações. Em 1993 foi publicado o famoso artigo "The Clash of Civilizations" do historiador Samuel Huntington, da Universidade de Harvard. Segundo ele, quem cria as dificuldades são as culturas com suas religiões. Como um membro do mundo ocidental, com a ajuda de sua inteligência emocional, poderia compreender o fanatismo dos xiitas e de outros fundamentalistas? Isso só é possível a partir do conhecimento das culturas e religiões, não a partir das emoções.

Os pensamentos são livres, mas não sabemos nada

No futuro teremos tomógrafos com emissão de pósitrons tão perfeitos que reproduzirão imediatamente, sem nenhum atraso, os eventos cerebrais do momento. Imaginemos que estamos sentados diante de um desses tomógrafos. Vemos padrões de atividade da nossa própria observação no monitor. Se alguém vem falar conosco, uma outra área se ilumina. Se há um fundo musical, tudo se desloca para o lado direito do cérebro. Em resumo: nessa situação, veríamos a reprodução de nossa própria atividade cerebral; portanto, também a atividade decorrente do próprio ato de ver.

Nesse caso, seria a inteligência que estuda o desempenho do próprio cérebro? Trata-se aqui de uma coisa ou de duas? Estudamos o cérebro. Quanto a is-

---

* Grupo extremista islâmico (N. T.).

so, não há nenhuma dúvida. Não fosse assim, deveríamos perguntar o que seria representado no monitor que se modificava quando nós nos alterávamos. Não podemos fugir disso. Estudamos algo de nós mesmos.

Quando temos consciência de que é o nosso próprio cérebro com suas atividades neurais que observamos, ficamos embaraçados. São exatamente os pensamentos descritos há trezentos anos por René Descartes nas suas meditações: "Penso, logo existo!"

Poderíamos dizer:

"Vemos nossos registros no PET; portanto, existimos!"

Através do PET, observamos nosso cérebro em ação e reconhecemos de modo consciente que é o nosso cérebro que está observando. Podemos objetivar algo que seja idêntico à nossa capacidade de objetivação? Da nossa consciência depende o que vemos. Quando desligamos o fundo musical e observamos a mudança resultante no monitor, somos idealistas no sentido filosófico. Damos a nós mesmos a primazia: nosso eu vem em primeiro lugar; a imagem do PET, em segundo. Modificamos as imagens. Mas como algo de imaterial pode ter influência sobre algo material que vejo no monitor?

O estudo das atividades do nosso cérebro não pode ser mudado com a consciência de que se trata de nós mesmos. Nós não vemos a consciência. Há seis anos, quando começou a "década do cérebro" proclamada pelo presidente George Bush, muitos cientistas acreditavam que, dentro de pouco tempo, descobririam a consciência. Mas finalmente desistiram dessa idéia.

"Não há nenhum centro responsável pelo autoconhecimento, nenhuma região no cérebro, por menor que possa ser, na qual more a nossa consciência", diz Richard Restak, que inventou essa experiência hipotética e com isso transformou-se de neurologista em filósofo. Nossa consciência é uma característica do cérebro em funcionamento.[24]

Embora não saibamos o que é consciência, às vezes a experimentamos de modo dramático. Pesquisas do neuropsicólogo Ernst Pöppel mostraram que a consciência é dividida em janelas de tempo, cada uma com duração de trinta milésimos de segundos. Nessa duração não podemos mais distinguir nenhuma percepção acústica. Essas janelas de tempo são reunidas pela nossa consciência em "pacotes" de tempo de cerca de três segundos de duração. Tudo o que tiramos da consciência obedece de alguma forma a esse compasso de três minutos. Algo além dele não pode mais ser percebido como uma unidade pela nossa consciência. Ela dispõe de uma capacidade de estruturação, portanto, daquilo que atribuímos até agora ao pensamento construtivo.

Dentro dessa duração de três minutos, a consciência pode assimilar no máximo sete unidades de informação. Em comparação com um simples computador pessoal, o cérebro humano é limitado. A magia matemática do cérebro trabalha, portanto, com números ímpares de três a sete. Quando são convidados a pensar rapidamente num número de 1 a 10, quase 90% das pessoas pensam em 3 ou 7. É claro que esses números não têm relação nenhuma com as medidas do modo de funcionamento do cérebro; mas, sendo números mágicos, podemos memorizá-los mais.[25]

Apesar disso, o cérebro humano é um computador especial que soluciona o problema da rapidez à sua própria maneira. Se, no cérebro aberto, certas partes do neocórtex são estimuladas eletricamente, os pacientes, plenamente conscientes, comunicam, surpreendentemente, que meio segundo antes já havia acontecido um estímulo. Como qualquer estímulo dos sentidos só chega ao neocórtex através dos olhos, dos ouvidos ou da pele, no caso dos estímulos do córtex eles não percorrem esse caminho — o cérebro é logrado. Transfere o estímulo no tempo. Muda a data do carimbo postal. Assim, cria para o destinatário a ilusão de que a carta já havia sido enviada antes. Só que, nesse caso, o destinatário é o próprio eu. Pöppel desvenda impiedosamente os limites da auto-observação.

Até o desenvolvimento da técnica do PET era possível distinguir entre o pensamento e os processos físicos. Descartes já desconfiava de algo quando, depois de afirmar "Penso, logo existo" (*Cogito, ergo sum*), fez a restrição: "Existo apenas enquanto penso."[26]

Hoje está claro que os pensamentos, emoções e sentimentos andam acompanhados de mudanças da situação que acontecem no cérebro. Estados de espírito e momentos fugidios mudam também a necessidade de glicose, de oxigênio e de outros nutrientes do corpo. Não é possível haver pensamentos sem a correspondente mudança da atividade cerebral. Portanto, não admira que agora os filósofos e neurocientistas queiram trabalhar juntos para solucionar o problema. John Eccles, um neurocientista importante, junto com o filósofo já falecido Karl Popper, aventou uma nova hipótese que explica como o espírito e o cérebro agem entre si. A hipótese baseia-se em cogitações da física quântica. Não é necessário que se suponha um mundo espiritual independente e um outro, material, igualmente governado por suas próprias leis. Essas são questões ontológicas que não são mais estudadas por terem perdido o sentido. O efeito dos acontecimentos mentais sobre os acontecimentos neurais provavelmente é um campo de potencialidades análogas à mecânica quântica. Um campo como esse não possui nem massa nem energia.

"A concentração mental presente nas intenções ou na cogitação de projetos pode causar acontecimentos neurais através de um processo análogo aos campos de probabilidade da mecânica quântica", diz John Eccles.[27]

O mecanismo sináptico, através do qual uma célula nervosa se comunica com a outra, traz em si a própria solução. O efeito, por causa de sua grandeza, fica no âmbito da relação de indefinição de Heisenberg; portanto, na área da mecânica quântica.

"Também os potenciais de ação que dirigem fisicamente a transmissão dos sinais nervosos têm sua origem, em última análise, na mecânica quântica", constata Roger Penrose. Segundo o conhecimento atual, já há, portanto, a participação dos efeitos quânticos nas sinapses. Se estendermos esse conhecimento para todo o cérebro, será de supor que também haja neurônios em todos os lugares que, como os detetores de fótons da retina, no fundo são detetores quânticos.[28]

Nossa compreensão do cérebro continua muito fragmentada. Olhar para ele do ponto de vista clássico dos neurônios que queimam ou não ainda é admissível. Mas quando se dá espaço a especulações de física quântica, tudo se torna abstrato, de difícil compreensão e sem nenhuma clareza. Todos nós pensamos e agimos como se tivéssemos controle sobre nosso comportamento, nossa responsabilidade e nossas ações, e até sobre nossas emoções. Segundo a hipótese de microlocalização de Eccles, a atividade entre espírito e cérebro está intimamente ligada às características das sinapses estimuladoras.

Em 1984, o físico quântico Henry Margenau publicou um livro no qual afirma que os campos de probabilidades da mecânica quântica não contêm nem energia nem matéria. No cérebro, com seus milhões de neurônios e centenas de milhares de circuitos ligados, tais processos se desenrolam em distâncias espaciais tão pequenas que não é mais possível explicá-los pela física clássica. Precisa-se das leis da probabilidade e da pesquisa do caos. As células do cérebro utilizadas para determinado desempenho são necessárias apenas de acordo com as leis da probabilidade.

O espírito seria, portanto, um campo físico que trabalha segundo as leis do mundo subatômico. O espírito não pode ser explicado de modo material nem causal. A questão de como um cérebro pensante pode influenciar as células materiais constitui um mistério. Supõe-se que apenas reflexões totalmente novas, baseadas na física quântica, possam levar a uma solução bem-sucedida. A atividade entre espírito e cérebro pode ser vista como um computador que foi programado. Nesse caso, o programa não depende dele e, ao mesmo tempo, depende. Mas podemos imaginar algo assim porque nós mesmos trabalhamos com computadores e programas. Agora também os físicos quânticos ousam se aproximar dos problemas do cérebro. A física da consciência humana não é mais nenhum fantasma.

Talvez possamos ver a questão da seguinte forma: Se se retrocede cada vez mais a partir da matéria e da vida em direção à evolução e ao mundo subatômico, os problemas do espaço se dissolvem em relações. Estas não são mais matéria.

Mas se progredirmos a partir da matéria e da vida cada vez mais adiante na evolução, chegará o momento em que a consciência surgirá, um estado de reflexão da existência corporal. Segundo essa noção, o problema corpo-alma não seria o problema de duas substâncias que não sabem como possam se unir. É o diálogo com a natureza, da qual nossa consciência, por sua vez, é apenas algo que se volta em direção à natureza. E fica sem resposta a pergunta sobre se o homem, em última análise, poderá descobrir a si mesmo. Tudo o que ele faz para pesquisar a si mesmo está sujeito à indefinição do princípio de Heisenberg, da mesma maneira que as menores partículas. Quanto mais fundo penetramos nelas, mais desfocadas ficam. Nenhum ser humano deixa de sofrer influência e de mudar em função da auto-exploração de sua alma. Ela se modifica através da análise.

Depois da Segunda Guerra Mundial, quando a psicologia norte-americana começou a se ocupar da psicologia do próprio psicólogo que observa e experimenta, Robert Oppenheimer, o criador da bomba atômica, disse em 1950 que o caso da psicologia seria semelhante ao da física. A posição e a velocidade de uma partícula não podem ser determinadas sem que sejam influenciadas pela medição. E na psicologia?

"A percepção, como vocês psicólogos a estudam, não pode, afinal, ser diferente da observação na física, não é?"

No corredor do Instituto Neurológico da Universidade Washington, de St. Louis, há uma imagem ilustrativa simples. Representa um sistema de coordenadas. No eixo vertical, que representa o espaço, são descritos todos os esforços científicos da equipe de pesquisadores que dizem respeito às estruturas funcionais dentro do espaço do cérebro. No eixo horizontal, representando o tempo, são listadas as experiências que devem definir como essas estruturas são ativadas umas depois das outras, quando, por exemplo, usamos a nossa língua. O eixo temporal leva àquilo que chamamos de espírito; o outro eixo, àquilo que é o nosso cérebro.

É óbvio que o cérebro é colocado em relação com o espaço. Ele tem uma extensão espacial. O motivo pelo qual o espírito é relacionado com o tempo, também é claro. O espírito trabalha no tempo. É como se fôssemos transportados para trás, para o século XVII, quando essa alternativa já determinava toda uma época filosófica. O que foi pensado por Descartes e por outros está escrito explicitamente na parede de um moderno instituto de pesquisa. Parece que o problema metafísico da separação absoluta entre o espírito e o corpo continua ainda hoje na cabeça das pessoas, até mesmo das que trilharam caminhos totalmente novos. Descartes achava que tudo existe em forma dupla. Ele achava que tudo o que está dilatado é material e finito; o que não está dilatado, não é material e, portanto, é infinito, imortal. A glândula pineal deveria ser o comutador para o espírito e a consciência, e para tudo o que hoje chamamos de emoção, pensamento, sentimento. Mas o cérebro continua sendo um mistério. O biólogo inglês Lyall Watson o expressou da seguinte maneira:

"Se o cérebro fosse simples a ponto de podermos entendê-lo, nós seríamos tão simples que não seríamos capazes de fazê-lo."[29]

Algo pode compreender a si mesmo? Os antigos filósofos gregos estão de volta, com seus sofistas. Passam como fantasmas pelos institutos de espírito-cérebro de Harvard e Yale, Stanford, Berkeley e St. Louis.

No canto superior direito da ilustração, lá onde as duas linhas de espírito e cérebro estão eqüidistantes dos eixos, escreveu-se: "Resposta?" Essa palavra é da autoria do próprio Raichle. Deveria ser uma pergunta a todos os que passam pelo corredor. Um assistente rabiscou ao lado: "'Pergunte ao Rasputin!" E alguém que leu isso quis resolver o problema insolúvel de maneira especial. Acrescentou: "Capacidade de armazenamento esgotada! Peça ajuda a Deus!"

PARTE 3

Esplendor e miséria do Q.I.

Cem anos de pesquisa
da inteligência

A inteligência clássica, no que se refere à matemática, tornou-se sinônimo dos testes de inteligência, já que estes medem principalmente capacidades matemáticas e aritméticas.

A inteligência matemática: Max Planck e Friedrich Gauss

Na tarde do dia 7 de outubro de 1900, um domingo, o telefone tocou na casa de Max Planck, em Berlim. Era Heinrich Rubens, um daqueles físicos experimentais que estudavam a radiação Blackbody. Rubens relatou a Planck que havia algo errado com a fórmula encontrada pelo físico Wilhelm Wien. O objetivo era achar uma função matemática. Esta deveria expressar a intensidade relativa da radiação de cada comprimento de onda como função do comprimento da onda e da temperatura do buraco negro fechado. Progressos contínuos nas experiências com instrumentos permitiam medições cada vez mais precisas, abrangendo uma gama ampla de temperaturas e comprimentos de ondas. O físico alemão Wilhelm Wien acabara por desenvolver a fórmula. Mas agora parecia haver algo errado com ela. A fórmula não refletia exatamente o que Rubens havia medido.

"Não pode ser o caso de erros de medição", afirmou no telefone.

"Diga-me quais valores de radiação o senhor encontrou e com quais temperaturas!", disse Planck.

"Tenho tudo aqui!", respondeu Rubens, que começou a ditar.

Depois do telefonema, Max Planck foi para seu escritório a fim de verificar onde poderia estar o erro. Depois de cerca de três horas, havia encontrado a nova fórmula. Só era necessário acrescentar um coeficiente negativo de 1 para a fórmula estar novamente de acordo com os dados obtidos. Ele ainda escreveu um cartão postal com a fórmula para Rubens. Em seguida, foi se deitar e dormiu muito calmamente. Durante toda a tarde, não houve nenhuma agitação, nenhuma surpresa, nenhuma perturbação. À noite, Planck havia encontrado a nova fórmula e com isso reordenado tudo fisicamente. A fórmula estava em conformidade com os dados empíricos.[1]

O que Planck e, mais tarde, outros não sabiam, no entanto, era que, naquele domingo, ele dera o golpe mortal na física clássica. A nova fórmula abriu caminho à teoria quântica e, com isso, a uma "revolução de todos os valores".

A explicação física para a lei revisada não se fez esperar muito. Os desvios eram bastante complexos. Nem Max Planck nem outros físicos naquela época perceberam as conseqüências mortais para a física clássica. Isso só aconteceu cinco anos mais tarde, com Einstein.

No nosso contexto, interessam apenas dois fatos: a inteligência matemática de Planck e sua aplicação em dados que levaram ao conhecimento daquilo que hoje sabemos a respeito do cérebro. Não foi nenhuma intuição genial, mas uma utilização rotineira de sua inteligência e de suas aptidões matemáticas. E ele resolveu da mesma forma rápida as questões do teste de inteligência que surgia naquela época, e certamente chegou a um Q.I. de 170 a 200.[2]

O fato de que existe uma inteligência matemático-aritmética é conhecido há muito tempo. Sempre houve matemáticos que, por meio de uma maneira criativa de lidar com números, encontraram leis surpreendentes. Nesse campo, houve verdadeiras revoluções. Exemplos disso são os nomes dos filósofos Blaise Pascal, René Descartes e Wilhelm Leibniz.[3]

O matemático Carl Friedrich Gauss possuía uma alta inteligência matemática que já se mostrava na escola. Isso acontecia por volta de 1787. O professor, que queria ter seu sossego, deu à classe a tarefa de somar todos os números de 1 a 100. Um trabalho tedioso, em que muitas vezes se erra e é preciso recomeçar tudo. Crianças de dez anos de idade levam uma hora para fazê-lo. Mas o jovem Gauss levantou a mão depois de dois minutos e disse:

"Pronto!"

O professor estava incrédulo e perguntou qual seria o resultado.

"5050", disse Gauss. E estava certo. "E como você chegou tão depressa ao resultado?", quis saber o professor. Gauss respondeu: "Somei 1 e 100, o primeiro e o último número. Em seguida, o segundo e o penúltimo. Vi que o resultado sempre é 101. No meio da série, no entanto, termina a adição. 1 mais 100 x 100 : 2 = 5050." Ele havia resolvido esse problema. E não só esse. Havia encontrado a fórmula segundo a qual todos esses problemas são resolvidos, não importa se se trata de mil ou de um milhão de números da série. Ele lidara com os números de maneira incomum mas econômica, reestruturando as adições. Esse é um sinal da inteligência matemática.[4]

Mais tarde, revelar-se-ia que as reestruturações são sinais de qualquer tipo de inteligência, não importa o que seja reestruturado. Podem ser melodias, seqüências de movimentos, conhecimentos psicológicos, o modo de lidar com pessoas ou a organização de empresas.

O psicólogo da Gestalt, Max Wertheimer, sentava-se todas as noites com Einstein na casa deste em Berlim para tentar compreender o pensamento matemático paralelamente à psicologia. Estávamos em 1932. Einstein contou a história do raciocínio que o levou à teoria da relatividade e Wertheim explicou a Einstein quais processos psíquicos — dos quais Einstein não podia ter nenhuma consciência nem lembrança — se haviam desenrolado na sua cabeça.[5]

Os pesquisadores da inteligência: estatísticos e aritméticos

Noite de festa em Paris-St. Germain! Naquela época, todos falavam do professor Alfred Binet. E ele até mesmo compareceu a uma festa. Havia acabado de desenvolver o primeiro teste de inteligência que podia ser posto em prática. As senhoras o adoravam. Uma delas disse:
"Professor! Sou muito inteligente?" E Binet respondeu: "Sim, se a senhora pode me responder à pergunta sobre em qual de suas viagens para a Austrália James Cook foi assassinado." Binet queria, assim, criar uma situação engraçada, com uma conversa descontraída. Todos riram. A senhora respondeu: "Sou a pessoa menos indicada para responder a essa pergunta. Sempre fui fraca em história. O senhor não pode me fazer uma outra pergunta?"

Nos anos anteriores à virada do século, houve os trabalhos pioneiros dos franceses A. Binet e T. Simon, que desenvolveram um teste de inteligência para crianças. Esse teste estava destinado a servir à seleção pedagógica.

Perto do fim da Segunda Guerra Mundial, os norte-americanos se viram forçados a desenvolver um teste de inteligência para soldados que também poderia ser utilizado como teste em grupo.

A inteligência era concebida como um sistema de fatores que condicionam o desempenho intelectual. Conseqüentemente, foi criado um teste estrutural de inteligência que não só determinava o nível de desempenho intelectual, mas, na sua respectiva estrutura dada individualmente, também fazia a distinção segundo os diversos perfis. O teste de inteligência tornou-se parte imprescindível de qualquer análise psicológica da personalidade. Sua utilização em milhões de casos, na recrutação e seleção para as mais diversas profissões, parecia trazer bons resultados. Os perfis médios profissionais tornaram-se o padrão para os perfis individuais. E todas as teorias psicológicas tiraram proveito da ciência que na época já havia obtido grandes trunfos na física e na química. Essa tendência avançou até as teorias da memória humana orientadas para a teoria quântica.

Quanto mais a pesquisa psicológica avançava no campo da inteligência, mais claro ficava que a capacidade de desempenho intelectual não cobria em absoluto a totalidade do campo. Quais seriam as outras capacidades que existiam?

Howard Gardner finalmente teve um lampejo de gênio, afirmando a existência não de uma, mas de sete inteligências. Desse ângulo, um grande músico, por exemplo, disporia de uma inteligência musical excepcional, um matemático, de uma inteligência matemática e um esportista de uma inteligência cinestésico-corporal.

Essa afirmação provocou imediatamente a reação da oposição que considerou a identificação com uma característica humana atraente como sendo de pouca ajuda para a avaliação da inteligência.[6] O político hábil no tratamento das pessoas à maneira de Lyndon B. Johnson certamente teria inteligência social,[7] e de um psicólogo também deveria se esperar que ele tivesse uma especial inteligência emocional; mas, sem uma alta inteligência no sentido clássico, eles não teriam nenhum sucesso. Essa concepção está de acordo também, por exemplo, com a imagem que os psicólogos têm da pessoa mediana. Já Sigmund Freud exigira dessa pessoa mediana uma auto-análise que combinasse o conhecimento intelectual com a compreensão das experiências psicológicas.

Raramente se duvidou de que a palavra inteligência descrevesse algo que realmente existe. Em toda a história da humanidade, houve diferenças naquilo que as pessoas já há muito tempo começaram a chamar de inteligência. Nas épocas primitivas, a questão era de sobrevivência. E aí mostrava-se que em todas as tribos havia alguns membros mais hábeis do que os outros, por exemplo, quando atraíam animais para uma armadilha. Alguns ouviam, antes do restante do grupo, que um inimigo estava se aproximando. Por isso, já há muito tempo essa capacidade tornou-se objeto de uma pesquisa objetiva — sobretudo por parte da psicologia do desenvolvimento comparado.

Em meados do século XIX, Charles Darwin havia publicado sua teoria da evolução. A discussão pública a esse respeito travou-se logo depois de 1859. Alguns apostavam na hereditariedade, outros na seleção das espécies. Ambas as concepções, entretanto, baseavam-se na acepção de que os seres humanos se distinguem grandemente uns dos outros quando se trata da solução de problemas.

A criação de testes, portanto, correspondia ao espírito da época. Francis Galton foi quem deu o início. Sua idéia consistia no esboço de um teste que dizia respeito à visão e à audição. Quanto melhor e mais rápido os sentidos funcionassem, maior seria a chance de triunfar na luta pela sobrevivência. O teste, todavia, revelou-se inadequado.

Alfred Binet foi mais bem-sucedido quando baseou seu teste na capacidade que a pessoa tem de julgar, perceber, fazer analogias e reconhecer padrões. E o teste parecia estar de acordo com aquilo que o senso comum já constatara.

Perto da época na qual Planck, sem querer e sem sabê-lo, havia reestruturado a física, os testes mentais já eram conhecidos no Commonwealth britânico, nos EUA, no Japão e em alguns países da Europa.[8]

No final do século XIX, um psicólogo chamado Charles Spearman estudou a análise estatístico-matemática de problemas do tipo dos resolvidos por Gauss e Planck, do modo como também Binet e outros estavam acostumados a formular. Todos eles estavam no encalço da inteligência. O método de analisar as relações entre os desempenhos da inteligência desembocou na análise dos fatores. A partir desse momento, ela deveria dominar completamente a pesquisa da inteligência. Seguindo a tendência da época, olhava-se sobretudo para o desempenho matemático, e mais tarde também para o lingüístico.

Nessa época, a matemática registrava progressos consideráveis. Já em 1888, Francis Galton e seu aluno Karl Pearson haviam encontrado o assim chamado coeficiente de correlação.

Em 1904, Charles Spearman, que fora oficial do exército britânico, conseguiu dar o passo decisivo. Nessa época, o coeficiente de correlação já era amplamente conhecido entre especialistas. Karl Pearson podia indicar qual a extensão da relação entre dois resultados diferentes de teste. Pois era possível que dois testes, embora diferentes, analisassem uma inteligência básica.

Podemos imaginá-lo da seguinte forma: no boletim escolar, um aluno tem boas notas nas matérias relacionadas com línguas. Nas matérias matemático-científicas, no entanto, esse aluno é fraco. Agora, se houver cinco notas de lingüística, mas apenas duas de matemática, não se deve apurar a nota média. As cinco notas de lingüística têm um peso maior.

Quando tudo é equivalente, de modo que se pode deduzir o resultado de um teste a partir do outro, o coeficiente é +1; e quando não há relação nenhuma, é simplesmente 0. Na realidade, quase todos ficam em algum lugar entre os dois. Quando Pearson descobriu que em numerosos testes as pessoas que tiveram bons resultados também foram bem-sucedidas em outros testes, nasceu a idéia do coeficiente de correlação r. Essa foi uma das descobertas mais importantes da psicologia de testes estatísticos.

Spearman refletiu sobre a questão de como era possível que tantos testes tivessem uma correlação positiva. E chegou à seguinte resposta: porque todos remetem a uma única característica básica, dependem dela, e mais ainda: é ela mesma que é expressada no número. Ele justifica o fato de que nem todos são iguais afirmando que nem todos os problemas de um teste apresentam o fator base. Eles teriam uma parcela maior ou menor dele.

A análise estatística para esse caso é a análise de fatores. E o fator que serve de base para tudo é o fator g, *"general intelligence"*. A inteligência havia-se transformado então numa capacidade estatisticamente reconhecida, não diretamente observável e apenas reconhecível através de testes; mas era uma grandeza com a qual se podia contar objetivamente.

O passo seguinte consistia em definir g. Spearman supôs que se tratava da aptidão de reconhecer relações. Nossa experiência também sugere que as pessoas inteligentes reconhecem rapidamente relações quando têm de resolver um problema, seja um problema matemático, seja um que diga respeito a uma dada situação. No dia-a-dia, freqüentemente encontramos pessoas que se distinguem das outras dessa maneira. Entre as palavras ou entre os números podem existir relações que uma pessoa reconhece e a outra não.

Em 1908, surgiu um novo conceito. A idade da inteligência não depende dos anos de vida, mas do nível de desenvolvimento da inteligência que foi atingido. A idade da inteligência relacionada com os anos de vida forma o quociente de inteligência. O que na sua origem só era válido para a avaliação de uma criança em comparação com outras crianças, de repente tornou-se sinônimo para a inteligência em si. Em 1917, a palavra foi incluída no dicionário.

A pesquisa da inteligência foi praticada então do mesmo modo que a física nuclear. Construções nunca vistas pelo homem deveriam agora ser rastreadas para trás, cada vez mais longe, até que fossem encontrados por assim dizer os *quarks* da inteligência que formam a totalidade da vida inteligente deste mundo.

Por isso, a literatura de ficção científica também se aliou rapidamente a essa busca e transpôs a história para o futuro. Inteligências extraterrestres, inteligências artificiais, computadores e robôs iniciaram a luta contra o homem, até que venha alguém que vença o computador. Mas na nossa época tudo isso já não é mais futuro mas realidade, como ainda veremos.

Durante a Primeira Guerra Mundial, os Estados Unidos testaram todo o seu exército.[9] Em conseqüência de testes de milhões de pessoas, a par da estatística como ciência, deu-se uma onda de aplicações de testes, em todas as áreas e instituições que constantemente tinham de selecionar muitos colaboradores. O individualismo norte-americano encontrou então uma confirmação científica através dos resultados diferenciados atingidos pelos candidatos.

A Segunda Guerra Mundial ainda não havia terminado e procurava-se um milhão de recrutas para trezentas mil fortalezas voadoras. Não se podia simplesmente deter uma tripulação de dez homens para um avião de bombardeamento, que deveria bombardear a fortaleza Europa e suas cidades e fazê-los esperar até que estivesse pronta para ser tomada. Também havia a intenção de devolver esses homens sãos e salvos às suas mães. Para isso, era necessário conhecer-lhes a capacidade de pilotar um avião e voltar a aterrissar sem problemas. Capacidades militares, inclusive a física, eram avaliadas com exatidão científica. Mais tarde, a NASA tirou proveito disso. O recrutamento dos pilotos tornou-se o exemplo impressionante para a elaboração de testes e bons resultados na sua aplicação. Aliás, revelou-se nessa ocasião que a coragem não é nenhuma característica importante para pilotos. Pela primeira vez, as emoções foram testadas quanto à sua periculosidade. Ao mesmo tempo, na força aérea alemã, considerava-se heróico exatamente esse lado emocional. Ali, os pilotos mais corajosos eram condecorados com a cruz de cavaleiro. Mas quase nenhum deles sobreviveu à guerra. Em 1943, os alemães tinham abandonado seus testes militares, pois não havia mais recrutamento. Todos tiveram de lutar.

Depois da guerra, as grandes instituições norte-americanas reconheceram que medir de maneira confiável as diferenças individuais era muito importante para o sucesso dos testes. Alguns deles, dos anos 30, se firmaram nesse processo; por exemplo, o teste de inteligência Wechsler de David Wechsler, concebido para crianças. O teste Stanford-Binet foi aperfeiçoado. A indústria o usava para separar o joio do trigo. Mas também reconheceu-se rapidamente que, para ter sucesso, havia necessidade de características de personalidade além das aptidões da inteligência. Desenvolveram-se inventários de personalidade e questionários que também não hesitavam diante de perguntas íntimas. Nas regiões alemãs ocupadas pelos Estados Unidos depois da guerra, existia um questionário de desnazificação* que todos os alemães tiveram de preencher e que continha 220 perguntas. A euforia norte-americana não tinha limites. Escreveu-se até mesmo um romance *best-seller* a respeito disso.

Desde os anos 50, no mundo inteiro milhões de pessoas foram submetidas a testes de inteligência e de personalidade.[10]

Era apenas uma questão de tempo, até que surgisse uma oposição maciça. Por quanto tempo as pessoas permitiriam isso? Walter Lippmann, o influente colunista dos anos 20, já naquela época praguejava contra os testes que levavam à bancarrota o princípio democrático da igualdade dos homens. Darwinismo social ficou sendo o rótulo dos testes de inteligência.[11] Em 1969, a controvérsia atingiu novamente um ponto alto. Arthur Jensen, um psicólogo educacional de Berkeley, na Califórnia, publicou a tese de que o Q.I. seria hereditário, que os negros teriam um Q.I. menor do que os brancos, e os pobres, por sua vez, um Q.I. menor do que os ricos. As camadas sociais dos Estados Unidos apresentavam apenas Q.I.s médios. Como o Q.I. era hereditário, argumentava Jensen, quase não havia perspectivas de poder transformar as camadas sociais dos Estados Unidos numa sociedade unitária. O nome de Jensen tornou-se o sinônimo de ódio racial nos Estados Unidos.

Várias dúzias de livros foram publicados para provar o contrário. O Vietnã e Watergate eram outros sintomas das manifestações de decadência nos Estados Unidos. Finalmente, os testes de inteligência foram proibidos nas escolas da Califórnia. "A inteligência é um conceito falido", praguejava o biólogo Stephen Jay Gould de Harvard no seu *best-seller* The Mismeasure of Man.

Nos anos 80, a batalha parecia decidida. Não importava que os testes de inteligência pudessem vaticinar algumas carreiras acadêmicas abstratas. Se, todavia, as pessoas ganhariam muito dinheiro mais tarde, teriam sucesso em profissões não científicas, contribuiriam para o produto social bruto, tudo isso

---

* Verbo usado para indicar a verificação da atividade política e de outras atividades por parte de um antigo membro do Partido Nacional-Socialista, para eliminar influências desse tipo na vida pública da Alemanha depois da Segunda Guerra Mundial.

nunca poderia ser determinado pelos Q.I.s — tal era o lema de todos os que haviam recebido maus resultados nos testes de inteligência.

A pesquisa continuou seguindo seu caminho. A busca não era mais dirigida para os fatores, mas para os processos. Seria decisivo para a determinação da inteligência que esta reconhecesse os caminhos pelos quais podia obter as informações necessárias para o sucesso. Novos testes foram desenvolvidos. Todos eles tinham a intenção de que as pessoas testadas reconhecessem símbolos e representações no teste de informação. O chavão da sociedade de informação de repente tornou esses testes bem atuais. Inteligência virou um conceito da capacidade mental que podia transformar a informação vinda de fora em conclusões mentais, através da flexibilidade, da razão e da criatividade. O critério da inteligência ficou sendo a relação adequada ao mundo real. Pois é no mundo real que as pessoas têm de funcionar bem, e não no mundo irreal dos testes.

Foi vaticinado que não levaria muito tempo para que todas as capacidades entrassem no conceito de inteligência. Isso é sucesso. Quem tem sucesso também é inteligente.

A conseqüência disso foi a teoria das inteligências múltiplas. O psicólogo de Harvard Howard Gardner expressou a opinião do povo com seus ensinamentos. Ele negou a existência de um fator g. A análise de fatores não lhe interessava. E queria derrubar a inteligência das aptidões lógicas e lingüísticas. Com isso, ganhou a simpatia de milhões de pessoas.

Agora todos os músicos *pop* podiam chamar-se de inteligentes, pois postulava-se a existência de uma inteligência musical. Todos os esportistas profissionais eram altamente inteligentes, pois talvez ganhassem a copa de futebol ou uma medalha de ouro nos Jogos Olímpicos. Gardner havia-lhes concedido uma inteligência corporal. No sentido da inteligência interpessoal, o charme, a sensibilidade, a empatia foram valorizados. Os pequenos e grandes Casanovas, mas também os domadores de feras, ficaram numa posição de destaque, pois eram eles que se comunicavam com as mulheres e com os tigres não apenas verbalmente, mas também através dos sentimentos. Numa palavra: a inteligência era utilizada para tudo o que existe em termos de aptidão. Com isso, o conceito tornou-se inflacionário, destituído de valor e inútil, como diziam os defensores das teorias clássicas da inteligência.

"A identificação do Q.I. com as características desejáveis de pessoas é infeliz e incorreta", replicaram psicólogos importantes como Herrnstein e Murray, em oposição às tendências da época.

Sua obra padrão *The Bell Curve* foi lançada em 1994 e causou grande furor.[12] Nela, os autores criticam que, segundo a definição de Gardner, também as rainhas de beleza pertencem à inteligência porque ganharam na eleição de miss que lhes traz a admiração de milhões de pessoas e, ainda por cima, o sucesso empresarial.

Mas toda a psicologia de características e aptidões tem alguns círculos viciosos que também não passaram despercebidos para Gardner. Por exemplo, não raro ela diz que uma aptidão especial está em todas as formas de desempenho especial. Talento, gênio, inteligência acima da média são fatores para um desempenho excepcional. Mas o próprio processo do pensamento freqüentemente se desenvolve da maneira que o psicólogo húngaro L. Székely ilustra no seguinte diálogo:

"Por que Anatole France escreve de modo tão espirituoso?"

"Porque dispõe de espírito."

"O que é espírito?"

"É a capacidade de escrever de modo espirituoso."

"Como sabemos que Anatole France tinha esse talento?"

"Vemos isso na sua obra. Ele não poderia escrever de modo tão espirituoso se não tivesse tido o talento de fazê-lo."

"Por que Anatole France tem espírito?"

"Bom. Provavelmente, porque é francês. Ter espírito faz parte do caráter nacional francês."

"Como sabemos disso?"

"É que a maioria dos escritores franceses tem espírito."

Com essa conclusão irônica, Székely açoita os círculos viciosos das inteligências especiais — mas já algumas décadas atrás.[13] Apesar disso, a ciência se deixa enganar sempre. Aparentemente, falta uma terminologia de construção retorcida e profunda para justificá-lo. Se vamos realmente ao fundo disso tudo, revela-se ali o pensamento escolástico em roupagens modernas. A explicação de um acontecimento psíquico a partir da aptidão para ele é tão reveladora quanto o movimento de um corpo ser explicado com o fato de que ele pertence à classe dos corpos móveis. Não sabemos quais as leis que transformam uma aptidão num desempenho. Mas podemos muito bem discordar a respeito disso nas palavras. Isso é escolástica ou, para retroceder mais ainda na história, sofística.

Durante todo o século XX, travou-se uma guerra inexorável em torno do quociente de inteligência. Depois que o lema: "Testes de inteligência nada mais são do que aquilo que testam. Mas o que testam não é a inteligência" perdeu seu efeito psicológico-sugestivo, dando início a uma disputa que assumiu traços às vezes esquisitos. Chegou a tal ponto, que os Estados Unidos quiseram impedir que todas as pessoas com um Q.I. abaixo de 80 se reproduzissem. A inteligência é hereditária, diziam. Depois, não se queria aceitar imigrantes com quocientes de inteligência baixos, porque isso contribuiria para baixar a média de inteligência nos Estados Unidos. Foram elaborados até esboços de leis correspondentes. Tudo isso pode ser entendido em função do entusiasmo que houve por causa do desenvolvimento de um instrumento medidor aparentemente objetivo. Hoje, tudo é diferente. O Q.I. médio de orientais, como chineses, japoneses e coreanos é consideravelmente mais alto que o dos americanos.

Um teste com boa margem de acerto para o fator g é o de Ravens. Ele não exige capacidade lingüística; apenas inteligência geral. Os orientais se saíram melhor nesse teste porque as pessoas examinadas eram encaminhadas para o desempenho. A quantidade de pessoas contempladas com prêmios Nobel no Japão e na China aumentou subitamente depois da Segunda Guerra Mundial nas matérias que exigem inteligência clássica, como a física e a química.

Ao contrário da Europa, os Estados Unidos não conheceram a nobreza que se mantinha no poder por hereditariedade. Os Estados Unidos confiavam nos talentos trazidos pelos imigrantes. O século XX seguiu os passos do ideal norte-americano. A inteligência tornou-se um fator mais poderoso do desenvolvimento social do que o *status* herdado. Enquanto nos séculos passados nem existiam tantas posições que pudessem ter sido ocupadas pelos mais inteligentes, no nosso século verifica-se na ponta das camadas sociais uma concentração dos talentos cognitivos. Estes por sua vez aceleram o desenvolvimento social em direção às estruturas profissionais que exigem inteligência. Entremente, formaram-se elites que se isolam na técnica e na ciência. Os governos podem influenciar esse fato, mas não impedi-lo. Hoje, vivemos numa sociedade com uma estrutura profissional que beneficia as aptidões cognitivas. Com isso, os estratos sociais inferiores perdem cada vez mais pessoas inteligentes. Os problemas sociais existem. E estão relacionados com o Q.I.

Mas agora existe a estatística. E ela mostra que pode ter algum fundamento a opinião de que se pode deduzir os desempenhos a partir das aptidões que estão na sua base. Além do mais, existe um valor prático na divisão de acordo com as diferentes aptidões ou inteligências.

O leitor certamente conhece um ou outro teste de inteligência. Trata-se sempre de testes de desempenho compostos de muitos problemas. O famoso quociente de inteligência é derivado deles. Sempre se exige o pensamento de uma forma ou de outra.

"Nenúfares duplicam sua superfície a cada 24 horas. No começo do verão, há uma flor no lago; depois de 60 dias ele está completamente coberto de flores. Em que momento o lago está coberto pela metade?" Você só pode resolver esse problema se decodificar a informação de modo seletivo. Você tem de reconhecer que a informação mais importante é a de que os nenúfares se duplicam a cada 24 horas. No 59º dia, o lago está coberto pela metade.

Pode-se concluir que se trata de uma inteligência superior quando, nos problemas que envolvem diversas informações, as importantes são rapidamente separadas das outras. O problema volta-se para a aptidão de distingui-las. No problema dos nenúfares, a informação mais importante, como já foi mencionado, é a duplicação em 24 horas. Os 60 dias não têm importância nenhuma. Quem não o reconhece, divide os 60 dias por dois.

Crianças também podem testar os adultos por meio dessas perguntas inteligentes e colocá-los em apuros. Talvez seja conhecida a história de James Watt. O menino pergunta ao pai: "Os pais sempre sabem mais do que os filhos?"

"Sim", diz este. E aí o menino continua:

"Papai, quem inventou a máquina a vapor?"

O pai: "James Watt!"

Replica o filho: "Mas por que então ela não foi inventada pelo pai de James Watt?"

Inteligências múltiplas

Quem não conhece esta história? Um jovem, vestindo um terno de riscas de giz, desce de um Mercedes e, sem querer, esbarra num transeunte com roupas um pouco gastas. É seu antigo professor. Eles se reconhecem. O professor pergunta ao seu antigo aluno como conseguiu ter tanto sucesso como parecia ter.

"Você nunca foi bom aluno."

"Não", diz o outro. "É verdade. Mas tenho um comércio de carros batidos que se transformaram em propriedade das companhias seguradoras. Compro-os barato, na maioria dos casos por 100 marcos, acrescento 4% a esse valor e, com os quatrocentos marcos de lucro, meu negócio vai bem."

O professor tinha diante dos olhos o desempenho em matemática de seu antigo aluno, sua inteligência escolar. Mas na vida às vezes são fatores decisivos bem diferentes. Podemos chamá-los de inteligência de vida ou inteligência prática. Hoje é chamada, de modo mais elegante, de inteligência emocional.

A inteligência prática mostra-se em numerosas situações do dia-a-dia nas quais tudo depende da capacidade de reconhecer um problema e de resolvê-lo. Isso pode ser a baliza de um caminhão "cegonha", ou a capacidade de organizar uma festa, ou de fazer uma declaração de imposto de renda para o Ministério das Finanças, ou de montar uma espreguiçadeira dobrada.

Visto desse modo é difícil, num primeiro momento, classificar um desempenho ou comportamento como inteligente. Tentemos uma divisão incomum!

Não há uma inteligência, mas sete inteligências, como afirma Howard Gardner. São amplamente independentes umas das outras. Vamos lhes dar um rótulo:

— inteligência matemático-aritmética,
— inteligência espaço-visual,
— inteligência lingüística,
— inteligência musical,
— inteligência corporal-motora,
— a inteligência de conhecer bem a si mesmo (a inteligência intrapessoal), e

— a inteligência de conhecer bem aos outros (a inteligência social ou interpessoal).

A respeito da inteligência matemático-aritmética, remetemos aos capítulos anteriores, sobretudo à descoberta por Gauss da fórmula da soma. Mas desta fazem parte também a capacidade de lidar com números e pensar em dimensões quantitativas (por exemplo, endividamento do Estado, produto social bruto). É uma inteligência estatística que tem a ver com probabilidades. Mas a reflexão sobre problemas de aritmética também pertence à inteligência matemática. É o reconhecimento que nos faz solucionar o problema: 1 : 1/2 = 2. Não se pode dividir por 1/2. Mas o divisor 1/2 tem aqui uma outra função. Indica a grandeza. A resposta pode ser 2, porque no 2 expressa-se a quantidade aplicada a 1/2.

A inteligência espaço-visual pode ser mostrada no exemplo de Franz Beckenbauer. As jogadas de Beckenbauer eram quase idênticas aos resultados do teste do labirinto feito por jogadores profissionais de futebol e de jogadores de xadrez em que estes tiveram êxito especial. Mas também cirurgiões e pilotos podem ser mencionados aqui. É que eles precisam de uma capacidade especial de visualização espacial.

A reflexão de que um esportista dispõe de uma inteligência sensorial-motora ocorreu, entretanto, muito antes de Howard Gardner, e pertenceu ao professor brasileiro Athayde Ribeiro da Silva. Em 1972, ele publicou no *Arquivo para a psicologia aplicada*, brasileiro, um artigo revolucionário sobre as aptidões de jogadores de futebol. Nele referia-se aos melhores daquele tempo, como Pelé e Garrincha. Ribeiro falava de uma inteligência esportiva. Até onde é do meu conhecimento, ele foi o primeiro a ampliar o conceito clássico da inteligência e a aplicá-lo num campo diferente.

A respeito da inteligência lingüística pode ser dito que nela se fazem valer o vocabulário das pessoas, a língua das pessoas, a sensibilidade delas quanto a expressões lingüísticas.

"O que é coerente?" "Hoje assim e amanhã assado!" Qual é a sílaba tônica?

"Impossível perdoar — liqüidar!" Sem vírgula, com vírgula? O que se quis dizer? Essa história do czar que não dominava a pontuação foi contada por Leonid Brejnev ao Ministro das Relações Exteriores norte-americano Henry Kissinger em Moscou em 1974.[14]

Os lingüistas distinguem línguas flexionantes, aglutinantes, isolantes e polissintéticas. Essas línguas têm sua própria inteligência. Nosso alemão é flexionado, como todas as línguas indogermânicas, inclusive o russo. Eles apresentam uma declinação dos substantivos e uma conjugação dos verbos. Línguas aglutinantes trabalham de modo diferente. Formam os predicados através de sufixos que são alinhados uns aos outros. Entre elas está o finlandês, mas também o japonês. Línguas isolantes na verdade só conhecem palavras monossilábicas. As relações gramaticais são formadas pela altura diferente dos sons.

E as línguas polissintéticas têm a tendência de fazer com que tudo se funda numa longa palavra. Entre elas há muitas línguas indígenas.[15] No nosso contexto é importante que a diversidade das línguas pressuponha também fatores diferentes de inteligência lingüística.

O jovem Mozart, quando ainda era criança, já tocava piano de modo excepcional, compunha e dava concertos. Em tudo isso já se expressava sua inteligência musical fora do comum. Não duvidamos que exista uma inteligência musical que, na maioria dos casos, pode ser reconhecida muito cedo na vida.

Quanto à inteligência corporal-motora pode-se dizer que pessoas com essa aptidão são capazes de captar especialmente bem os sinais secretos de seu próprio corpo. Elas integram-nos num desempenho corporal que é exigido deles, como, por exemplo, numa maratona. Mudam constantemente de uma direção automática do próprio corpo para outra, manual. Como o participante de uma corrida de longa distância lida com o fenômeno do "muro" depois dos 30 quilômetros, no momento em que tudo parece entrar em colapso, quando a vontade fraqueja, quando não há mais reservas de glicose, quando a temperatura do corpo sobe?

A inteligência intrapessoal consiste em poder avaliar de modo correto as próprias aptidões. Também é preciso conhecer as próprias emoções. "Conhece-te a ti mesmo!" — estava escrito em cima da entrada ao templo da Sagrada Pítia. Sócrates relacionou-o com a inteligência e disse: "Eu sei que nada sei!"

Em nossa época, Sigmund Freud, com sua psicanálise, levou o homem à compreensão de que estava entregue a um mundo interior de ação dinâmica que só podia ser decifrado com muito esforço. Mas Freud nunca falou em inteligência. O inconsciente nos impulsiona. Muitas vezes nem sabemos por que fazemos algo. Uma inteligência correspondente também não conseguiria fazer nada.

Howard Gardner, a quem devemos a divisão plausível das diversas inteligências, ainda conhece uma última. É a inteligência social. O conhecimento da natureza humana e a aptidão de se sintonizar bem com as outras pessoas são pressupostos importantes para a vida. Mais tarde, esta foi chamada de inteligência emocional. O autoconhecimento e o conhecimento da natureza humana também formam juntos a inteligência prática. Os nomes variavam até chegar à "inteligência emocional" de Goleman.

Essa listagem já aponta para o fato de que as diversas inteligências podem ser combinadas de numerosas maneiras. E as diversas exigências profissionais também criam a necessidade de tais combinações. Por exemplo, o líder no time de futebol moderno é alguém que consegue reconhecer padrões visuais que parecem realizáveis em conjunto com a habilidade motora de utilizá-los para o próprio jogo. O corretor da New York Stock Exchange em Wallstreet tem sucesso se reconhece em tempo as modificações em colunas aparentemente invariáveis de números numa fita em movimento, e da mesma maneira o fundador de uma empresa que consegue apresentar idéias novas, como McDonalds ou Coca Cola. Isso também fala da automotivação dos colaboradores. Mas a primeira bailarina é igualmente inteligente, porque na sua dança une a inteligência corporal-motora com a inteligência musical.

É difícil sondar a personalidade humana porque ela consiste numa mistura de características diversas. A isso se acrescentam uma diversidade de situações que exigem de nós algo específico. Oportunidades que podemos aproveitar ou ignorar. Mas, claro que é fácil atribuir a alguém uma inteligência correspondente quando se vê o que ele realiza e sabe.

Hoje também podemos testar todas essas aptidões. O valor médio seria a inteligência geral da qual uma pessoa dispõe. Mas é provável que as diversas inteligências não sejam equivalentes, de modo que as pessoas possivelmente tenham valores individuais altos e outras, valores baixos. Mas também existem pessoas nas quais uma ou outra inteligência é especialmente marcante e dominante.

Economia de energia através de uma comutação melhor no cérebro?

O cérebro tem também seu equipamento para a matemática. Até pouco tempo, por exemplo, pensava-se que para um grande desempenho de inteligência o cérebro pensante também precisasse de um grande abastecimento de energia. O bom senso já nos diz que o caso de uma falta de fluxo sangüíneo no cérebro pode levar a perturbações mentais. Quanto melhor o fluxo sangüíneo, melhor também o desempenho do nosso cérebro. Isso está correto. Mas não vale para o gasto de energia. Richard Haier, da Universidade Irving na Califórnia, chegou a um resultado exatamente inverso. Matemáticos quase não gastam energia quando resolvem problemas matemáticos. Aqueles, por sua vez, que não têm talento ou instrução, ou os que costumamos chamar de tolos, gastam uma quantidade enorme de energia. E isso pode ser documentado até através de imagens do interior do cérebro.

Haier, como Raichle, trabalha em St. Louis com o método diagnóstico PET e FDG (Fluor-2-deoxiglicose). Haier deu a seus estudantes problemas abstratos para resolver. Usou um dos testes usuais de inteligência, o teste Ravens. Trata-se de complementar figuras geométricas, tarefas lingüísticas, como a formação de conceitos, e problemas aritméticos. A glicose radioativa ia dentro do sangue para as áreas do cérebro solicitadas para a solução dos respectivos problemas de inteligência. Na maioria das pessoas testadas, eram partes do cérebro posterior esquerdo. Esse resultado confirmou a suposição de que essas partes são solicitadas quando pensamos de modo abstrato. Os que resolveram melhor os problemas tiveram um gasto menor de energia. Quem teve dificuldade ou não conseguiu solucioná-los gastou muita energia.[16]

Descobriu-se que existe uma relação importante entre o pensamento abstrato e o consumo de glicose em todo o cérebro, portanto, não só em áreas isoladas.

Os testes de inteligência costumam conter diferentes tipos de problemas. Supõe-se que em cada problema específico também haja a participação de fatores específicos. Estes todavia só entram no jogo através de um fator geral. Quando existem diversos problemas a serem solucionados, os fatores específicos se anulam em favor do fator geral. Se estiver correto o que já se afirmava há cem anos, os diferentes problemas devem ativar também diferentes áreas do cérebro. Isso foi confirmado. O fator geral, entretanto, deve exigir o trabalho do cérebro inteiro. Tarefas que pressupõem uma imaginação espacial ligam-se mais ao hemisfério direito do cérebro; tarefas lingüísticas, ao esquerdo. Mas além disso, houve ainda um trabalho de todo o cérebro.

O teste Ravens é um teste matemático, geométrico e lingüístico. É relativamente difícil e tem uma grande relação com o fator g de Spearman. As correlações entre dados do teste e os metabolicratos são importantes porque as aptidões cognitivas e o consumo de glicose permitem que se reconheçam padrões estruturais da organização do cérebro através de processos metabólicos. Estes são medidos em micromols de glicose por cem gramas de cérebro por minuto.

Tarefas matemáticas, geométricas e lingüísticas para medir o grau de inteligência de uma pessoa foram duramente criticados nestes últimos tempos. A distribuição normal da inteligência seria arbitrária e teria sido imitada da distribuição do tamanho do corpo. Biologicamente talvez tenha sentido, mas não para fatos inventados pelo próprio homem, como a inteligência.[17] Descartes, porém, extremamente talentoso na matemática e na filosofia, já havia zombado desse tipo de crítica, usando o bom senso como argumento. Ele disse que as pessoas se queixavam constantemente de que não havia o suficiente para comer ou de que lhes faltava saúde. Ninguém, todavia, havia-se queixado de falta de inteligência. Ela deveria ser distribuída de modo justo. A tolice consistiria na satisfação com aquilo que se possuía e na falta do desejo de ser mais inteligente do que se é. Disso poder-se-ia deduzir que também a tolice está distribuída de modo justo. Por isso existiriam tantos escritos sobre a inteligência mas quase nenhum sobre a tolice. E em relação a isso, nada mudou até hoje.

Mas dessa forma não se chegará a novos conhecimentos. O mesmo vale também, por exemplo, para a solução de problemas inteligentes nos quais há a participação das emoções. É que, quando as pessoas testadas têm medo de não poder resolver as tarefas, ativam-se áreas do cérebro que significam medo. É a região do córtex frontal, e não as áreas responsáveis pela solução dos problemas nas respectivas matérias.

Na maioria das pessoas testadas, a correlação entre o consumo de glicose e a solução do problema é negativa. Revelou-se que os que solucionaram os problemas fácil e rapidamente praticaram diversos caminhos para a solução, de modo que houve a ativação de diversas partes do cérebro. Isso aponta de fato para a existência de um fator g. Há uma relação entre a inteligência matemática e a distribuição de glicose.

Nos jovens que aprendem matemática, o consumo de energia é mais alto e mais especializado no cérebro. Ainda não desenvolveram um número suficiente de circuitos através de todo o cérebro. Os circuitos neurais ainda ineficientes são os responsáveis para o fato de que se consome um excesso de energia. As pessoas que resolvem bem os problemas usam logo os circuitos certos e, assim, economizam energia. Na segunda metade da vida existem mais circuitos efetivos. A inteligência seria, portanto, não uma função do aumento de atividade cerebral, mas de preferência o oposto. Trata-se do resultado de processos cerebrais efetivos em relação a tarefas específicas.

Que seja! Mas o que realmente sabemos hoje a respeito do nosso cérebro? Pouco! Ainda é demasiadamente pouco para poder tirar conclusões para a prática, como, por exemplo, a educação e a seleção. Mas a partir dos resultados das pesquisas podemos aguçar nossa compreensão e nossa capacidade de observação; é nisso que atualmente consiste seu significado. Dão um novo impulso à pesquisa.

As pesquisas com testes de inteligência revelaram o fato surpreendente de que o desempenho em tarefas de inteligência relaciona-se positivamente com uma economia de consumo de glicose. Circuitos neurais eficientes e produtivos consomem menos energia. O cérebro produtivo é não só bem organizado, mas também é orientado para a economia e não desperdiça energia. Aparentemente, é arranjado sabiamente, de modo que as pessoas que fazem trabalhos mentais aplicam suas energias com cuidado. Se um matemático gastasse tanta energia quanto a que uma pessoa sem talento gasta se esforçando para resolver problemas matemáticos esse matemático logo estaria exausto. Sucumbiria ao *stress*, que se mostraria nesse caso como exigência excessiva de ordem matemática.

Antigamente, gostava-se de afirmar, depois do falecimento de pensadores importantes, que eles teriam esgotado o cérebro pensando por um tempo demasiado longo e com esforço excessivo. Depois da morte de Immanuel Kant, os biógrafos da época, citando como fonte o médico de Kant, escreveram que seu cérebro estava quase totalmente ressecado.

Pode-se imaginar que hoje se poderia também trabalhar nessa linha para abordar o *stress*; mas, nesse caso, os cientistas ainda vacilam em suas conclusões. O *stress* está ligado a hormônios e a situações externas de um modo demasiado complexo para que se possa localizá-lo exclusivamente no cérebro.

Os resultados da pesquisa também podem ser invertidos. Nesse caso, dedicamos nossa atenção àqueles que denotam um alto consumo de energia. É possível que até agora eles não tenham tido a oportunidade de formar circuitos eficientes. Poderia ser que sofram de medo e *stress* ou que abordem os problemas sem a necessária concentração. Isso, por sua vez, pode depender de diversas situações.

Pensemos nos estudantes que saem de manhã para ir à escola a pé ou de carro. Eles têm de estar atentos ao trânsito na rua. Exige-se deles uma atenção voltada para tudo o que se move ou poderia se mover. Sua vista deve abranger um campo muito amplo. Quando chegam sãos e salvos à escola, exige-se deles um outro tipo de atenção. As aulas requerem a concentração num objeto, não na própria segurança. Áreas diferentes do cérebro são utilizadas para isso. O problema normalmente não é que uma pessoa pratique um desses tipos de atenção e a outra pessoa, um outro. O problema é a mudança de um tipo para outro que é exigida. Freqüentemente, ele não tem nenhuma relação com a inteligência matemática.

Quando surgiram as primeiras imagens de tomógrafos com emissão de pósitrons, elas foram dadas de presente para o presidente norte-americano Ronald Reagan. Este pediu alguns esclarecimentos, reconheceu o enorme consumo de energia no caso do não-matemático e o pequeno gasto no especialista. Ele colocou as fotos de lado com a observação irônica de que teria reconhecido seu cérebro no do matemático. Sabia-se de Reagan que ele despendia pouca energia no trabalho para fazer política; mas, mesmo assim, nos momentos decisivos, tomava a decisão certa do seu ponto de vista, sem se esforçar muito.

A luta dos gigantes: Kasparov contra o Deep Blue da IBM

No dia 10 de fevereiro de 1996, na Filadélfia, como em outras metrópoles do mundo civilizado, centenas de milhares de pessoas seguiam suas atividades costumeiras do dia-a-dia. Ninguém se lembrava de que na sua cidade uma pessoa sozinha enfrentava exatamente essa civilização, que abastece o mundo com computadores, automóveis, televisores e satélites.

Ninguém se lembrava também de que seria um dia instigante na história recente da pesquisa cerebral. O cérebro de um homem, na pessoa do campeão mundial de xadrez Garry Kasparov, enfrentava em condições adequadas de competição o computador da IBM Deep Blue, para provar que, na atividade de pensar, o homem é superior ao computador. O campeão mundial perdeu o jogo contra Deep Blue, o computador. E de repente tudo estava mudado. O acontecimento histórico do xadrez transformou-se em fato importante para a mídia, que lançou a idéia de que se precisava encontrar uma nova definição para a espécie humana.[18] Kasparov tinha à sua disposição dez bilhões de neurônios no seu cérebro. Antes da competição havia declarado:

"Quero contribuir para a defesa da nossa dignidade."

Neurônios são as células nervosas do cérebro que estão ligadas entre si através de numerosas vias. Se for correto o que os cientistas pensam hoje, o número de ligações possíveis no cérebro humano atinge uma cifra astronômica. Dizem que são cem bilhões de células nervosas. Elas não podem ser contadas; só avaliadas.

Do outro lado, no computador, havia 256 co-processadores à disposição. Kasparov podia num segundo visualizar e avaliar duas posições, às vezes três. O computador via cem milhões por segundo. Kasparov possuía intuição, a experiência de toda uma vida, a habilidade de reconhecer, imediatamente e no mesmo instante, o respectivo padrão das figuras. E nos momentos decisivos do jogo mostrou instinto assassino. Ele tinha emoções como qualquer ser humano, embora achasse que as tinha sob controle, de modo que elas não lhe perturbavam o pensamento. Ao contrário de Kasparov, o computador não tinha emoção nenhuma. Portanto, não tinha medo de perder a luta. Tampouco podia sentir alegria se ganhasse. Mas podia conceber todas as combinações possíveis. No auge do jogo, sua capacidade era de até duzentos milhões por segundo. Ele previa de dez a quinze lances futuros. Desse ângulo, ele talvez fosse inferior a Kasparov, pois este num jogo já havia várias vezes previsto intuitivamente até vinte lances. O computador poderia representar uma ameaça para Kasparov?

Esse acontecimento tinha significado para a história da cultura. A imagem do homem poderia sofrer um agravo semelhante ao de séculos atrás, se se revelasse que o homem não podia vencer o computador. Primeiro foi Galileu, depois Copérnico, que transformaram a Terra num planeta absolutamente comum. Não era o centro do Universo, como diziam os Padres da Igreja. Em seguida, Charles Darwin, com sua teoria da evolução, mostrou o contra-senso do caráter divino do homem. E finalmente apareceu Sigmund Freud, que com sua psicanálise mostrou que o homem nem é senhor na sua própria casa. Processos inconscientes se desenrolam constantemente dentro dele. O homem sabe disso, mas não os reconhece.

Naquele momento, Kasparov pelo menos deveria provar que as máquinas não podem pensar. Cinqüenta anos depois do nascimento do primeiro computador de verdade, seria mais um agravo para o espírito humano se se revelasse que não temos nenhuma alma e que pensamos do mesmo modo que um computador. Mas os filósofos de hoje não falam mais em imortalidade da alma. Expressam-se de maneira mais elegante e falam em consciência e espírito. Como aparentemente os computadores são melhores do que nós quando se trata de analisar os cursos da bolsa de valores, de realizar cálculos estatísticos de construção e até mesmo de jogar xadrez, o problema da consciência surge novamente do escuro. É possível que pela primeira vez seja realmente levado a sério, pois tem de ser defendido contra uma concorrência que antigamente não existia.

Já nos anos 20, havia um teste que teve como efeito acabar um pouco com o encontro suscitado pela consciência do amor-próprio do homem. Quando se fazia com que uma cobaia corresse por um labirinto, notava-se que ela cometia erros. Às vezes, errava o caminho. Na segunda tentativa, porém, ela já havia aprendido algo. Cometia menos enganos. Isso se refletia no tempo. Ela se libertava mais rapidamente porque evitava becos sem saída. A cada tentativa, o tempo era diminuído através de um número menor de erros. Quando se registrou o número de erros e o tempo nas tentativas repetidas na forma de um sistema de coordenadas, surgiu o que veio a ser chamado de curva de erros. Em seguida, construiu-se uma tartaruga artificial, que foi colocada para andar pelo labirinto. Toda vez que ela esbarrava numa parede, o mecanismo embutido dentro dela fazia com que mudasse de direção até que pudesse prosseguir novamente. Um arquivo de erros cuidava para que a respectiva colisão com a parede não acontecesse mais. O resultado também foi uma curva de erros. Quando esta e aquela, oriunda do real comportamento animal, foram mostradas aos biólogos, estes não puderam distinguir qual era a dos animais e qual da máquina. A pergunta filosófica era então: A curva de erros mostra o comportamento de seres vivos ou de máquinas? Esse tipo de simulação científica de comportamentos chegou agora a uma perfeição inimaginável. No Instituto para Pesquisa Cerebral na Universidade de Bremen, conseguiu-se simular a capacidade que a salamandra tem de localizar uma presa que se movimenta rapidamente, por exemplo, uma mosca, e capturá-la seguramente com a língua que se projeta para longe. Um modelo matemático com base numa teia neural realizou isso, com a integração de dados neurobiológicos.

Será que o Deep Blue pode reconhecer rostos, como por exemplo o de Kasparov? Pode compreender uma piada? É claro que não! Mas sabe jogar xadrez. Será que sabe mesmo? Sabe sim, já que é programado de maneira a acionar x circuitos com ligações parecidas às dos neurônios, embora não tenha emoções. A ação emocional lhe é estranha. Ele pode ter experiências, lembrando erros e evitando-os no futuro, mas não sabe reconhecer nenhuma mímica. Só a consciência pode fazê-lo.

Talvez seja uma das experiências mais surpreendentes na ciência de hoje que qualquer invenção, qualquer conhecimento suscita imediatamente questões filosóficas. René Descartes atualmente é o filósofo mais mencionado do mundo. É que escreveu nas suas meditações, há trezentos anos, que os animais eram autômatos, enquanto os homens tinham consciência. Esta última até mesmo concebia a idéia de Deus. E como ao conceito de Deus, na forma de um ser totalmente perfeito, pertence também a existência, existiria um Deus. Se a ciência agora provasse que pensamos como máquinas, a unicidade do homem correria perigo novamente.

O problema do corpo e da alma não está resolvido. Será que não se podia imaginar a construção de um computador que trabalhasse da mesma maneira como o nosso cérebro? Poder-se-ia envolvê-lo com uma membrana que, como a pele humana, transmitisse imediatamente sinais ao cérebro no caso de ser tocada. Lá, em frações de segundo típicos de computador, eles são levados ao grau de calor termostaticamente determinado, admissível e sem perigo. Quando a temperatura predeterminada é ultrapassada, o computador dá o sinal a uma mão artificial para se retirar imediatamente. Em pouco tempo, tudo isso será tecnicamente possível. O homem como computador diferenciado?

E como ficam as emoções? Os cientistas não podem imaginar que o computador sinta algo nessa ação que corresponde à nossa dor ou ao nosso medo. Como dá-se o fato de as pessoas de repente notarem que se queimaram? Nesse caso, todos os dados transmitidos pelos sentidos deveriam ter-se tornado parte da consciência. Quem decide? É claro que aqui também já existe uma teoria que diz que haveria uma luta no inconsciente a qual determinaria a melhor teoria e esta passaria à consciência. Os dados físicos seriam assim transformados em experiência subjetiva.

Voltemos à luta solitária de Garry Kasparov contra Deep Blue! O próprio computador não conhecia a emoção de se sentir ameaçado. Segundo a terminologia humana, deveríamos conceder-lhe segurança e certeza absolutas. Mas nem isso ele podia ter. Ele não tinha consciência. Deep Blue ganhou. O que foi a receita de sucesso de Deep Blue?

"É a força aritmética", diz Kasparov. "A rapidez tem estranhamente um tipo de inteligência."

O computador praticamente não precisa de tempo para pensar. Não entende nada da estrutura complicada dos processos químicos, físicos, psicológicos e emocionais. Certamente, pode calcular mais rápido, e é provável que também realize milhões de avaliações de posições de modo mais seletivo do que um homem.

"Mas o computador não compreende o aspecto decisivo da posição. Sua força aritmética não é suficiente para superar a experiência e a intuição de uma pessoa", é a conclusão de Kasparov.

Antes da luta, Kasparov dissera que seria impossível perder do computador. Depois da derrota, ele ficou triste. O computador tivera dados absolutamente corretos de todas as combinações possíveis à disposição de Kasparov, de modo que no fim se adiantou a Kasparov em um único lance. Não se tratava de nenhum risco, como seria se um adversário jogasse dessa maneira. Deep Blue não sabia isso de antemão. Mas ele o fez. De outro modo, Kasparov teria feito o lance mortal. Para programar um jogo tão arriscado, um homem deveria ter nervos de aço. Um cérebro humano não pode fazer um jogo desses com certeza absoluta, pois nunca pode prever todas as combinações possíveis. O fato de possuir intuição e de dominar o cálculo de probabilidade, de ser um gênio matemático e o melhor jogador de xadrez de todos os tempos, aparentemente não adiantaram nada a Kasparov. O computador não podia oferecer nada comparável. Mas podia antecipar todas as combinações para os dez a quinze lances seguintes. Deep Blue não podia ver mais longe do que Kasparov podia sentir. Porém, ao contrário de Kasparov, ele não podia cometer nenhum erro no horizonte que avistava.

O que distinguia o computador era a rapidez com que ele percorria todas as combinações possíveis e a avaliação de quais eram mais eficazes do que outras. Era como a competição entre o coelho e a tartaruga.

Kasparov disse posteriormente:

"Conheci a inteligência artificial pela primeira vez no dia 10 de fevereiro de 1996, às 4:45 da tarde quando Deep Blue deslocou um peão para uma casa onde podia facilmente ser derrubado. Aparentemente, ele agiu de modo humano."

Mas como um computador podia fazer um lance desses? Como o computador pode prever todas as possibilidades e escolher a melhor, surge aqui a questão sobre se o computador pensa como um ser humano. Nesse caso, o computador deveria compreender o jogo, o que não é o caso.

"O que significa, portanto, esse lance? Joguei contra muitos computadores. Mas nunca vi algo assim. Senti, até mesmo percebi, um novo tipo de inteligência."

Mais tarde, Kasparov descobriu o que acontecera. Ele disse: "O computador podia prever todos os lances possíveis, de modo que depois de seis jogadas ele teria compensado a perda do peão. Mas ele não tinha consciência de que antes disso havia sacrificado um peão."

No seu mundo não havia sacrifícios.

"Portanto, quando o computador faz o mesmo lance que eu, que tenho meus motivos e penso a respeito do sacrifício, ele faz uma jogada 'inteligente'? A inteligência de uma ação depende portanto de quem a realiza?"

O computador não ficou surpreso como Kasparov. O computador não conhece nenhum plano.

"Embora eu tenha visto alguns traços de inteligência, era uma inteligência relativamente inflexível, ineficiente."

Kasparov adaptou-se psicologicamente a essa situação.

O jogo seguinte não foi ganho por Deep Blue, mas por Kasparov, o campeão mundial de xadrez.

Chegará o dia em que o homem não vai querer mais jogar contra um computador, opina um especialista em xadrez de Filadélfia. Ele também não apostaria uma corrida contra um Porsche. Não teria chance nenhuma. Kasparov disse que no computador a quantidade deslocou-se para a qualidade. Mas não recorreu a Karl Marx para explicá-lo. Quando se reconhece todos os lances com tanta rapidez e abrangência, chega-se a um novo patamar. Uma mudança dialética parecida deve ter acontecido no homem em comparação com os animais, milhões de anos atrás. Através do aumento quantitativo de bilhões de células nervosas que formavam uma unidade, surgiu a consciência. Desde então, o animal não tem mais nenhuma chance de vencer o homem a longo prazo. No dia 10 de fevereiro de 1996, um computador ultrapassou o homem superior, se bem que uma só vez, e depois nunca mais no decorrer do campeonato. Porque o homem tem emoções que o protegem na luta pela vida, mas que também podem atrapalhar. Perguntado como se sentia depois da vitória, o computador permaneceu mudo. Como é que poderia sentir algo se não possuía nem consciência nem emoção? Kasparov tinha um motivo para lutar contra o computador. O computador nem sabia o que é um motivo. Kasparov agia sozinho; o computador, entretanto, tinha de ser ligado e depois desligado. Mesmo assim, ganhou a primeira partida contra Kasparov.

Em 1987, Kasparov já havia feito uma contribuição à pesquisa do cérebro. *Der Spiegel* fez com que Kasparov fosse testado por Hans Eysenck, professor de psicologia de Londres. Dessa vez, foi o especialista em pesquisa da inteligência e criador de testes de inteligência que enfrentou Kasparov. Não queria vencê-lo numa partida, todavia, mas quis descobrir como o campeão mundial jogava xadrez. Segundo a visão corriqueira, os jogadores de xadrez são analíticos que calculam de antemão os lances de uma partida. Isso também é verdade, pois Kasparov dispõe de capacidades aritméticas que provavelmente lhe permitem agir num espaço de seis a oito, mas às vezes também de dez a quinze lances.

Jogadores de xadrez, entretanto, também são mágicos da memória visual, pensam por meio de padrões espaciais e óticos de xadrez e desligam temporariamente as outras partes do cérebro que não dizem respeito a esse assunto. As imagens de xadrez que surgem são percebidas como padrões dinâmicos e comparadas às já conhecidas e arquivadas na memória numa fração de segundo. Nesse momento, as atividades de um dos hemisférios podem ser necessárias enquanto as do outro podem estorvar.

Quando, durante dez segundos, mostra-se a um enxadrista uma partida já iniciada, ele se pergunta se e quando já viu essa posição e o que posteriormente levou ao sucesso. Ele capta a relação entre as peças. É um processo mental que ele não pode identificar visualmente no tabuleiro.

Assim, Kasparov não teve dificuldade nenhuma em gravar em apenas cinco segundos as posições da partida e em seguida passá-las para um diagrama vazio. Seu cérebro trabalhou como uma máquina fotográfica e gravou na memória 117 das 120 figuras. Errou, todavia, quando se viu confrontado com posições de partida que não davam nenhum sentido e, portanto, nunca haviam sido nem arquivadas nem antecipadas por ele. Para gravar esses padrões de diagramas aleatórios, inúteis para um jogo de xadrez, ele teria de fazer um grande esforço.[19]

O homem foi capaz de conceber um computador. E para isso precisou de certo tempo de desenvolvimento. Ele até mesmo fala em diversas gerações de computadores. É claro que isso apenas de modo limitado tem a ver com a evolução à qual o próprio homem está submetido. Essa evolução, entretanto, é o pressuposto para que o homem seja capaz de construir um computador. Seu próprio cérebro é o órgão mais intricado e complexo que a natureza criou até agora, um universo de um quilo e meio absolutamente único.

A discussão em torno do ato de pensar talvez termine à proporção que o computador nos for libertando cada vez mais efetivamente das operações aritméticas e de outras, graças à sua velocidade e à falta de erros; mas mesmo assim ele ainda age como um autista absoluto, sem nenhuma emoção que lhe possa dar conselhos e adverti-lo. O significado das emoções não pode ser provado de modo mais concludente. A inteligência racional pode ter ou não bons resultados com computadores. Mas não lhe pode ensinar a ter emoções. Kasparov não tinha a capacidade de examinar milhões de possibilidades dentro de um segundo. Mas ele tinha emoções que de antemão limitavam-lhe as possibilidades. Por isso, tinha condições de acompanhar o computador. Poder-se-ia dizer que as emoções fazem com que não seja necessário avaliar milhões de possibilidades. O cérebro humano talvez trabalhe até de modo mais econômico. Graças à sua experiência, não precisa controlar aquele milhão de possibilidades para encontrar a melhor. As emoções liberaram Kasparov desse procedimento. Emoções também podem ser inteligentes porque dispõem de uma memória própria na qual nasce aquilo que chamamos de experiência.

Depois de sua derrota, entretanto, Kasparov ganhou a partida seguinte. Duas partidas terminaram empatadas. Kasparov, ou seja, o homem, venceu por 4 : 2. O que o computador põe em perigo não é o homem, mas o jogo de xadrez.

A física quântica da memória

Nos últimos anos, a não-previsibilidade da teoria quântica e os esforços das ciências neurológicas no sentido de compreender a consciência levaram a análises importantes. Aqui apresentamos, num raciocínio simples, o início bastante mais antigo das pesquisas de teoria quântica a respeito da memória.

Heinz von Förster, um cientista com muitas habilidades, aplicou a teoria quântica à memória humana.

A memória como uma parte essencial da inteligência humana é em primeiro lugar um arquivo que, no entanto, não arquiva tudo, mas seleciona. Não é nenhum cérebro eletrônico, pois também não pode arquivar de modo ilimitado. A memória também esquece e tem de esquecer, já que de outra maneira o cérebro não poderia ser utilizado, pois guardaria uma quantidade excessiva de coisas sem importância. Portanto, constantemente há algo na memória que é apagado. Nas suas pesquisas de física quântica sobre a memória, Förster se interessava por esse ato de apagar o que chama de esquecimento. Existem curvas de esquecimento que indicam em que medida podemos esperar que uma informação qualquer seja guardada no cérebro no decorrer do tempo. Mas essas curvas foram obtidas de modo empírico. Quando se tenta expressá-las numa fórmula, esta só funciona quando ainda se acrescenta um coeficiente de esquecimento. Este, entretanto, deve ser negativo, pois de outro modo a curva não estaria em conformidade com a realidade. Mas o que significa "esquecimento negativo"? Von Förster dá a resposta:

"Esquecimento negativo é aprendizado."

Por um lado, a memória se dissolve; por outro, é renovada. A explicação só pode estar no fato de que o homem verifica a todo momento o que ainda existe em termos de informações. Esse conhecimento é religado aos espaços da memória que se deslocaram por causa do esquecimento. É como se tivesse um reaprendizado. A pesquisa da física quântica, portanto, mostrou que não só esquecemos, mas durante o esquecimento ainda salvamos dele muita coisa ao examinar nossa memória. É absolutamente incerto para onde tais pesquisas vão nos levar. Temos apenas a certeza de que nosso conhecimento a respeito de nós mesmos mudará radicalmente nas próximas décadas.

Há pouco tempo, o físico inglês Roger Penrose apresentou uma análise na qual examina as possibilidades e limites das simulações computadorizadas algorítmicas dentro do âmbito da inteligência artificial. Com isso, levanta-se a questão sobre se o espírito humano pode ser compreendido na esfera das teorias das ciências físicas e naturais. Uma nova física da consciência está surgindo.[20]

É possível que o cérebro humano, que teve a capacidade de criar a física quântica, seja em sua substância derradeira um processo físico quântico? O reino dos átomos é uma mistura bizarra, composta de ordem, caos, tendências e imprevisibilidade. É impossível prever como será o comportamento das diversas partículas. Penrose acha que as partículas se reúnem a partir do nada e desaparecem novamente na mesma velocidade. Dentro de cem bilhões de células nervosas, há os assim chamados microtubos. São pequenos tubos através dos quais passam as substâncias de sinalização. Será que dentro deles já nasce em miniatura o que mais tarde chamamos de consciência?

O desempenho da memória a serviço da inteligência prática

Em 1978, depois de um jogo de futebol em Nova York, houve uma recepção para quatrocentos convidados no restaurante chique do estádio dos Giants. Aconteceu que o empresário de Beckenbauer, Robert Schwan, estava na entrada. Não nos conhecíamos pessoalmente. Dirigi-me a ele, apresentei-me, e em seguida dirigi-me a uma outra pessoa. Não troquei uma única palavra com Schwan.

Em 1993, o encontro se repetiu, mas dessa vez por telefone. Ele havia atendido o telefone na casa de Beckenbauer. Eu disse: "Desculpe, Senhor Schwan, o senhor não me conhece." Em seguida, eu disse o meu nome. Schwan respondeu: "Eu conheço o senhor. Nova York, 1978."

A lembrança arquivada na sua memória tinha quinze anos de idade. Nunca tivemos contato nenhum. Schwan provou que dispunha de uma inteligência prática interpessoal, mesmo que se tratasse apenas de um desempenho especial da memória em relação a pessoas. Provavelmente conhecia quase todas as pessoas que seu protegido Beckenbauer havia conhecido em algum momento de sua vida.

Era possível que a memória de Schwan não abrangesse quinze anos, mas espaços de tempo menores, durante os quais essa memória voltou a registrar o nome. Sua inteligência emocional consistia na rapidez com a qual impressionava com a correta classificação espaço-temporal.

Seja como for, Schwan deve ter cifrado um grande número de nomes. Uma boa memória sempre é uma memória bem organizada. Isso pode ser treinado. É que a maioria das pessoas não tem motivação nenhuma para fazê-lo.

Esse treinamento poderia consistir no seguinte:

Não decore só os nomes, mas os associe a alguma situação, sobretudo fatos engraçados. Nesse caso, fica mais fácil lembrá-la depois e, além do mais, se faz algo para sua saúde espiritual. Você está aplicando um conhecimento científico moderno. Existem dois hemisférios cerebrais com funções diferentes. O esquerdo grava os nomes; o direito, os rostos, imagens e situações. Quando você liga as duas coisas, não esquece nenhuma. A situação é importante. Nesse caso, você põe em prática a descoberta de que nomes e fisionomias ensejam dois processos diferentes da memória, e assim os reforçam. No caso dos rostos, escolhemos. No caso dos nomes, temos de procurar. E isso é muito mais difícil.

Não são raras as pessoas com desempenhos surpreendentes de memória. O regente Arturo Toscanini sabia de cor cada uma das notas musicais de duzentas e cinqüenta sinfonias e de cem óperas. Ele treinara sua memória sistematicamente. Isso funciona de modo parecido com a memória para imagens, posições do xadrez, partituras, transações de negócios, organização de biblioteca, papéis de teatro, rostos e resultados do campeonato de futebol. Muitas vezes, usam-se truques, as assim chamadas mnemotécnicas.

Como dificilmente podemos arquivar na memória curta mais de cinco a nove dados isolados — não importa se são números ou acontecimentos — temos de associá-los com dados do arquivo de longa duração. A capacidade de arquivamento da memória curta é uma grandeza fixa. Assim que a associação com a memória longa for feita, poder-se-á apagar a memória curta. É como num computador pessoal normal cuja capacidade de armazenamento é limitada. Importantes são as ligações com as emoções originais. É que possuímos uma memória especial para as emoções.

Há garçons que imediatamente associam o prato pedido ao rosto do freguês. E se o freguês com queixo largo pedir um grande bife? Nenhum problema! É fácil memorizá-lo.

Para ter uma dessas memórias de especialista, são necessárias duas coisas: a motivação para melhorar a memória e um sistema simples com pequenas unidades de informação. A aplicação constitui ao mesmo tempo o treinamento. O especialista simplesmente sabe mais a respeito de seu campo. Por isso, também dispõe de mais possibilidades de associação. Mas ele tem de organizá-las. Quando esse método de trabalho traz frutos, nasce a autoconfiança; podemos relaxar e deixar que o sistema trabalhe para nós.[21]

Não é de estranhar que no teste clássico de inteligência também haja problemas relativos à memória. A pessoa tem de gravar certas palavras e nomes utilizados no texto, que mais tarde, depois de resolver outras tarefas, devem ser reproduzidos.

Os dois hemisférios do cérebro

A equipe profissional do clube de futebol francês Girondins Bordeaux ficou um pouco aborrecida e surpresa. Em vez do treino normal, os jogadores foram levados a uma sala onde tiveram de realizar um teste neurológico. Na onda do entusiasmo que a nova neurologia dos hemisférios do cérebro havia causado também entre os autores de testes psicológicos, eles deveriam se submeter a um teste muito controverso. Um psicólogo de Paris havia atiçado a curiosidade do presidente do clube dizendo que se poderia determinar a respectiva atuação das partes do cérebro numa realização criativa. Não vale a pena falar mais desse teste. Tudo ficou mais ou menos sem comprovação. Mas uma coisa não era controversa em 1988, quando esse teste foi realizado. No ano de 1988, em Munique, num congresso internacional para a pesquisa de dominâncias do cérebro, os especialistas eram unânimes em afirmar que os hemisférios do cérebro também desempenham funções diferentes. O lado direito do cérebro é responsável pela função intuitiva, espacial e relativa ao movimento; o lado esquerdo, pela lingüística e analítica. O lado direito do cérebro ainda teria participação nos movimentos mais grosseiros e que exigiam força física, como correr, pisar, lançar, bater. Do ponto de vista da história da evolução, essas atividades estavam localizadas perto da área do cérebro responsável sobretudo pelas emoções e afetos negativos. Provavelmente, era vantajoso em condições que ameaçavam a vida do organismo que um afeto pudesse ser transformado muito rapidamente em movimentos amplos. Quando era exigida uma ação rápida, não se podia perder tempo.[22]

A nova hipótese dizia que os processos especiais do cérebro levam a realizações especiais. Basta lembrar da quantidade de canhotos que existe no esporte profissional. Entre os goleiros, os jogadores de tênis e de handebol há, do ponto de vista estatístico, um número desproporcional de canhotos, como todos os telespectadores podem facilmente verificar.[23]

Esportistas só terão um desempenho excepcional quando conseguirem desligar em grande parte o hemisfério esquerdo de seu cérebro, para que o direito possa concentrar-se mais claramente no seu objetivo em função de suas aptidões espaciais. Processos dessa natureza certamente têm uma participação no desempenho.

Entretanto, as técnicas eletroencefalográficas, já conhecidas naquela época, puderam ser usadas também no esporte.

Durante décadas, a pesquisa sobre a circulação sangüínea e a farmacologia eram os métodos de pesquisa dominantes no esporte. Nos anos 80, acrescentou-se o eletroencefalograma (EEG).

No início dos anos 60, vários cientistas tiveram a idéia de que o espírito humano trabalhava como um computador. Pouco depois, surgiu a crítica. Nos anos 70, também a filosofia com a nova filosofia cognitiva, que partia da Universidade de Harvard, se intrometeu na discussão. A neurologia, a análise de sistemas, a psicologia, a lingüística e a informática uniram-se e formaram a ciência cognitiva. Essa fusão levou ao fato de que se passava a visar nada menos do que a pesquisa a respeito da natureza do espírito humano.[24]

O que foi ignorado nesse processo era o significado cada vez maior do esporte. Ele poderia transformar-se em superexperiência. Acontece em condições semelhantes a um laboratório. Tudo é medido e verificado durante todo o processo. O comportamento restringe-se a determinadas atividades. Existe um objetivo bem definido, que deve ser atingido. Levantam-se numerosos dados psicológicos e fisiológicos de cada um dos esportistas. O esporte, portanto, ofereceu a possibilidade de realizar pesquisas científicas que serviam à análise do desempenho e, além do mais, encontravam uma aplicação prática, contribuindo para aumentar o desempenho. Já naquela época o esporte havia chegado a águas perigosas quanto à farmacologia mas, com a pesquisa que voltou a florescer, sem aplicação nenhuma de medicamentos, surgiu uma oportunidade de diagnóstico. Finalmente, os esportistas também tiveram suas experiências com o eletroencefalograma e numerosos testes neuropsicológicos.

Um primeiro ápice foi atingido em 1976 com as Olimpíadas de Montreal. Cientistas neurológicos entrevistaram ganhadores de medalhas de ouro, fizeram testes e publicaram novas descobertas a respeito do cérebro e da inteligência. Um desses cientistas teve uma experiência estranha. Havia marcado um encontro com os vencedores alemães no tiro, Smieszek e Lind, imediatamente depois da competição. Mas não houve entrevista nenhuma, pois os esportistas não falaram absolutamente nada. Eles estavam como que em estado de transe. Primeiro, pensava-se que estivessem sob o efeito de drogas. Mas então descobriram que os atiradores treinavam para atingir um tipo de transe a fim de poder atirar com o máximo de calma. Eles controlavam até mesmo as batidas do coração.

Montreal era não só a cidade das Olimpíadas de 1976. Montreal também possui duas universidades nas quais são realizadas pesquisas revolucionárias. A Université de Montreal e a Universidade McGill alcançaram reconhecimento mundial através de suas descobertas revolucionárias na pesquisa cerebral. Ali Hans Selye fez suas pesquisas, o descobridor do mecanismo do *stress*; ali Wilder Penfiel realizou as primeiras cirurgias do cérebro, durante as quais estimulava certas partes e conseguia reativar experiências passadas nos seus pacientes. O psicólogo Donald Hebb não só influenciou toda uma geração de psicólogos, mas até hoje exerce uma influência importante sobre a psicologia norte-americana. Hebb uniu a pesquisa cerebral e a psicologia, postulando dependências que se revelaram como corretas mais tarde, na época em que passaram a existir os respectivos instrumentos de pesquisa. Também houve outros centros que se estabeleceram. A Universidade de Harvard, o MIT e a Universidade da Califórnia, com seus prêmios Nobel Roger Sperry, David Hubel e Torsten Wiesel, construíram as novas bases para a pesquisa do cérebro.

Como já foi mencionado, considera-se hoje como comprovado que os dois hemisférios do cérebro têm funções diferentes, mas que existe uma área de interseção entre eles. Enquanto, porém, o hemisfério esquerdo é sobretudo responsável pela língua, pelos processos analíticos e classificatórios — portanto, para modos de pensamento que predominam nas ciências — o hemisfério direito domina quando se trata de imagens e processos espaciais, atividades artísticas, mas também da formação de hipóteses científicas.

Hoje, cada uma das metades do cérebro pode ser testada independentemente da outra.

A medição das ondas elétricas do cérebro é feita por eletrodos colocados sobre o couro cabeludo do paciente ou voluntário. O eletroencefalograma (EEG) normal de um adulto mostra sobretudo ondas alfa. São indicadoras de um estado de relaxamento. Segundo os resultados da pesquisa de Ornstein e Thompson de 1985, no ato de escrever cartas há uma atividade alfa maior sobre o hemisfério direito, sendo que as ondas alfa no EEG têm uma grande amplitude. No caso de um problema estruturado de modo espacial, como a construção de figuras, a imagem do EEG é o inverso. Nesse caso surgem ondas alfa mais fortes sobre o hemisfério esquerdo.[25]

Se consideramos o ritmo alfa como indício para o fato de que, na respectiva área do cérebro, há uma redução do processamento de informação, devemos deduzir que a metade direita do cérebro é mais solicitada nas tarefas espaciais, e o lado esquerdo nas linguísticas. O respectivo lado que não está sendo especialmente solicitado apresenta, portanto, menos atividade. Algumas áreas podem ser verdadeiramente "desligadas". Resultados semelhantes também são obtidos quando as atividades são realizadas apenas na imaginação.

Pessoas que estão acostumadas a trabalhar predominantemente com o lado esquerdo do cérebro, orientado para a análise, tentarão resolver esses outros problemas também com esse hemisfério. Da mesma maneira, pessoas que trabalham sobretudo com o lado direito, em função dele também geralmente se aproximam da solução de problemas que dizem respeito ao esquerdo. Isso vale por exemplo para colocar peças de madeira conforme um padrão, empilhá-las para formar uma torre, jogar xadrez. Estas são atividades típicas do lado direito. Portanto, o hemisfério solicitado nem sempre pode ser deduzido a partir da estrutura do problema. Há, entretanto, numerosos problemas nos quais o processamento das informações não pode ser feito de modo analítico, porque dessa forma não se chega a nenhuma solução. Uma tarefa espacial para a qual não existe nenhum padrão lógico de solução só pode ser resolvida com um reforço do emprego do hemisfério direito. Esse é o caso de várias modalidades esportivas.

Esportes como tiro ao alvo, tênis e futebol, do ponto de vista neuropsicológico, provavelmente dependem de funções localizadas principalmente na metade direita do cérebro. Também há indícios de que os movimentos finamente coordenados são dirigidos pelo lado esquerdo, enquanto os mais vigorosos e grosseiros são orientados pelo lado direito.

Como já mencionamos mais acima, evidenciou-se muito cedo na evolução a importância do fato de que o centro responsável pelos movimentos se encontrasse perto da área das emoções negativas. O futebol, considerado do ponto de vista neuropsicológico, seria, portanto, um jogo bastante ultrapassado dirigido pelo lado direito do cérebro e alimentado constantemente por emoções fortes como raiva, ira e agressão. De qualquer maneira, o conteúdo gestual dos jogadores parece confirmá-lo. A tática teria chegado depois, partindo do lado esquerdo. Foi algo natural, portanto, examinar jogadores profissionais de futebol no que tange às funções supostamente localizadas no hemisfério direito.[26]

Uma das nossas primeiras pesquisas foi realizada em 1971 na equipe profissional do SV Werder Bremen.* Todos os 23 jogadores participaram de testes durante vários meses. Nos testes dirigidos para a verificação das capacidades de orientação espacial, encontramos valores excepcionalmente altos. Estavam muito acima dos valores comparativos da média da população. Foram confirmados tanto pela inteligência espacial medida por um teste de inteligên-

---

* Clube de futebol da cidade de Bremen.

cia, quanto pelas experiências feitas com um aparelho de labirinto que funcionava eletronicamente.

No aparelho de labirinto, a tarefa consistia em encontrar, com a maior rapidez possível, os padrões de combinação em graus diferentes de dificuldade, como se fosse num percurso, seguindo o princípio de tentativa e erro. O padrão era arquivado na memória quando a pessoa percorria o labirinto várias vezes, e cada vez mais erros eram eliminados. Finalmente, podia ser percorrido sem erro nenhum.

Como esta é uma tarefa não-verbal, construída de modo análogo às jogadas que acontecem no futebol, a motivação não constituía nenhum problema para os jogadores. Através da prática dos jogos, a estrutura dinâmica das linhas de força e de espaço sem sucesso e com sucesso já havia entrado na carne e no osso de todos os jogadores. No teste eles se concentraram, como nos jogos, no seu objetivo de percorrer o percurso o mais rapidamente possível.

Tratava-se apenas de orientação espacial, e não de sua transformação em movimentos musculares. Os melhores resultados foram obtidos pelos goleiros. Sua capacidade de orientação era mais bem desenvolvida do que nos jogadores de campo.[27]

Agora considera-se comprovado que os jogadores de futebol dispõem de uma orientação espacial acima da média. Eles estruturam o espaço em relação às jogadas possíveis.

Mais impressionantes ainda são os resultados que mostram a afinidade dos hemisférios com o desempenho esportivo quando se considera os resultados das pesquisas de Schrode e Gabler, de 1987. Eles testaram jogadores de tênis em relação à sua capacidade de concentração. Os jogadores de tênis atingem o ápice dessa capacidade quando estão tendo sucesso, quando se encontram num estado de relaxamento em vez de tensão. Exatamente nas situações mais difíceis é importante manter a calma. As ondas de energia cerebrais confirmam isso. Indicam concentração e relaxamento.

Através de ondas de rádio, os autores desviaram ondas de energia cerebral e constataram que estas se tornam mais lentas nos momentos que exigem a mais alta concentração. Portanto, o grau de agitação do cérebro diminui. Antes das jogadas complicadas, o ritmo do EEG se torna mais lento do que antes das jogadas de rotina. A atividade das ondas cerebrais diminui nas áreas do cérebro que não são utilizadas imediatamente para a realização do lance.[28]

Diferenças entre os cérebros masculino e feminino

Homens e mulheres usam o cérebro de modo diferente. Nas imagens do PET de mulheres, nota-se em ambos os hemisférios um grande fluxo de energia quando falam. A comunicação entres as duas metades é nitidamente melhor do que nos homens. Isso vale para processos lingüísticos mas também para os processos de linguagem corporal. Os cérebros masculinos são mais orientados para o espaço. Têm uma atividade mais alta na metade direita do cérebro. Isso talvez explique por que existem muitos arquitetos mas poucas arquitetas. O mesmo vale para o xadrez. Ele pressupõe um pensamento e uma memória espaciais.

Por outro lado, as mulheres são melhores quando se trata de reconhecer emoções. Hoje se pensa que a testosterona obriga os hemisférios cerebrais a se especializarem. Ela, todavia, é o hormônio produzido em quantidades maiores pelos homens. No caso do *doping*, seria possível identificar isso com facilidade nas mulheres, porque elas têm menos testosterona. Portanto, sua potência está longe de ser esgotada.

As diferenças físicas entre homens e mulheres consistem em primeiro lugar em tamanho e peso. Por isso, o cérebro das mulheres também é em média 14% mais leve do que o do homem. Hoje já existe uma nova especialização na área da neuropsicologia que se ocupa exclusivamente das diferenças entre homens e mulheres. Sandra Witelson da Universidade McMaster de Ontario descobriu, entretanto, que determinada parte do cérebro é maior nas mulheres do que nos homens. É a parte posterior do corpo caloso, em latim, *Corpus callosum*. As fibras nervosas ligam as regiões dos hemisférios direito e esquerdo do cérebro. Na parte posterior do corpo caloso há um lugar bem estreito, o istmo. Ali, as fibras nervosas ligam o centro lingüístico do lado esquerdo do cérebro com o centro para as percepções espaciais no direito.

"Esses resultados permitem deduzir uma comunicação melhor entre os hemisférios do cérebro das mulheres", é assim que a cientista interpreta os resultados.[29]

Essa também poderia ser a explicação do fato de que as mulheres freqüentemente conseguem melhores resultados nos testes lingüísticos e, depois de terem sofrido um ataque de apoplexia, têm mais facilidade para reaprender a falar, mantendo, às vezes, até mesmo a capacidade de escrever. Existem casos de pacientes femininos de apoplexia gravíssima em que não havia mais nenhuma expressão a não ser a capacidade de escrever cegamente e de se expressar corretamente na escrita. Através do procedimento de ressonância magnética podia até ser constatada uma correlação entre os valores elevados nos testes lingüísticos e as partes bem desenvolvidas do corpo caloso do cérebro.[30]

PARTE 4

A cruz do autoconhecimento

Faz parte do autoconhecimento do homem o fato de ele ter consciência de suas emoções. Todas as nossas emoções, todavia, estão misturadas; são compostas de muitas nuanças e freqüentemente estão sujeitas a interpretações errôneas.
Quando se referem a outras experiências — que também podem ser lembranças ou expectativas — surgem vivências por trás das experiências concretas, que são chamadas metavivências. Quem sabe reconhecer, interpretar e compreender corretamente essas vivências dispõe de inteligência emocional.

Como reconhecer as próprias emoções

"Conhece-te a ti mesmo" (*Gnothi seauton*) estava escrito sobre o portal que levava ao templo de Delfos. Uma das sentenças dos sete sábios é atribuída a Chilon, às vezes também a Tales. Desde então, sobretudo nos últimos 200 anos, essa frase ficou sendo o apelo que nunca silencia à autodeterminação do homem. Mas, entre os gregos antigos, ele ainda não tinha ligação nenhuma com o atual conhecimento psicológico da natureza humana e do autoconhecimento. Reconheça que você é um ser humano que depende, no seu destino, da benevolência ou da desconfiança dos deuses, diz a frase. O que significava que o homem deveria guardar-se da *hybris*, de sua própria soberba. Nada era tão temido entre os gregos quanto o perigo de perder a medida das coisas. A cultura grega era uma cultura da medida certa. Era ameaçada apenas pela mais terrível de todas as emoções: a presunção de poder ser igual aos deuses. Essa frase lembra ao homem a condição geral de limitação da existência humana; portanto, tinha um fundo religioso. Sócrates positivamente não entendeu o autoconhecimento no sentido da psicologia. Ele sabia que nada sabia. E exatamente esse conhecimento suscitou as emoções de seus adversários, que não sossegaram enquanto não conseguiram condená-lo à taça de cicuta, à morte.

Os romanos também pagaram seu tributo às divindades. Entre eles era grande o receio de tomar uma decisão errada diante da falibilidade do julgamento humano. Por isso, os áugures e o Senado Romano durante longos séculos constituíram as instituições mais importantes. Os áugures eram consultados, isto é, os antigos romanos tentavam descobrir a vontade dos deuses através da observação dos pássaros, para saber se uma decisão deveria amadurecer mais ou se já podia ser tomada. Em todos os casos, os romanos reconheciam que ainda dependiam de outras forças a serem respeitadas.

O declínio do império gigantesco começou quando em Roma ninguém mais acreditava nessas instituições. Foi Cícero, como sacerdote supremo, o *Pon-*

tifex maximus, que apelou à consciência de seu povo, evocando o passado glorioso, mostrando a seus concidadãos que Roma se apoiava em duas colunas: os áugures e o senado. Este decidia, e ninguém jamais duvidou de seu direito de comandar. Surpreende, entretanto, que o essencial da história romana, segundo Cícero, fossem os áugures: o vôo dos pássaros, seu apetite ou falta de apetite, as diversas tonalidades de seu canto e muito mais coisas deviam ser analisados antes de qualquer decisão importante. O procedimento é ingênuo, mas traz em si algo de religioso. Era preciso descobrir o que os pássaros sentiam. Para esse processo, as pessoas precisavam de tempo. Tinham de parar e voltar a atenção para algo além da autonomia humana. Isso levava a uma circunspecção semelhante à atenção de Goleman, mas ela se referia à realidade transcendental. Tal era a religiosidade dos romanos, sempre voltada para o bem do Estado. O significado original de *religio* se encontra no adjetivo *religiosus*. Significa consciencioso, circunspecto, responsável, não leviano. O oposto era *neglegentia*: negligência, despreocupação, descuido de si mesmo.[1]

Quando os tempos áureos de Roma se aproximavam do fim, quando a fé e, com isso, as decisões ponderadas ficavam abaladas, Roma cometeu muitos erros. Não parava mais antes de tomar as decisões. Não se acreditava mais na dependência dos próprios atos em relação a outros poderes superiores. Cícero queria deter a decadência através da institucionalização política da fé na ordem universal. Suas idéias foram concretizadas pelo Imperador Augusto. Através dele, o Império Romano concentrou-se num imperador e não mais nas decisões ponderadas do senado. Este último sempre havia considerado os motivos psicológicos, seus próprios e dos outros. Deliberava-se sobre possíveis reações a determinadas decisões. Assim, o Senado Romano era uma instituição da inteligência emocional que agora passaria a depender de uma única pessoa, o imperador.

Só com a psicologização da consciência humana foi que se iniciou muito mais tarde o que hoje entendemos quando dizemos a alguém que deveria se conhecer a si mesmo. No final do século XVIII, os poetas dedicaram suas obras à Pítia, à sacerdotisa do oráculo de Delfos. Desde aquela época, também a nova profissão dos psicólogos passa a evocar a sentença: "Conhece-te a ti mesmo!"

Quando observamos essa exortação mais a fundo e examinamos se ela era aceita, notamos imediatamente que não se criavam conhecimentos lógicos. As pessoas antes sofriam tomando consciência das emoções de que se tornavam presas ao constatar que levavam uma vida exemplar como Deus mandava.[2] Era assim que se falava naquela época. Isso, por sua vez, provocou a contestação de muitos filósofos do Iluminismo. Eles desconfiaram, não sem razão, que a auto-observação do homem podia transformar-se em auto-reflexo de si mesmo, terminando não com o esclarecimento, mas com o narcisismo, o amor por si mesmo, incapaz de agir, e ainda correndo o perigo já mencionado por Kant:

"A observação de si mesmo é uma justaposição metódica das percepções feitas em nós mesmos, a qual fornece a matéria para o diário daquele que observa a si mesmo e facilmente pode levar à exaltação e à loucura."[3]

Heinrich von Kleist também já se preocupou muito com o perigo da observação exagerada de si mesmo. Em 1810, foi publicado na *Berliner Morgenblätter* o famoso ensaio de Kleist "Über das Marionettentheater" [A Respeito do Teatro de Marionetes]. Nele, é narrada a história de um jovem que por acaso, depois do banho, faz uma descoberta que o transforma totalmente. Ele coloca o pé sobre o escabelo, para enxugá-lo. Nesse momento, olha para um grande espelho perto dele. Reconhece na sua figura a graça e o encanto da estátua "Páris", da qual acabara de ver uma cópia num museu. Ele quer imitar a posição de Páris, mas não consegue. Falta-lhe o encanto. Passa o dia diante do espelho para praticar. Em pouco, não lhe resta mais nada de sua graça. Ele se transforma na vítima de sua vaidade. A graça desaparece no momento em que a consciência se interpõe para criá-la de novo. No final do século XVIII e começo do XIX, a psicologia emergente tinha uma verdadeira fixação pela questão de como surgia a vaidade. Pois naquele momento não interessava mais, por exemplo, a pergunta a respeito do que era a pessoa, mas indagava-se quais motivos poderiam ser a causa pela qual ele se havia tornado o que era. Em *Die Räuber* [Os Saltimbancos] de Schiller não são as ações infames de Karl Moor que interessam, mas a questão de como foi que ele virou criminoso. A psicologização da literatura tornou-se sintoma de modernidade.

O Classicismo e o Romantismo ocuparam-se intensamente da vida interior do homem. A psicologia da introspecção transformou-se em tema popular. O Racionalismo encontrou a vida interior no pensamento; o Romantismo, na "flor azul". Goethe falou em "alma bonita".

"Se vocês não sentem, vocês não captam..."

Já naquela época o interesse comum se dirigia fortemente para o inconsciente. Carl Gustav Carus e Eduard von Hartmann já haviam escrito a respeito da filosofia do inconsciente antes de Sigmund Freud nascer.

Também Hermann von Helmholtz avançou nessa direção com suas pesquisas fisiológicas da capacidade humana de reação. Segundo ele, muitos processos se desenrolavam de modo inconsciente. Ele também foi quem defendeu a tese fantasiosa de que, sem o inconsciente, o consciente não é capaz de desenvolver-se nem de funcionar. Com base na moderna pesquisa do cérebro, essa idéia só agora se revelou uma hipótese digna de ser examinada.

Apesar de ter reconhecido o poder do inconsciente, até mesmo Sigmund Freud continuou superestimando a autopercepção. Embora na sua *Psychopathologie des Alltagslebens* [Psicopatologia da Vida Quotidiana] e na *Traumdeutung* [Interpretação dos Sonhos] tivesse provado que em grande parte é o inconsciente que nos rege o comportamento, em última análise continuava acreditando no autoconhecimento segundo a Pítia. Freud venerava não só a Antigüidade, mas pensava reconhecer-lhe na mitologia até mesmo as linhas básicas da psicanálise, como o faziam os filósofos.

A frase muito citada de Aristóteles na sua *Nikomachischen Ethik* [*Ética a Nicômaco*] estava em circulação:

"É fácil aborrecer-se. Mas aborrecer-se com a pessoa certa, na medida certa, na hora certa, com a finalidade certa e sobretudo de maneira certa, é muito difícil."

Também é disso que fala Goleman quando diz: "A emocionalidade não é o problema, segundo Aristóteles, mas a adequação da emoção e de sua expressão."[4]

O conhecimento aristotélico a respeito do aborrecimento, entretanto, não pode ser transposto para uma outra emoção básica, qual seja o medo. É que, no caso, não é necessariamente uma pessoa que nos causa medo. Também a hora certa, a medida e a maneira de apreender o medo não podem ser aplicadas porque não existe necessariamente um objeto para ele. Aristóteles não conhecia o medo. Só conhecia o temor, como era típico para a Antigüidade até a Idade Média. O temor podia referir-se a um objeto. Só com uma nova forma de sentir a existência, definida e descrita, por exemplo, pelo filósofo Sören Kierkegaard nos seus escritos, o homem adquire a consciência de seus medos existenciais.

Parece que há uma exceção. Quando uma pessoa que tem um tumor é internada no hospital, ela desenvolve o medo de que possa ser câncer. Quando não reprime esse medo, dirigirá toda a sua atenção para ele. Ela relaciona com ela mesma qualquer detalhe, qualquer frase, por menos importante que seja; qualquer pormenor da linguagem corporal dos médicos será observado. Nesse caso, a atenção é alimentada por um motivo que serve à própria pessoa, mas que só pode ser satisfeito por meio da observação dos outros.

Ao mesmo tempo fica claro que nenhuma pessoa pode viver por muito tempo com um tal esforço de percepção sem sofrer algum prejuízo espiritual. Ela procura a certeza ou reprime a desconfiança. A repressão provavelmente tem uma função no sentido da evolução. Nem tudo deve ficar consciente. Em muitos aspectos, a repressão poderia impedir o autoconhecimento em favor da preservação da existência. A inteligência emocional de Goleman é sempre um conhecimento — baseado na "atenção" — em relação às emoções. E surge a pergunta crítica sobre se essa atenção constante, que visa às emoções, é praticável ou possível de ser vivida.

Há algo mais. É claro que na Europa existe o medo da forte valorização da emoção. A história confirma isso. Suas manifestações avassaladoras já haviam contribuído em épocas anteriores para transformar as emoções num campo mais importante da personalidade do que a razão. Psicólogos sociais e historiadores apontaram para o fato de que correntes tão diversas quanto o Romantismo e o nacional-socialismo tiraram proveito das emoções, contra as quais a razão ficava impotente. Visões de mundo precisam de uma base emocional para poder prosperar. A razão tem de recuar bastante e pôr-se atrás das emoções. Os humores ocupam o lugar dos argumentos.

Em suas culturas, os homens sempre praticaram alguma inteligência emocional. Nunca houve uma sociedade que não tivesse tentado influenciar de alguma forma as emoções de seus membros. Deve existir algum motivo, todavia, que explique por que na nossa época um único conceito pode causar tanta confusão. É como se se tivesse não só procurado a "flor azul" do Romantismo, mas como se se tivesse acreditado que um dia a encontrou realmente.

Metaexperiências

Falamos aqui sobre metaexperiências por causa da incapacidade de reconhecer corretamente a própria vida interior, de interpretá-la e compreendê-la. Para tal precisamos da inteligência racional da autopercepção. Esta nos diz que nem sempre podemos confiar na inteligência emocional. A psicologia poderia ser definida como a ciência dos limites e dos perigos da inteligência emocional.

Durante um exame final na Universidade Philipps de Marburg, o professor fez a seguinte pergunta:

"Qual é a diferença entre um fato psicológico e um fato psicológico de dependência emocional?"[5]

E o candidato respondeu resolutamente:

"É o fato de que neste momento estou sob a pressão do exame. Mas, que eu tenha esta pressão por ter medo de não conseguir um bom resultado, é um fato psicológico de dependência funcional.

"Bom", disse o professor. "Quando eu lhe digo que você passou no exame com louvor, não existe mais pressão. E o exame, mesmo assim, tem uma relação funcional, porque você fica feliz."

Todos conhecem os instintos, hábitos, motivos, pensamentos, estados de espírito e emoções mais importantes. E é exatamente esse fato que impediu até agora que a psicologia fizesse descobertas espetaculares como, por exemplo, as feitas pela física. Nesta, foi necessário fazer muitas descobertas porque as coisas eram desconhecidas. A eletricidade, a gravidade, os processos atômicos, os quanta, os neurônios, os neutrinos, a radioatividade e muito mais não estão à nossa volta nem nos são familiares por meio da experiência imediata. Na psicologia não é assim. O psíquico é óbvio, não precisa ser descoberto; ele só nos surpreende quando o notamos pela primeira vez numa criança, como a teimosia, a raiva e a alegria. Entretanto, o que a própria criança ainda não percebe é a inteligência que envolve diferenciar entre os fatos psicológicos como tais e os fatos psicológicos de dependência funcional, portanto, de relações funcionais.

Os fatos psicológicos como tais podem ser vivenciados. Enquanto é possível experimentá-los vivamente, esse nem sempre é o caso com os fatos psicológicos de dependência funcional. O que sentimos nem sempre pode ser atribuído às suas causas. Freqüentemente as experiências não nos dizem muito a respeito do seu surgimento. As relações psicológicas podem permanecer no escuro. Muitas vezes, vemo-nos até forçados a inventar construções dessas dependências com a ajuda da imaginação psicológica. Quem ficou aborrecido com alguém talvez nem admita que se sentiu assim. É provável que atribua esse fato a alguma outra causa, para evitar uma discussão.

Quem aparece para um teste que é muito importante para ele normalmente não diferencia entre o interesse de resolver as questões e o desejo de conseguir um emprego. Se a pessoa é interrompida num teste desse tipo, diversas emoções afloram. Alguns acham que já fracassaram, outros ficam contrariados por serem interrompidos. Se têm de continuar logo em seguida, os primeiros reagem com muito ânimo. Sentem grande motivação para resolver as questões. Os outros ficam cabisbaixos, pois estavam resolvendo as questões para passar no teste. Para eles, a interrupção constituiu um estorvo que lhes tirou a vontade de continuar trabalhando. O aborrecimento e o medo são fatos que, como tais, também são sentidos diretamente. Mas a maioria das pessoas não reconhece que as emoções dependem da situação como um todo. Contextos psicológicos funcionais são o negócio do psicólogo. Hoje, essa tarefa psicológica transforma-se em convite geral para os especialistas para que desenvolvam a própria inteligência emocional. Goleman transfere-o para o público em geral, e com isso exige demais — na minha opinião. O chamado foi ouvido, mas não seguido. É esse o verdadeiro problema psicológico. Não seria necessário que todos se transformassem em psicólogos, sem instrução, sem estudo, como leigos, para poderem ter algum sucesso com relação à sua atenção?

Isso não é possível nem mesmo na física. Quando soltamos das mãos um objeto, ele cai ao chão. O ato de cair é um fato. Mas o fato da relação funcional é a gravidade. Não podemos vê-la. E mesmo assim é ela que faz com que o objeto caia. O físico levaria ainda mais longe o contexto funcional e a dependência. É o objeto que atrai a terra, assim como o contrário. Mas nós não pensaríamos nisso. Teríamos que aprender isso na escola.

Aplicando esse exemplo à psicologia, vemos que é difícil distinguir entre os fatos psicológicos e os fatos psicológicos de dependência funcional. Podemos ter consciência do motivo da ira. Mas o que supomos pode ser a causa errada. Freqüentemente, não sabemos nada sobre os motivos da ação dinâmica. Como provam as experiências feitas sob hipnose, agimos movidos por motivos e contextos que não somos capazes de reconhecer. Se dou a um estudante sob o efeito da hipnose a ordem de entregar, depois de acordar, um lenço a seu professor na sala do seminário, ele o fará. Mas se for perguntado por quê, ele alegará todos os motivos possíveis, com exceção do único verdadeiro, ou seja, que realizou uma tarefa pós-hipnótica.

Já há muito tempo os homens reconheceram que o convite ao autoconhecimento, como é feito agora por Salovey e Goleman, é o verdadeiro problema. Porque o nosso conhecimento psicológico e psicanalítico permanece insolúvel em grande parte. Em outras palavras: a inteligência emocional baseia-se na premissa de que leva a si mesma ao ato de psicologizar, sem reconhecer as emoções no seu contexto funcional. Goleman fala também em metaemoções. Com isso se refere ao reconhecimento de uma emoção que ela pode por si mesma influenciar a emoção. Aparentemente, porém, julga que não é difícil apreender essa metaemoção.

Não raro as mulheres que deram à luz sofrem de depressão depois do parto. O ambiente, no entanto, há muito tempo já lhes ensinou que se fica feliz depois que a criança nasceu. O conflito entre a expectativa da felicidade e a depressão, juntamente com a exaustão física, levam muitas jovens mães a uma profunda crise espiritual. É inútil, tanto para elas quanto para os maridos, que sua atenção se volte às emoções porque a indisposição depressiva como reação ao parto lhes deve parecer inexplicável.

No caso da motivação, podemos mostrar também como pode haver erros quando se trata de uma avaliação das dependências funcionais na psicologia. Todos têm consciência de que, depois de um assassinato, se sai à procura do motivo. Tudo tem de combinar. Romances policiais na verdade são apenas jogos esclarecedores da caça ao motivo.

Os jogadores profissionais de futebol que não são convocados por seus treinadores ficam aborrecidos. Essa emoção é atribuída a uma frustração, a um malogro do motivo de querer jogar. Na maioria dos casos, não se aceita a decisão, mas se transfere tudo para os motivos do treinador, que não são aceitos.

Um motivo pode acarretar uma reação em cadeia que preenche a consciência psicológica de modo tão complexo que é impossível rastrear o que se experimentou até chegar aos motivos originais. Isso pode até mesmo se transformar num jogo psicológico. Pegue uma folha de papel e, no centro, tome nota da emoção ou do estado de espírito desse momento. Reflita qual poderia ser o motivo para ele, anote-o no papel e faça um círculo em volta. Uma linha reta liga as duas coisas. Qual poderia ser a causa disso? Lembramos cada vez mais, até que depois de pouco tempo a folha de papel está repleta de anotações. Os diversos fatos psicológicos preenchem o papel como uma rede. As dependências nos confundem, embora as listemos umas após as outras.

O grau de dificuldade em reconhecer as próprias emoções tem duas causas: nós quase só sentimos emoções combinadas e as interpretamos segundo a nossa própria compreensão como uma única emoção. Não confiamos nos muitos testes e questionários da psicologia em que todos são unânimes na atribuição de numerosas perguntas para fatores isolados. Isso também constitui uma prova para o fato de que não é fácil reconhecer corretamente nossas próprias emoções.

A inteligência emocional é uma coluna que tem de sustentar muitas emoções. Goleman vê nela certa aptidão de reconhecer o que sentimos. Se para tanto precisamos de uma aptidão, isso significa também que não temos essa capacidade. Mas também significa que temos de adquiri-la por meio do treinamento e do aprendizado. Quem reconhece a causa de estar tão mal-humorado hoje dispõe de uma megaemoção — o reconhecimento dos condicionamentos do atual mau humor. Esse reconhecimento, entretanto, é também a parte mais difícil. Com freqüência, as emoções e os estados de espírito se disfarçam, colocam máscaras. Nem todos conseguem perceber que aquilo que sentem em determinado momento é aborrecimento. Ou luto. Ou vergonha. Ou culpa.

Diante de um túmulo, às vezes podemos nos sentir bastante mal. Mas nem sempre trata-se de luto. Este pode incluir o sentimento de culpa diante do falecido. Ou pode ser o caso do pai que se exalta por causa da desobediência do filho, que pode ao mesmo tempo ter medo de que algo aconteça a esse filho, o qual, desobediente, atravessou a rua movimentada para pegar sua bola que lhe havia escapado das mãos.

Como vemos, os fatos de dependência funcional podem ser extremamente difíceis. Por isso, de certo modo, pode-se dizer que a exigência de Salovey de ficar consciente de suas emoções convida o leigo a dedicar-se à pesquisa das causas psicológicas.

Em 1988, Salovey respondeu afirmativamente à pergunta sobre se as emoções podem ser inteligentes. Todavia, foi mais longe ainda: a própria inteligência poderia se servir das emoções para ter uma vida bem-sucedida. Isso não só resulta no conhecimento das próprias emoções, mas levanta a questão prática de como se lida com as emoções para as transformar em ação. As emoções devem basear-se, de modo adequado, na autopercepção. Temos de aprender a nos acalmar ou a animar a nós mesmos. O medo e a depressão devem ser repelidos. Quem não sabe lidar com as emoções dificilmente terá sucesso na vida. Sempre se verá diante de emoções que parecem dominá-lo.

Podemos lidar com a vida emocional do modo como lidamos com os atos de calcular, escrever e ler? A aptidão de fazê-lo é a inteligência emocional. Segundo Goleman, trata-se de uma megaaptidão, pois a emoção é captada de modo reflexivo; portanto, não é mais emoção apenas. A capacidade de reconhecê-la olha o que está por trás dela. O prefixo grego "meta" aponta para o que está por trás. Quando ficamos conscientes das nossas emoções, temos meta-emoções. Elas mesmas, todavia, podem modificar o estado de espírito, reforçá-lo, abrandá-lo. É como na física nuclear. Uma observação sem preconceitos dos acontecimentos atômicos não é possível. A observação modifica o átomo.

O fantasma das experiências

Viver emocionalmente o que queremos viver?

Mesmo que a pesquisa pudesse provar que tudo o que é mental acontece na cabeça e que a avaliação emocional não pode ser excluída, isso não significa que a biologia defina o espírito. Há motivos para isso. O medo parece depender mais da produção de adrenalina, o aborrecimento, mais da produção de noradrenalina. Em última análise, porém, são as condições sociais e psicológicas que determinam se sentimos medo ou aborrecimento. Em estados de grande agitação, nos quais uma pessoa é capaz de fazer algo — por exemplo, correr ou cortar lenha — ambos os hormônios estão presentes no sangue numa proporção aproximadamente igual. Em estados de grande agitação, nos quais a pessoa não é capaz de fazer coisa nenhuma — por exemplo, quando serve de testemunha num tribunal, onde é obrigada a ficar numa posição passiva, simplesmente esperando o que vai acontecer e se algo vai acontecer — é apenas o nível de adrenalina que fica elevado.[6]

O córtex das glândulas supra-renais em leões tem uma concentração relativamente alta de noradrenalina. Isso poderia explicar a agressividade dos leões. Nos coelhos a coisa é diferente. Eles, como também os babuínos que vivem em grupos sociais, têm mais adrenalina no córtex de suas glândulas supra-renais. A distribuição de sangue diferente durante estados emocionais diferentes pode facilmente ser constatada. Pessoas que enrubescem estão com raiva. As que empalidecem têm medo. No caso da raiva, não só o rosto recebe mais sangue, como também a mucosa do estômago. No caso do medo, o fluxo de sangue para ambas as partes é diminuído. E como se sabe hoje, nesse caso as bactérias helicobacter-piloros do estômago acham um terreno especialmente favorável ao aparecimento de úlceras.

Quando a adrenalina é injetada nas pessoas em condições diferentes, a emoção que elas têm desse momento aumenta. Que tipo de emoção, todavia, é sentida pela pessoa depende de causas bem diferentes das fisiológicas. Se estiverem sentindo aborrecimento, este aumenta. Se no seu ambiente alguém estiver contando uma piada, elas também riem. As descrições dos estados emocionais vivenciados por elas dependem daquilo que elas acreditam saber a respeito das causas das emoções. Se são informadas de antemão a respeito do efeito do medicamento, elas se comportam exatamente como lhes foi dito. Mais importante é, portanto, o conhecimento das circunstâncias que levaram a essa emoção. A situação sócio-psicológica como um todo influencia o que vivenciamos e o modo como nos sentimos. Poder-se-ia dizer também que os fatos psicológicos são produzidos pelos fatos psicológicos manipulados de dependência funcional; mas, nesses casos, os primeiros é que foram manipulados.

O ato de ficar consciente das emoções traz em si uma dialética específica. Uma tradição parte do ponto de vista de que o tornar-se consciente abranda a intensidade das emoções. "Não se exalte", era a frase-chave dos filósofos estóicos. Era também a opinião de Epicteto. E ainda é a opinião de Daniel Goleman. Uma outra tradição vê no ato de tornar-se consciente uma força geradora das emoções. Nessa tradição encontram-se Pascal e Kant, e em nossa época, André Gide, quando diz: "A análise psicológica perdeu qualquer interesse para mim no dia em que compreendi que o homem sente o que imagina sentir. E daí até a suposição de que imagina sentir o que sente..."

"Qual deus sentiria a diferença entre o amor e o ato de imaginar que se ama? No campo das emoções, a realidade não diferencia o real do imaginado."[7]

É uma antiga tradição dos franceses questionar a realidade e a autenticidade das emoções. Isso chegou a tal ponto que o psicólogo da coletividade Charles Blondel declarou que as emoções imaginadas são reais. Para ele não faz diferença nenhuma se as emoções são imaginadas ou não. De qualquer forma, são reais. Segundo sua opinião, é em vão que perscrutamos nossa consciência individual, a não ser que antes interroguemos a sociedade e sua história.

"Tendo um grupo com sua língua, suas regras, suas convenções e seus modos de amar, podemos prever quais, de maneira geral, serão as emoções e os sentimentos de seus membros."[8]

O conceito de uma inteligência emocional surgido a partir da mentalidade norte-americana enfrenta o ceticismo europeu, que resulta de sua história cultural. O mesmo vale para um modelo de controle das emoções que resultaria em emoções positivas e em bem-estar. As emoções não podem ser tratadas do mesmo modo que os números e os objetos. Elas são algo especial, único, e é difícil captá-las. Talvez só possam ser entendidas por um espírito que disponha ele mesmo de imaginação suficiente para representar o jogo de inúmeras nuanças e a mistura das emoções. Quem chegou mais perto disso foram os poetas, não os psicólogos. Por isso, a emoção provocada em nós, por exemplo, por um drama de Shakespeare ou um romance de Dostoiévski é um treinamento emocional melhor do que qualquer treinamento de controle das emoções.[9]

A filosofia européia também pode contribuir para que adquiramos não só a consciência das nossas emoções, mas para que constantemente tenhamos em vista a insuficiência que resulta disso. Isso se aproximaria de Sócrates quando ele disse: "Eu sei que nada sei." O mesmo vale para nossas emoções. Contudo, não vivemos na Antigüidade, mas num mundo superpovoado, que se tornou menor pela rapidez da comunicação.

No mundo de amanhã, haverá populações imensas nas metrópoles e nas regiões de maior turismo. Sempre que há um aumento da população num lugar determinado, todavia, aumenta a validade das leis estatísticas. Os "desvios" dessas leis tornam-se cada vez mais insubstanciais. Quanto mais aumenta a concentração de pessoas em determinado lugar, mais prováveis se tornam as leis do comportamento, porque o contato entre as pessoas e o ambiente criado pelo homem nos determinam o comportamento, a vida pública bem como a privada. O indivíduo poderá agir e decidir cada vez menos. Cada vez mais, se adaptará às tendências. Haverá de comportar-se em vez de decidir. Quem vê nisso uma mensagem negativa de pessimismo cultural se engana. O comportamento freqüentemente é imitado; os psicólogos falam em "aprendizado por imitação". Alguém imita o comportamento de outrem porque quer ser como esse outrem. O comportamento sempre é algo ativo também. Neste momento, chega a notícia de que na Alemanha há a formação de grupos que organizam cursos preparatórios para o casamento, seguindo o princípio do TÜV* para carros. Eles verificam o potencial de conflito nos que vão se casar e querem saber mais a respeito. Isso indica uma responsabilidade cada vez maior entre a geração mais jovem, que dispõe de uma consciência psicológica relacionada com as emoções. Antigamente, nas brincadeiras infantis, as crianças aprendiam a imitar a realidade por meio de um aprendizado baseado na observação e na imitação. Ficaram familiarizadas com os problemas dos adultos porque freqüentemente todos moravam numa mesma casa e os avós diminuíam os conflitos. Agora, os próprios pais aprendem "brincando" a se exercitar no comportamento que equilibra as emoções. Os déficits emocionais que hoje se acham tão difundidos, a ponto de influenciar o desenvolvimento da personalidade, poderiam ser compensados por esses cursos de comportamento.

Desde os tempos primordiais, as emoções estão sujeitas a um código social. Nem a eclosão nem a provocação de emoções são autônomas. Dependem da cultura. Uma parte significativa da nossa "educação" consiste em aprender as circunstâncias nas quais sentimos e demonstramos emoções.

Em 1950, o psiquiatra norte-americano Jacob Moreno, oriundo de Viena, e que anteriormente fora ator, fez palestras com encenações práticas na República Federal da Alemanha. Chamou pessoas do público, aleatoriamente, e as animou a assumir um papel proposto por ele. Foi a hora do nascimento do psicodrama, com o qual ainda hoje podemos aprender muito.

O psicoterapeuta norte-americano Carl Rogers praticou um método semelhante nas conversas com seus clientes. Ele propunha que na política também só poderiam expressar sua opinião no parlamento aqueles que antes houvessem reproduzido sucintamente a opinião do seu adversário, contanto que este

---

* Serviço de avaliação técnica obrigatória para os carros em circulação na Alemanha (N.T.).

confirmasse o que havia dito. Dessa maneira, os mal-entendidos seriam minimizados e as "explosões" emocionais evitadas.[10]

A autopercepção é algo bom?

Em que pé está, portanto, a autopercepção das emoções? É bom lembrar que desde o início a psicanálise e a psicoterapia colocaram as emoções no centro de seus esforços psico-higiênicos supostamente de cura. Ficou bem claro que a instrução não atingia nem modificava as emoções. Outras técnicas, não racionais, tinham de ser encontradas para libertar as pessoas das perturbações espirituais que, todas elas, tinham sua causa numa vida emocional desequilibrada. Isso estava ligado ao fato de que a autopercepção ficava sujeita a muitos equívocos e, por isso, não podia ser sustentada como uma exigência dirigida à própria pessoa.

Eis aqui o ponto fraco do modelo de Salovey e de Goleman. Pois depara-se com a dificuldade de aceitar os próprios erros na autopercepção ou de corrigi-los a partir do exterior, o que equivale a supor que a autopercepção não pode ser realizada só pelo *self*. Por outro lado, este último ponto também constitui um dos aspectos positivos do modelo, pois exige ajuda de fora, treinamento, cultivo e formação das emoções.

Há dois caminhos para lidar com isso. O primeiro foi seguido por Epicteto. Menciono-o novamente, não por tratar-se de uma grande figura da história da filosofia, mas como um tipo humano cujo padrão sempre segue a mesma trilha. Ele não se cansa de louvar a filosofia estóica, que diante das emoções tem uma postura não só de desconfiança, mas de desaprovação. Quem segue essa filosofia se acalma. Ela se insere entre o motivo e a emoção, com a consciência de que ocorre exatamente o que foi previsto por Goleman: a atenção modifica a emoção.

Quando na antigüidade o escravo Epicteto foi espancado por seu senhor, conta-se que ele disse: "O senhor vai quebrar a minha perna!" Quando o senhor realmente quebrou-lhe a perna, Epicteto observou calmamente: "Eu não lhe disse?" Mas será que essa filosofia pode funcionar num mundo diferente da sociedade dos estóicos, que não dispõe de pessoas que se comportam à maneira de Epicteto?

A conscientização das emoções, que renuncia à interpretação acerca do motivo, do objetivo e do objeto, enfraquece a emoção. Se alguém está com raiva do outro, dificilmente se pode esperar que a raiva seja diminuída. Mas se ele compreende mais claramente, por causa do treinamento, que é raiva que está sentindo, ganha uma liberdade maior para desfazer-se da raiva. No fundo, é esse o ensinamento da Stoa. Na verdade, ela desemboca num tipo de ensino de psicologia que depende, todavia, da experiência de si mesmo e não da instrução do ensino convencional. Portanto, devemos nos perguntar se o convite de levar a sério a autopercepção das emoções não leva a "deitar fora a criança junto com a água do banho".

Como deve ser a percepção das próprias emoções? Como devemos lidar com ela? Como compreendê-la, para nem falar em tirar proveito dela?

Goethe expressou dúvidas acerca da possibilidade real de um autoconhecimento psicológico. Tanto assim que, no nosso século, o verbete autoconhecimento desapareceu de quase todos os dicionários de psicologia. Na psicanálise, entretanto, ganhou a função da análise de aprendizado. Mas isso era válido apenas para a prática da psicanálise, e de maneira nenhuma para todas as pessoas. A falta de autoconhecimento levaria a avaliações errôneas entre as pessoas e, por isso, causaria a desgraça na convivência.

Não se pode excluir o perigo de se iludir a si mesmo. Mas ele pode ser reduzido quando a pessoa se entrega à orientação dos especialistas.

O fato de esse problema ter sido identificado e popularizado no final do século XVIII está relacionado com o desenvolvimento, que se iniciava naquele tempo, de uma consciência psicológica com motivações culturais. A questão acerca do significado do autoconhecimento e das possibilidades do autoengano transforma-se em tema central no trabalho do primeiro psicólogo prático da nossa sociedade, Karl Philipp Moritz. Os dez volumes da revista de psicologia que fundou, a primeira em língua alemã, *Magazin zur Erfahrungsseelenkunde* [*Revista para a Psicologia da Experiência*], giram constantemente em torno da questão do autoconhecimento emocional.[11]

Parece que o conhecimento das próprias emoções é um objetivo ideal que só pode ser atingido por poucos.

Emoções básicas

Rio de Janeiro, 1980: futebol no estádio do Maracanã. Pergunto a João Saldanha, o ex-treinador da seleção nacional brasileira, como ele sente o futebol. Sem titubear, ele responde:

"Elegante, explosivo, alegre, desembaraçado, pulsante, apaziguador, triste, nervoso, sensual, aborrecido, confiante, tedioso, maldoso, amoroso, agressivo..."

Uma enxurrada de adjetivos emocionais jorrava-lhe da boca, da alma.

"Os alemães", diz logo em seguida, "jogam de modo anguloso, planejado, enérgico, militar, rígido, mas imponente e forte quanto ao condicionamento físico."

Quem pergunta a professores de psicologia quantas emoções existem, vai ouvir bem menos do que as expressadas na lista de Saldanha.

Existem apenas poucas emoções básicas. Todas as expressões emocionais vivas são combinações. Mas há um número infinito de combinações. Essa é a convicção de quase todos os pesquisadores que estudam a classificação das emoções. Também o neurologista Antonio Damasio supõe que haja apenas poucas "emoções universais". Inatas ao homem seriam a felicidade, a tristeza, a raiva, o medo e o nojo, portanto, cinco emoções básicas. Todas as outras emoções seriam "misturas de cores", variações das "Cinco Grandes".

O medo era desconhecido antes da época moderna. O homem de antigamente tinha receio, mas pouco medo. Praticamente não usava esse conceito. Nós, no entanto, estamos em situação diferente. É novo o medo do câncer, das catástrofes dos reatores nucleares e dos danos ao meio ambiente. Com a esperança, acontece o contrário. A Antigüidade viu nela algo negativo, já que ela mantinha o futuro aberto; tendia-se mais para o determinismo. O destino e os deuses — não nós — manteriam o futuro em suas mãos. Nos dias de hoje, para nós o futuro não é algo predeterminado, mas algo que depende de nós. Depende do modo como queremos tratar dele. A totalidade das imagens da humanidade e do mundo, a "visão de mundo", gera as emoções básicas.

A Damasio devemos o impulso de submeter a uma verificação todas as nossas imagens a respeito das emoções. A teoria das emoções, que ele está elaborando, parte do suposto de que o contato com as próprias emoções é o fundamento para todas as decisões, as pequenas e as grandes, que tomamos na vida. Assim, as emoções não são um suplemento, e muito menos põem a vida em perigo ou a estorvam. É possível que ainda escapem à ciência com suas medidas exatas; mas são a parte mais importante em relação ao que chamamos de *ratio*. Se quisermos compreender nossa consciência, temos de procurar a chave nas emoções.[12]

Nestas últimas semanas, perguntei várias vezes às pessoas que encontrei se queriam me fazer um pequeno favor. Deveriam me dizer as emoções mais importantes. Eu queria saber quais eram as experiências básicas e o conhecimento fundamental das pessoas quando se trata de emoções. O resultado não foi muito surpreendente. Ninguém perguntou o que se entendia por emoção. Todos sabiam do que eu estava falando. Embora nenhuma das pessoas pudesse recorrer a um conhecimento aprendido, mencionaram sobretudo as emoções mais importantes: medo, confiança, alegria, pânico, assombro, pavor, curiosidade, ira, tristeza, raiva, nojo, surpresa, amor. Todos aqueles a quem perguntei também podiam indicar como a pessoa se comporta quando está tendo uma dessas emoções. No caso do pânico, fugimos; na tristeza, temos lágrimas nos olhos; na aversão e no nojo, temos vontade de vomitar; e na alegria queremos abraçar o mundo inteiro. Alegria e tristeza encontramos na televisão, na nossa família, nos vizinhos. Nada nos é tão familiar quanto as emoções.

Nos exemplos aleatórios colhidos tanto na Nova Guiné como no Chile, na Argentina, no Brasil, nos Estados Unidos e no Japão, os membros dessas culturas, que em parte ficam bem distantes umas das outras, tiveram uma relativa facilidade para avaliar as emoções corretamente. As emoções mais comuns também puderam ser identificadas com mais freqüência. A felicidade, a tristeza, a raiva, o medo, a surpresa, o nojo e o desdém apresentaram um nível de acerto muito alto. No caso da felicidade, a média era até de 94,4%.[13]

Nesse contexto, precisamos mencionar também que crianças de dois anos de idade já dispõem da maior parte das emoções humanas, afinal, bastante complexas, e reagem às emoções das outras pessoas. Provavelmente, só elas diferenciam essas emoções básicas. Com dois anos, ainda têm uma quantidade limitada. Quando um recém-nascido sorri, trata-se de um reflexo de seu estado de espírito. Mas o primeiro sorriso com seis semanas já indica relações com o ambiente e reações a ele.

"Com o desenvolvimento da reação emocional 'alegria', a reação motora do sorriso é controlada pela emoção", diz Jens Asendorpf, cujo livro *Keiner wie der Andere* [Ninguém é Igual ao Outro], publicado em 1988, analisou os mecanismos do controle emocional na sua dependência da disposição natural e do ambiente. O sorriso agora já é controlado por centros diferentes do cérebro. O primeiro sorriso dirigido à mãe é, assim, a primeira expressão de inteligência emocional que agora passa a se diferenciar cada vez mais. Mas isso não só acontece através do amadurecimento, mas também por meio das relações com o ambiente humano. Elas têm uma influência decisiva sobre o desenvolvimento de uma inteligência emocional.

Existem aproximadamente seis emoções diferentes. Mais tarde, aumenta a diferenciação, mas ela sempre se reduz às emoções básicas. É como se depois do nosso nascimento seguíssemos o caminho de baixo para cima, ou seja, das emoções elementares em direção às emoções superiores. Estamos tão familiarizados com esse processo, que não chegamos a pensar se não seria possível também descobrir emoções como antigamente descobrimos as leis físicas.

É claro que é mais difícil distinguir as emoções fracas do que as fortes que são muito mais parecidas entre si do que as que estão muito distantes umas das outras. A princípio, temos que supor oito emoções qualitativamente diferentes: medo (pânico), ira (raiva), êxtase (alegria), mágoa (tristeza), consentimento (confiança), aversão (nojo), curiosidade (expectativa), assombro (surpresa).[14]

Podia-se continuar assim para chegar a uma imagem da ampla base das nossas emoções. Mas, mesmo assim, a esse respeito a ciência não nos pode oferecer nada que seja incontestável. Depois de cem anos de pesquisa, não temos nenhum conhecimento sólido daquilo que se passa dentro de nós quando choramos, rimos ou sentimos medo. É estranho!

Eu gostaria de apresentar algumas experiências que devem mostrar como escapar desse beco sem saída. O psicólogo canadense J. Bassili trilhou o seguinte caminho: modificou os procedimentos usuais na psicologia, que mostram às pessoas que estão sendo testadas fotografias nas quais se vê a expressão de uma emoção. Mesmo no caso dos rostos mostrados bem rapidamente, não temos dificuldade nenhuma em reconhecer as emoções expressas. Bassili, entretanto, introduziu o movimento na experiência, apresentando filmes, portanto, traços e rugas no rosto que se moviam através da técnica de fotografias fixas projetadas umas depois das outras. Ele descobriu que as imagens com movimento são superiores às imagens fixas no que diz respeito ao reconhecimento das emoções por outras pessoas. Isso não é nada surpreendente. Mas a experiência foi disposta de modo tão criativo, que vale a pena falar mais um pouco dela.[15]

Atores foram treinados para expressar seis emoções: felicidade, surpresa, tristeza, nojo, raiva e medo. Em seguida, seus rostos foram pintados de preto e cobertos com vários pontos brancos de modo aleatório. Numa tela bastante escura e com contrastes fortes só se via os pontos brancos. Atores estão acostumados a serem maquiados antes de uma apresentação. Também estão acostumados a expressar suas emoções através da mímica e dos gestos. Como era de se esperar, as pessoas testadas sentiram dificuldade em identificar as emoções nos rostos maquiados de preto quando eles não se mexiam. Mas, ao contrário de todas as expectativas, revelou-se nos filmes que a surpresa é uma emoção básica. Todos a reconheceram. Mas isso só era possível quando os rostos se mexiam. Isso porque a velocidade do movimento mímico é o indício decisivo para a sua identificação.

As mulheres conseguiram resultados melhores do que os homens. Elas reconhecem as emoções melhor e mais rapidamente. A parte inferior do rosto era decisiva quando se tratava da felicidade ou do nojo; a superior, quando era representada a raiva ou o medo. No que diz respeito à surpresa e à tristeza, não fazia diferença qual parte do rosto era mostrada.

Esse jogo de adivinhação também pode ser transformado em outro. Pega-se o lado esquerdo do rosto e complementa-se com o direito de modo invertido. Em seguida, toma-se o lado direito e forma-se uma imagem composta de dois lados direitos. O que vemos? E, sobretudo, como reagimos?

Quanto à dominância hemisférica, há muitas possibilidades de interpretação.

Pode-se imaginar que experiências desse tipo são usadas, à maneira de jogos, com crianças em aulas modernas nas escolas que levam as emoções em consideração. É que, desse modo, é possível transmitir às crianças mais informações sobre suas emoções. Elas fazem suas próprias contribuições, pois ficam muito motivadas em jogos como esse. Também há brincadeiras que trabalham com números. Por que não, então, outras brincadeiras com expressões faciais, seguindo o lema: vejo algo que você não vê?

Mas uma tentativa desse tipo continua sendo bastante artificial, embora já ofereça certo esclarecimento a respeito da inteligência de que dispomos quando reconhecemos as emoções de modo seguro e rápido.

Sabemos há muito tempo que somos muito inteligentes no que se refere à avaliação de uma fisionomia. Numa fração de segundos reconhecemos uma pessoa conhecida. Mas não é possível dizer como a reconhecemos tão rapidamente. E no caso de pessoas que não conhecemos, identificamos com grande rapidez qual o seu estado de espírito.

O *Time-Magazin* publicou um livrinho com a reprodução de todas as fotos de capa desde 1926, portanto, mais de três mil e quinhentos rostos. Em poucos segundos, reconhecemos as personalidades da vida pública com que estamos familiarizados, embora estejam impressas apenas do tamanho de um selo e, freqüentemente, de modo estilizado. Isso também é um jogo que é capaz de nos surpreender.

Imaginemos, entretanto, uma outra situação: estamos dirigindo na estrada a 120 quilômetros por hora; portanto, não depressa demais. Diante de nós, a uma distância adequada, há um outro carro de passeio. Mas ele anda devagar demais para o nosso gosto. Queremos ultrapassá-lo. Mas quando nos preparamos para fazer isso, o outro acelera. No mesmo instante, vemos no espelho retrovisor um outro carro que se aproxima em grande velocidade, de modo que em breve ele terá de frear para não bater na traseira do nosso carro. Nós pisamos no breque a fim de voltar para trás do primeiro carro. Mas, num piscar de olhos, o acidente acontece. O outro sai da pista e pára do lado direito da estrada, sem sofrer danos. Molhados de suor e cheios de medo, vivemos, nesses últimos segundos, emoções que normalmente não temos nem numa semana inteira. Temos uma sensação horrível no estômago, uma pulsação que chega até a garganta, e paramos também. Porém, em poucos segundos, nosso medo se transforma em aborrecimento e, em seguida, em raiva. Esta acarreta conseqüências dramáticas. Saímos do nosso carro e avançamos em direção ao outro. "Esse idiota vai se ver comigo. Simplesmente acelera quando eu quero ultrapassar." Chegando perto do outro motorista, vemos que ele está sangrando no rosto. Ele bateu a cabeça no espelho retrovisor. De repente, sentimos culpa. Novamente nosso comportamento é ativado e com isso as emoções mudam radicalmente. Queremos prestar socorro e procuramos um telefone para chamar uma ambulância. Pode ser que ainda balbuciemos sem jeito: "O senhor se feriu seriamente?" Não são mais as emoções egoístas que contam, mas as altruístas. Cuidamos do outro.

Ninguém duvida que em pouquíssimo tempo passamos por uma verdadeira montanha-russa de emoções vividas intensamente. Elas estimularam reações fortes em nós. As emoções, por sua vez, dependiam do que fizemos e vimos. Não podemos dizer se as emoções foram a causa do nosso comportamento ou se, ao contrário, foram a conseqüência dele. O que vem primeiro? A excitação, a imaginação, a percepção? Ou as reações já fazem parte da emoção?

Esse exemplo nos ensina duas coisas: numa situação como essa, não somos donos dentro da nossa própria casa. Nossa inteligência, que ordena nossas emoções, não funcionou. E em segundo lugar: não somos capazes de descobrir exatamente o sistema de relações entre comportamento, emoção, motivação e reação, para não dizer que também não temos tempo a fim de nós mesmos observá-lo. Nossa atenção é desligada.

O que Goleman diria agora? Teria sido possível aplicar nossas emoções de modo adequado? Teríamos tido técnicas para acalmar a nós mesmos?

Teorias das emoções

Há duas teorias opostas sobre a causa das emoções. Já há cem anos, dois psicólogos, sem se conhecerem, chegaram à mesma conclusão. William James, de Harvard, e Carl Lange, da Dinamarca, que estavam muito bem informados a respeito da fisiologia daquela época e aplicavam as categorias fisiológicas também às teorias psicológicas, afirmaram que não choramos porque estamos tristes, mas que estamos tristes porque choramos.

"O bom senso nos diz que estamos tristes e choramos, porque perdemos nossa fortuna. Encontramos um urso, assustamo-nos e fugimos. Somos ofendidos por um rival, ficamos com raiva e batemos nele. Minha teoria é diferente: As mudanças físicas seguem-se imediatamente às percepções. Nossos sentimentos diante dessas mudanças são as emoções. Sentimo-nos tristes porque choramos; ficamos com raiva porque batemos; sentimos medo porque trememos. Não choramos ou trememos porque estamos tristes ou com medo." Essa era a opinião de William James há mais de cem anos.[16]

A outra teoria diz que os estados emocionais são provocados pela excitação fisiológica no organismo, pela situação que poderia ser excitante e por fatores cognitivos que interpretam o próprio comportamento. Reações fisiológicas que a pessoa em questão nem reconhece como conseqüência de uma causa física, como, por exemplo, de uma droga, levam à percepção de uma forma de excitação emocional. A forma específica, entretanto, assumida pela excitação — todas as emoções, do aborrecimento à felicidade — seria determinada pela situação social. Quando se está numa situação que causa aborrecimento, um medicamento excitante aumenta o aborrecimento. Quando a situação nos oprime e deprime, o medicamento excitante aumenta o medo. A excitação fisiológica, momentos que dependem da situação e de fatores cognitivos determinam as emoções que temos. Essa é a teoria de Schachter e Singer. E ela ainda é reconhecida, embora já tenha mais de trinta anos.[17]

Goleman admite que uma percepção das emoções em nós e nos outros é suficiente para eliminar as reações indesejadas. Que interpretamos estados emocionais baseando-nos em mudanças fisiológicas é um fato explorado pelas pessoas que trabalham com propaganda. Nos supermercados, nossos olhos crescem. Quem observa os clientes atentamente pode tirar conclusões valiosas a partir de suas reações fisiológicas. Alguns só saem do transe quando estão diante da caixa registradora, quando ouvem o tilintar e sabem que chegou a hora de pagar.

Outros pesquisadores dão mais ênfase aos aspectos cognitivos. Quando avaliamos uma situação como sendo ameaçadora, por exemplo, achando que não seremos mais atendidos numa fila de espera, decidimos qual é a melhor maneira de lidar com a situação. As reações emocionais surgem devido à falta de esperança e à existência de uma chance. Dependem, portanto, da combinação e da interação dos processos. Logo, as reações fisiológicas seriam apenas produtos secundários, não a causa da experiência emocional. Quando não existe mais nenhuma chance, desistimos. Não há mais agitação emocional. Tripulações de submarinos que foram salvas como por milagre relataram mais tarde que não houve pânico a bordo, mas calma absoluta: "Não havia mais nada a fazer!"

Os grandes e os pequenos aborrecimentos

Segundo informações do Ministério Federal de Pesquisa, os problemas de circulação e infarto não diminuíram entre os alemães. Um em cada dois acaba morrendo por isso. Entre os fatores de risco está, ao lado do fumo, da obesidade, do colesterol alto, da pressão arterial alta e da falta de exercícios físicos, o aborrecimento. Só raramente há mudanças orgânicas muito tempo antes da morte por infarto. Na maioria dos casos, não existia causas orgânicas que pudessem ser detectadas a tempo.

No entanto a agitação, a impaciência, a agressividade reprimida, a motivação extrema para ter um bom desempenho e a pressão por causa de prazos ficam visíveis na maneira de falar e na expressão facial da pessoa.

O principal problema parece ser a maneira como lidamos com o aborrecimento cada vez maior. O alerta de Goleman é o de que você precisa tomar consciência do seu aborrecimento e identificá-lo como tal. Bom! Mas isso não pode ser feito sem mais nem menos. A irritação, a agressividade, a hostilidade, a tensão e o mal-estar geral, físico e espiritual, são as causas possíveis de outros fatores de risco como, por exemplo, a pressão arterial alta.

O aborrecimento pode ser um estado anterior que leva à agressividade. Mas o aborrecimento também pode gerar a criatividade. Nos primórdios da evolução, ele foi o motor que movimentava os comportamentos. A agressividade, por sua vez, é diferente da hostilidade. Trata-se de um ódio momentâneo que quer acabar com o objeto ao qual se destina esse ódio. Nenhuma agitação, nenhuma emoção foi tão estudada pelos psicólogos como o aborrecimento. Já há uma literatura bem volumosa a respeito desse assunto. Ela trata da arte de lidar com o próprio aborrecimento.[18]

Há quatro causas que provocam o aborrecimento. São elas: a frustração, a irritação, a provocação e a injustiça. Elas podem ser muito bem estudadas nos jogos de futebol. Torcedores como os *holligans* ofendem os adversários a fim de irritá-los. Esbarram e batem neles, empurram-nos para provocá-los. Quando o seu time perde, a culpa é dos árbitros. Eles protestam contra a injustiça e tomam partido ateando fogo nas coisas ou sob o efeito de suas emoções "inflamadas".

Também todas as outras coisas que se passam pela nossa cabeça podem causar aborrecimento e raiva. Quando relembramos uma infância sofrida no passado, tendemos a dar atenção não à lembrança que vem à tona, mas ao que novamente gera aborrecimento. O aborrecimento tem uma função importante. Ele fornece energia, fornece o combustível para as discussões. O aborrecimento é um sinal de que algo não está bem. É um chamado para equilibrarmos as coisas. Também é um aviso para as outras pessoas de que talvez estejamos precisando de ajuda. Comunicamos algo negativo mostrando o nosso aborrecimento. O aborrecimento também pode dar uma sensação de controle. Ele pode ter um efeito destruidor sobre nós. A língua diz que nós nos aborrecemos, não aborrecemos só aos outros. Podemos prejudicar a nós mesmos. Tentamos nos justificar e defender de modo inadequado, para não mencionar o fato de que não conseguimos ter nenhum pensamento claro. Procuramos a culpa nos outros e os atacamos. Em sua origem, o aborrecimento é apenas uma arma de ataque que assegura a vida, independentemente das perdas que podem ocorrer nesse processo.

Entre o aborrecimento e a agressividade há uma ligação que merece uma atenção psicológica especial. Ficamos aborrecidos e descontamos nossa raiva em alguém que não tem nada a ver com ela. Há oradores talentosos que levam milhares de pessoas à excitação porque as atraem para o caminho errado.

Enquanto o medo prepara o organismo para a fuga, o aborrecimento prepara-o para o ataque. As mudanças bioquímicas, que acontecem através do metabolismo dos hormônios, levam todos os órgãos a uma situação de emergência. O homem dos primórdios tinha que agir rapidamente para vencer os perigos.

É bastante difícil controlar os impulsos do aborrecimento. Isso tem a ver com a evolução e com a capacidade de direcioná-lo. Para os primeiros homens, o aborrecimento era importante. Ele os fazia agir. Inicialmente, ocorria tão logo algo fosse tirado de um homem, ou que alguém se lhe opusesse. Sobrevinha o aborrecimento quando alguém achava que tinha razão. A primeira reação sempre foi — e continua sendo — a de o organismo liberar a energia necessária para alcançar seus objetivos. As catecolaminas são jogadas na corrente sangüínea. São neurotransmissores que nos ativam. Mas, se uma pessoa já está sofrendo de *stress*, o limite da liberação das catecolaminas é bastante baixo. Por isso esse homem pode "explodir" se chegar em casa e tiver mais uma contrariedade: pode ser uma carta do Ministério das Finanças, o boletim escolar ruim do filho ou a comida queimada.

Dar vazão a tudo para se libertar é um mito, como a ciência pode demonstrar. Isso só acarreta mais aborrecimento. Não se pode falar em catarse. O aborrecimento produz mais aborrecimento, o que gera um círculo vicioso. Uma quantidade cada vez maior de energia alimenta o aborrecimento. Há pessoas que querem se livrar de seu aborrecimento seguindo esse mito e acabam tendo um ataque histérico. O corpo precisa encontrar uma possibilidade pacífica para terminar sua produção especial de catecolamina. Por isso, hoje em dia se vê uma solução melhor nas assim chamadas estratégias de superação. No exército geralmente havia, e há, uma regra que diz que só se pode fazer uma queixa a respeito de um superior após ter dormido uma noite depois do respectivo acontecimento. Passado esse tempo, normalmente não há mais aborrecimento. E não surge outro por causa da queixa.

Durante muito tempo a psicologia achava que golpes do destino faziam o homem adoecer. A perda do cônjuge, a falência da própria empresa, uma cirurgia difícil, dívidas... mas essa imagem foi corrigida. Os acontecimentos graves da vida nem sempre provocam doenças. Isso acontece por causa do acúmulo dos pequenos aborrecimentos. Perder a carteira, esperar por um táxi que não chega, os atritos com os filhos adultos, um problema no carro no pior momento possível — esses são os fatores que causam nosso nervosismo. O aborrecimento diário influencia nosso humor. É por isso que temos de aprender a lidar com os nossos humores para não ficarmos à sua mercê.

A pesquisa já mudou seu rumo há vinte anos. Grande parte do *stress* é causado pela tensão constante e desgastante da nossa vida quotidiana. A freqüência, a intensidade e a duração estão intimamente ligadas. Tudo depende da importância que cada um confere a esses fatores. Quando a pessoa os leva muito a sério, sua relação com as outras pessoas é prejudicada. É nesse momento que começa o verdadeiro *stress*. Nós não aprendemos a lidar com os relacionamentos humanos entre as pessoas que resultam disso. O *stress* não está na pessoa nem na situação, ele é o resultado das duas. O que importa é a avaliação e a superação da situação.

Richard Lazarus, pesquisador norte-americano que se dedica a estudar o *stress*, descobriu que são os pequenos atritos quotidianos que nos enfraquecem. Por isso, nossa saúde depende em grande parte de desenvolvermos um estilo de vida correto. Há chefes que acreditam que devem dar vazão a seu aborrecimento e gritar com os colaboradores quando estes fazem algo errado. Infelizmente, ainda não se confirmou a teoria de que devemos permitir-nos algo agradável a fim de podermos lidar com os conflitos quotidianos. Acontecimentos positivos não podem servir como "pára-choque" no que diz respeito ao efeito dos acontecimentos. A alegria do dia-a-dia não é nenhum remédio contra os aborrecimentos. Portanto, só nos resta enfrentar nossos próprios aborrecimentos.

Quando se trata de aborrecimento, as pessoas têm sua própria teoria. Nesse campo, como em nenhum outro, todos parecem ser psicólogos. Dizem que o aborrecimento deve ser reprimido ou que deve ser expresso impreterivelmente. "Explodir" seria muito importante. Ou, ainda, que deveríamos aprender bem cedo na vida a não deixar nada transparecer. Também há filósofos que defenderam esse ponto de vista. O escravo Epicteto pregou a equanimidade e ensinou a aceitar as emoções com calma. O imperador romano Marco Aurélio concordava com ele. "Homem, não te aborreças!", anunciou, como se de manhã até a noite só ficasses batendo na mesma tecla.

Dizem que é a imaginação que ativa o aborrecimento. Portanto deveríamos reconhecer a função dessa imaginação. Desse modo conseguiríamos um estilo de vida mais tranqüilo. Referindo-se a Stoa, o poeta romano Horácio elogiou a postura que nos torna aptos a manter a compostura: *"Nil admirari"* significava, para ele, a avaliação certa da situação baseada na independência interior.

O estoicismo como escola filosófica continua vivo até hoje. Robert Eliot, estudioso norte-americano do *stress*, recomendou em 1984 a todas as pessoas que seguissem duas regras: 1. Não ficar contrariadas por besteiras. 2. E pensar que só existem besteiras. Quando você não pode lutar ou fugir, nade na direção da correnteza.

A Stoa também está viva quando, por exemplo, o psicoterapeuta Albert Ellis atende, em Nova York, no seu instituto em Manhattan e diariamente toma café com muitas pessoas, quando aproveita para acabar com a visão de mundo comum dessas pessoas, visão que as faz ficar aborrecidas sem necessidade. Em 1988, visitei Ellis em Nova York. Ele choca as pessoas com sua filosofia. Ele provoca nos clientes reações que são irracionais, mas que eles usam como argumentos racionais. Nesse caso, Ellis continua questionando os porquês, até que dos "argumentos" não sobre nada. Finalmente, os clientes reconhecem que freqüentemente têm reações inadequadas. A secretária havia me anunciado. Pedia que eu subisse a escada que leva ao consultório. Bati na porta. Uma voz gritou lá de dentro: "Entre!" Quando entrei na sala, Ellis estava deitado num sofá — é isso mesmo, ele estava deitado num sofá — e não disse nada. É que estava deitado comendo espaguete. Comecei a falar. Ele não disse nada. Depois de cinco minutos eu não tinha mais nada a dizer. Pensei que estivesse diante de um louco. Mas era Albert Ellis em pessoa, o psicoterapeuta vivo mais conhecido dos Estados Unidos.

Seus ensinamentos são relativamente simples: as pessoas vivem mal porque se justificam e buscam razões que não passam de desculpas para elas mesmas. Nessa questão elas não podem ter apoio. Deve-se fazer com que elas mesmas caiam na armadilha, que cheguem a ponto de não saberem mais o que dizer.

Ellis rompeu com Sigmund Freud que, como muitos afirmam, punha a purgação das emoções no centro da psicanálise. Deveria ser uma catarse, um tipo de dogma da purificação para a alma.[19]

Outros psicólogos e médicos como Friedman e Rosenman descobriram o que chamaram de tipo A — já mencionado — que não só é facilmente contrariado, como também tem problemas de circulação porque sua pressão arterial sobe com muita rapidez. Ao mesmo tempo, é uma pessoa que não consegue reconhecer a sua verdadeira dependência psicológica em relação às suas emoções. Ela também tem uma teoria do aborrecimento para justificar seu comportamento, mas nunca estaria voluntariamente disposta a mudar. Em Nova York já existem consultórios especializados nesse tipo de pessoas. Mas o Dr. Steven Josephson, da 5ª Avenida, Centralpark, disse que só era visitado por pacientes que já haviam sobrevivido a dois infartos. E assim mesmo era difícil explicar-lhes que o que causou o infarto fora sobretudo sua maneira de lidar com o *stress*, o aborrecimento, a pressão do tempo e a agressividade.[20]

Numa propaganda na televisão norte-americana, vi, algum tempo atrás, um alpinista com uma mochila que estava em algum lugar nas Montanhas Rochosas. Ele fazia um grande esforço para escalar uma montanha. Mas então ele se virou, com um sorriso no rosto e disse aos telespectadores:

"Vejam, esse sou eu hoje. Uma pessoa feliz. Mudei meu estilo de vida. Passei por dois infartos do miocárdio; então, abandonei o que me fazia ficar doente. Era a pressa do cotidiano profissional, os eternos prazos que tinham que ser cumpridos, a luta na empresa contra os colegas insensatos e agressivos. Eu negligenciava minha família e só pensava em lucro e dinheiro. Mudei meu ponto de vista. Só como margarina Fleischman..."

Há mais por trás dessa propaganda do que notamos à primeira vista. Seu conteúdo baseia-se na pesquisa moderna que estuda as emoções que nos fazem ficar doentes, e a técnica usada para desenvolver, por meio de atividades físicas, as emoções que conservam a saúde. Em dez anos, a incidência de infartos nos EUA diminuiu em um terço.

Também entre nós o aborrecimento, ao lado da inveja, tornou-se um fator emocional elementar a ser combatido. Não podemos fazer isso apenas confessando psicologicamente que sentimos inveja e nos aborrecemos. São principalmente os contextos sociológicos e sócio-psicológicos que mantêm as emoções. Isso é mostrado por uma nova pesquisa. Uma pesquisa de opinião alemã sobre violência nas escolas, realizada por um grupo científico de Bielefeld, mostra o aborrecimento como questão central com relação à emoção. Pontapés, chantagens, pancadaria e molestamento sexual aumentaram nas classes da sexta à décima série. Embora a maioria das escolas tenham resolvido ignorar o assunto, elas sofrem com a sua própria reação. Trata-se, freqüentemente, de medo, mas, com mais freqüência ainda, de aborrecimento. Como em outros casos de delinqüência violenta, são apenas cerca de 1 a 3% que cometem violência psíquica e física. Mas o fato de dois entre três jovens não reagirem com surras, mas reagirem demonstrando aborrecimento, é algo novo. A sociedade virou um aborrecimento para eles.[21]

O *stress*

O cientista norte-americano Thomas H. Holmes teve uma idéia bem simples, genial na sua força de persuasão. E estudou o estilo e as mudanças de vida do homem moderno. Seu instrumento de pesquisa é uma escala para unidades de mudanças de vida. Com ela, ele pode determinar quantos acontecimentos e experiências decisivos foram vividos por uma pessoa num determinado espaço de tempo.

Ele começou com longas listas que mostravam mudanças, como a morte do cônjuge, a saída dos filhos da casa paterna, aposentadoria, construção de uma casa, mudança de domicílio, perda de amigos, ganhar na loteria, falência da firma, perda do emprego.

Holmes disse a si mesmo algo como: Reagimos fisiológica e emocionalmente às mudanças. Isso é indiscutível. Portanto, deve ser possível distinguir os acontecimentos importantes dos menos importantes. Para descobrir essa diferença, apresentou sua lista a milhares de norte-americanos e japoneses. Dependendo da avaliação, a cada acontecimento era atribuído um valor numérico. Holmes deu pontos às mudanças na vida que se revelaram importantes para todas as pessoas. A mudança mais drástica que pode acontecer na vida de uma pessoa é a morte de um cônjuge de muitos anos. Por isso, Holmes deu-lhe como índice o número 100. O aborrecimento com o chefe, por sua vez, recebeu 23; o divórcio, entretanto, 73 pontos; e a mudança de profissão, 36, para mencionar apenas alguns dos fatores que ele descobriu com a sua pesquisa.

O passo seguinte consistiu em apresentar essa escala de mudanças na vida a pessoas que, por algum motivo, tiveram que mudar seu estilo de vida. Ele comparou os resultados com o histórico de doenças dessas pessoas. Dessa maneira, foi possível relacionar as mudanças na vida do indivíduo, e de grupos inteiros, com os sintomas de *stress*, o medo do futuro e com os problemas de saúde e doença em geral.

Holmes reconheceu que a velocidade de vida e o estado de saúde têm certa relação. Quanto mais rápidas são as mudanças na vida, maior é a chance de a pessoa adoecer de alguma forma. Parece que há exigências demais com relação à sua capacidade de adaptação. Na pior das hipóteses, ela morre. A incidência de morte no primeiro ano depois da aposentadoria prova isso. O ponto crítico é atingido quando, por meio de um grande número de mudanças, se ultrapassa o valor de cinqüenta pontos. Essa é a hora de mudar o estilo de vida. É verdade que nem todas as pessoas são igualmente sensíveis ou estáveis. A gama de variações, entretanto, não é tão grande que os limites da resistência psíquica não possam ser pesquisados. Além do mais, as diferenças entre os diversos grupos sociais também são pequenas. Não importa se são negros ou brancos, japoneses ou índios — todos estão sujeitos à pressão da mudança. Mas há diferenças quando, por exemplo, ocorrem fatores isolados que mudam a vida radicalmente.

Numa pesquisa feita com 416 controladores de vôo nos Estados Unidos, Robert Rose, psiquiatra na Universidade de Galveston, descobriu que nem toda a pressão da vida profissional causa mudanças negativas, além do aumento da pressão arterial; em primeiro lugar está um descontentamento com a profissão. O descontentamento é algo destruidor; corrói a pessoa por dentro. Mas é também uma emoção que pode melhorar o seu desempenho.

"Colaboradores contentes são colaboradores satisfeitos. Os descontentes querem sair dessa condição. Por isso ofereço-lhes uma chance, e até hoje nunca me decepcionei", disse-me o proprietário de uma empresa conhecida que parecia ter boas intenções com seu pessoal. A alternância entre satisfação e insatisfação determinava também seu próprio estilo de trabalho, disse ele. E ele não estava infeliz com isso. No mundo não existe nenhum país chamado Cocagne. Se existisse, as pessoas logo iriam querer sair dele. Não seria possível viver nesse lugar.

Outro fator de *stress* que se tornou muito importante é a questão do desemprego. Estamos acostumados a ver dados estatísticos acerca dos que perderam ou irão perder seu emprego. Por trás dos números estatísticos, todavia, estão milhões de destinos individuais. O sociólogo Harvey Brenner, da Universidade John Hopkins, de Baltimore, conseguiu provar que com o aumento do desemprego em apenas 1% dos EUA, cresce, concomitantemente em 4,1% o índice de suicídios. Atrás desses números escondem-se estados emocionais muito difíceis. Se o desemprego se mantêm por um período mais longo a maioria das pessoas perde a autoconfiança e a identidade. Elas também se afastam de seus amigos. Experimentam a psicologia do exílio. Não fazem parte de mais nada. Sentem-se doentes. Sentem-se inúteis. Surgem estados de espírito semelhantes a quando um parente próximo morre. Freqüentemente ocorre depressão. Uns não querem continuar vivendo, outros começam a duvidar de si mesmos. A perda do emprego equivale a uma perda abrupta das relações sociais e dos horários organizados.

Neste momento, há uma carência de empregos no mundo ocidental. As empresas reduzem o número de seus colaboradores, os trustes despedem milhares de trabalhadores. Nesse momento, a inteligência emocional entra em ação. É claro que é muito mais fácil obedecer a um esquema predeterminado quando se tem de despedir pessoas. Recentemente, um grande agente de viagens da

Alemanha despediu uma funcionária que havia sido extraordinariamente bem-sucedida na área de vendas e serviços. O corte de empregos atingiu justamente ela. O motivo foi o fato de ela ter sido a última a entrar na equipe; portanto, trabalhava para a empresa há menos tempo que os outros. Esse princípio é bem diferente do vigente nos Estados Unidos. Lá não importa o tempo de serviço na firma, mas o desempenho. Para assegurar o emprego não há método melhor do que fazer o trabalho da melhor maneira possível. É fácil descobrir os melhores e os piores entre os empregados. Mas, quando a dispensa atinge os melhores, a empresa se enfraquece. As pessoas dispensadas, por sua vez, são prejudicadas pois deram o melhor de si. As conseqüências emocionais são óbvias.

Nosso organismo é organizado de modo a amenizar por si próprio os acontecimentos desagradáveis, tristes e pesados. Ele faz isso através dos assim chamados barorreceptores nas artérias. Eles trabalham como monitores. Quando a pressão arterial sobe, eles sinalizam ao coração que deve bater mais lentamente. A conseqüência é que a pressão arterial volta a baixar.

Mas descobriu-se atualmente que os barorreceptores, além dessa função, têm outra totalmente diferente. Também fazem uma escolha entre os acontecimentos que se precipitam sobre nós. Quando estamos sob grande pressão, eles nos anestesiam, como se tivéssemos tomado um calmante. Mas isso só é possível através de um aumento da pressão arterial. É que ela estimula os barorreceptores a exercer sua função anestesiante sobre o cérebro. Então não reagem mais com alarde aos estímulos desagradáveis.

Na sua origem, o *stress* é um mecanismo de proteção. Colocá-lo sob a proteção da inteligência emocional é importante por dois motivos. O mecanismo continua ativo e pode tornar-se perigoso para nós quando não lidamos com ele de modo correto. Por isso, segundo Goleman, a observação do *stress* é tarefa da inteligência emocional. Nossos ancestrais tiveram que observar seu medo. Havia uma função de advertência. O sangue corria para as pernas, o que possibilitava uma fuga rápida. Ao mesmo tempo, o medo imobilizava o corpo por um momento. Eles podiam pensar se deveriam fugir ou se fingir de mortos. O nojo impedia que eles comessem alimentos envenenados. No caso da surpresa, o mecanismo do *stress* cuidava que as sobrancelhas fossem levantadas rapidamente. O campo de visão era alargado. Eles obtinham mais informações porque a retina recebia mais luz. Todas as emoções eram importantes. Tinham um sentido biológico. Até mesmo o luto era de vital importância. O metabolismo ficava mais lento, a energia vital se enfraquecia. Inatividade e isolamento eram a conseqüência, mas protegiam o homem primitivo nessa situação; ele não morria de infarto.

Discute-se ainda se é razoável atribuir um valor cognitivo às próprias emoções. Elas continuam no nosso corpo e não podem ser evitadas. Mas o homem de hoje está sujeito a um conjunto de emoções. Para ele, reconhecer em si mesmo as emoções simples mas intensas não é tão fácil como era para o homem primitivo. Não podemos nos esquecer que reagimos ao que acontece com uma defasagem de tempo, tanto com relação ao passado quanto com relação ao futuro. Por isso, as reações rápidas foram substituídas por outras, cronicamente lentas, que não podem mais ser identificadas claramente. A pesquisa neurológica e a teoria da evolução descrevem padrões de comportamento relativamente simples, não tão complexos como os vividos pelo homem de hoje. Causa dúvida tanto o fato de esse comportamento afetivo simples poder ser transportado para o nosso mundo diferenciado quanto a possibilidade de transferência para o comportamento humano dos conhecimentos obtidos a partir das experiências com cobaias.

A inveja

Ao contrário das emoções que admitimos, a inveja faz parte das emoções que não são permitidas. Comparamo-nos tanto com outras pessoas, que é inevitável que de vez em quando cheguemos à conclusão de que o outro não merece o que tem ou exige. A inveja é uma emoção que foi transformada em tabu. Não podemos admiti-la, nem expressá-la. Mas todos conhecem a inveja, na maioria dos casos apenas como uma projeção sobre os outros. A inveja pode destruir qualquer relação. Ela se instala como um parasita.[22]

Quem constrói uma casa nova e convida as primeiras pessoas tem de levar em conta a possibilidade de estar convidando pessoas invejosas. Mas isso não é admitido por ninguém. Por isso, a inveja é a emoção que mais freqüentemente é transferida para uma outra emoção que não seja tabu, na maioria dos casos, o aborrecimento. Nas homenagens e promoções ocorre algo semelhante ao caso da construção de uma casa. Certamente há pessoas invejosas entre os colegas. A inveja surge como uma emoção mascarada com um rosto nu. A crítica pode ser uma forma de inveja. Mas todas as formas de depreciação também podem indicar inveja. Não existe nenhuma sociedade onde a pessoa invejosa possa esperar a compaixão dos outros, seja nas antigas culturas orientais, seja na moderna sociedade industrial. A inveja está ligada ao roer e ao devorar. A pessoa não a admite e é devorada por ela. Ela é proscrita. Hoje em dia, pode-se falar sobre tudo. Mas acusar a outra pessoa de ser invejosa significa o fim da relação. A inveja pode transformar-se numa ofensa mortal. Mas não é nenhuma emoção desconhecida.

Em *Widerstand und Ergebung* [*Resistência e Entrega*], Dietrich Bonhoeffer cita Giordano Bruno: "'A visão de um amigo pode provocar um estremecimento peculiar, pois nenhum inimigo pode trazer dentro de si algo tão horrível quanto este' — entende? Eu tento, mas na verdade não compreendo. Será que o 'horrível' significa o perigo da traição (Judas), inerente a qualquer proximidade humana?"[23]

Aqui não podemos desenvolver uma psicologia da inveja. Mas é muito importante que se reconheça, no exemplo da inveja, a dificuldade da tarefa de adquirir consciência de nossas emoções. Como a inveja normalmente surge só no caso em que um outro tem aquilo que a pessoa invejosa gostaria de ter, a análise deve começar com as próprias necessidades, os desejos e as posses. O objeto da inveja portanto tem que ter um significado pessoal para a pessoa invejosa. Entre o invejoso e o invejado também deve existir uma proximidade humana ou qualquer forma de relacionamento social. Neste sentido, o vizinho está correndo mais perigo do que o estranho que passa dirigindo um Jaguar. O colega de trabalho que herda 30.000 marcos da sua mãe corre mais perigo do que um filho da família Flick que herda centenas de milhões.

Quem ganha um milhão de marcos na Loto provavelmente perde todos os amigos assim que a notícia se torna pública. Quem tem inteligência emocional suficiente para reconhecer essa situação é forçado imediatamente a dissimular sua alegria. Não é uma dialética da emocionalidade, mas um jogo emocional sem ganhadores, ditado pela sociedade e para o qual ela exige sacrifícios. A alegria pode acabar com amizades quando ela trata do complexo da inveja. Enquanto o invejoso é forçado a alegrar-se pelo fato de seu amigo ter ganho na loteria — o que ele não consegue fazer — o ganhador tem de refrear sua alegria em público, o que certamente será difícil para ele.

Podemos admitir que Goleman, quando fala em "atenção", não tinha em mente uma análise filosófico-psicológica das emoções; ele quis apenas chamar a atenção para o fato de a inveja nascente receber a denominação correta e, assim, ter seu efeito reduzido. A consciência da inveja, portanto, já cumpriria a exigência de encarar as emoções. Não cabem aqui, todavia, as palavras de Aristóteles: aborrecimento no lugar certo, na hora certa, com relação à pessoa certa e da maneira adequada. Pois aqui exige-se a inteligência emocional que é incluída imediatamente numa análise ou classificação da inveja. Por que o carro novo do meu conhecido provoca a minha inveja? Por que não me agrada o fato de meu amigo, há algumas semanas, usar um caro relógio Rolex? Será que não é mesmo possível alegrarmo-nos com o sucesso e as conquistas de outras pessoas? Perguntas como esta não só são inevitáveis, como também nos obrigam a fazer as perguntas básicas: Quem sou eu? O que quero? Por que sinto inveja?

Quase não existe filósofo ocidental que não tenha também tomado posição a respeito das questões da ética, como por exemplo: Sócrates, Epicteto, Espinoza, Descartes, Kant, Hegel. No fim, todos eles tinham superado as próprias emoções. Mas para isso tiveram que levar uma vida que era "bem-sucedida" na renúncia e na auto-suficiência. Nem todos podem ser sábios. Mas, mesmo assim, somos capazes de fazer algo. O melhor remédio contra a inveja é um sentimento saudável e estável de valor próprio. Se me perguntar a respeito de uma inveja que está vindo à tona, se ela está baseada no meu sentimento de valor próprio, já dei um passo rumo a uma análise de mim mesmo que cura. Mas, não basta confessar a inveja a mim mesmo. Preciso ir mais longe e apelar à minha inteligência emocional que ponha um termo à ação psicológica no momento em que a auto-análise se transforma numa auto-observação latente que me enfraquece. Por isso, precisamos de muita inteligência emocional.

O filósofo alemão Immanuel Kant, na sua *Anthropologie in Pragmatischer Hinsicht* [*Antropologia do Ponto de Vista Pragmático*], fez algumas observações espirituosas. Com o intuito de dar de tempos em tempos conselhos práticos aos seus estudantes, todos os anos ele ministrava uma aula de psicologia. No início da aula semanal de duas horas de duração, muito apreciada pelos estudantes, Kant chamava a atenção para o fato de que a percepção das próprias emoções ainda não constituía uma observação das emoções. Esta última deveria ser evitada, pois levaria ao fingimento diante de si mesmo e dos outros. Amigos de Kant, citados por seu biógrafo Karl Vorländer (1924), disseram que isso era uma alusão a um seu conhecido. Com o ato de prestar atenção, todavia, seria diferente. "O ato de prestar atenção em si mesmo quando cuidamos de outras pessoas é necessário, mas isso não deve transparecer durante o tratamento; pois, senão, ficaremos acanhados ou afetados. O contrário é o desembaraço: a confiança que temos de que o nosso comportamento não é avaliado de forma negativa por parte do outro. Aquele que se comporta como se estivesse diante de um espelho ao se avaliar ou que fala como se [...] estivesse escutando sua própria voz é um tipo de ator. Ele tem a intenção de representar e cria uma aparência artificial da própria pessoa..."[24]

Portanto, já há duzentos anos, Kant descobriu que o sentimento de valor próprio e de autoconfiança é a verdadeira base para uma inteligência emocional saudável. Mas também reconheceu os perigos que estão por trás da utilização da inteligência emocional. E já naquela época apontou para as manobras de delusão psicológica que a sociedade exige de nós quando em nós "sobem" emoções que são tabu. A inveja continua fazendo parte delas.

O medo e o pânico

Dois dias depois da queda de um avião em Puerto Plata, no qual morreram 189 turistas, Hans E., da cidade de Bremen, pretendia voar para a República Dominicana. Questionado por seus amigos se não tinha medo, afirmou corajosamente que acontecera aquele acidente e tão logo não aconteceria nenhuma outra queda de avião. Do ponto de vista estatístico e de acordo com o cálculo de probabilidade, ele estava errado, embora muitas outras pessoas tenham pensado da mesma maneira. As férias no Caribe, há tanto tempo planejadas, não deveriam ser canceladas. Há muito a família esperava por elas e não queria ter a decepção de cancelar o vôo por causa do acidente. Quando a família apareceu no aeroporto, Hans E. demonstrou certo nervosismo, que já sentira anteriormente. Pouco antes de chegar sua vez na fila do *check-in*, ele a abandonou repentinamente sem dizer uma palavra. Sua mulher o seguiu. Tomado pelo pânico, E. balbuciou que não podia voar.

Um outro exemplo é o de Eduard R., um professor colegial aposentado, cuja filha mora no Chile. Ela convidara seus pais para morar com ela. Os pais ficaram felizes e concordaram. Tudo foi deixado para trás. Venderam o apartamento e empacotaram as coisas. Quando finalmente tudo estava pronto, aconteceu algo que não é tão raro assim, mas que nunca é descrito. O velho professor parou pouco antes de subir no avião. Ele teve um ataque cardíaco leve. Voltou a acalmar-se, mas não podia pegar o avião. Quando recuperou o equilíbrio, declarou à mulher, que estava decepcionada, que nunca abandonaria a Alemanha.

Não é novidade nenhuma que o sentimento de medo possa dominar uma pessoa. Tampouco nos surpreende quando ficamos sabendo que nesses casos os argumentos racionais não convencem. Também não basta, como Goleman propõe, concentrar a atenção nas emoções que vêm à tona no sentido de amenizá-las. Foi impossível convencer E. a voltar. Tampouco R. E. quase entrou em estado de histeria. Quis sair do aeroporto imediatamente. Demonstrou um comportamento característico de pânico. O professor, por sua vez, ficou calmo. Já havia tomado sua decisão. Como se revelou mais tarde, ambos haviam tido ataques parecidos anteriormente. Mas eles nunca se manifestaram quando queriam viajar. E. não gostava de elevadores; preferia usar as escadas mesmo quando tinha de subir cinco andares no Ministério das Finanças. Também já havia acontecido de ele se recusar a subir num ônibus. Porém isso nunca foi levado a sério. E passou por um pesadelo no aeroporto. Ele tinha uma fobia. E ela era mais forte do que sua vontade de viajar, embora sua razão lhe mostrasse que não havia nenhum perigo. O velho professor, por sua vez, já recebera vários convites de sua filha e fizera algumas viagens para o Chile. Sempre havia dado certo. Mas, nada além disso. Ele sempre sentiu medo antes de partir.[25]

A revista especializada britânica *Cognition and Emotion*, publicou em 1989 um artigo importante que poderia explicar esse comportamento.[26] Nele, Joseph LeDoux, um neurologista de Nova York, afirma que uma das partes mais antigas do cérebro quanto à história de seu desenvolvimento, o sistema límbico, não pode ser dissuadida nem pelo ensinamento nem pela razão no sentido de produzir o medo que muda todo o comportamento da pessoa. O sistema límbico é a sede das emoções. Através de múltiplas conexões e ligações nervosas com o neocórtex, as emoções também podem ser influenciadas. O verdadeiro processador de pensamentos, o neocórtex, que recebe a percepção dos sentidos, pode ficar em xeque-mate em certas condições, como quando se faz uma ligação direta entre as percepções dos sentidos e o sistema límbico. Se bem que isso dê ao organismo apenas quarenta milésimos de segundo de vantagem para reagir. Nos primórdios da evolução, todavia, essa era uma vantagem decisiva. As emoções elementares, como um medo forte, não são mais filtradas pela consciência. Uma forma parecida com uma serpente pode ativar essa ligação. O organismo pula para longe antes que seu cérebro possa registrar o perigo. Não importa se se fica sabendo posteriormente que se tratava de um galho quebrado que lembrava uma serpente. O organismo se salvou, mesmo não havendo perigo.

Aparentemente, existem emoções precognitivas que não podem ser influenciadas pela inteligência emocional porque ela é desligada pelo próprio cérebro. Como o sistema límbico pode trabalhar independentemente de outras partes do cérebro, qualquer relação com a inteligência emocional praticamente inexiste.

O que era uma vantagem nos primórdios da evolução tornou-se uma desvantagem na civilização. "Curtos-circuitos" no cérebro põem a inteligência fora de ação. Mas, visto que as áreas do cérebro responsáveis pelas emoções elementares continuam determinando nosso cérebro moderno, é explicável o fato de os vários rompantes de ira, raiva, temor, alegria e de êxtase surgirem sem que o córtex esteja envolvido. Um padrão biológico e significativo para a sobrevivência transformou-se num padrão inútil que impede certos comportamentos, como no caso do turista E. No seu caso, ainda há o fato de o neocórtex ter mostrado uma imagem destrutiva ao seu sistema límbico, o que gerou o medo, mas em seguida levou a um "curto-circuito" que provocou um "choque elétrico" sem que se pudesse interromper a eletricidade. Através da estrutura anatômica e dos processos fisiológicos do nosso cérebro, podemos explicar muitos aspectos dessa confusão. O ataque de pânico levou E. ao consultório médico. Num congresso, o neurologista ficou sabendo dos resultados das pesquisas em St. Louis, que mostravam que em algumas pessoas o aparecimento do medo é provocado por uma determinada concentração de lactose que fornece sangue para as duas metades do cérebro assimetricamente. Quando se injeta o antídoto nalaxone, os ataques desaparecem imediatamente. Revelou-se que E. pertence ao raro grupo de pessoas que não podem curar seu mal por meio da psicoterapia, porque a psique não tem nenhuma participação nesse processo.

A história do professor se desenrolou de modo diferente. Ele não pertencia ao grupo das pessoas que sentiam um medo semelhante ao pânico. Ele tinha medo de perder suas raízes. Até mesmo chegou à conclusão de que recebera um aviso através de sua reação emocional. Ele dera ouvidos à inteligência emocional.

Marcus Raichle fez pesquisas com o PET em pacientes que tinham ataques de pânico. Eles eram dominados pelo pânico de modo repentino. Acreditavam que estivessem prestes a morrer naquele instante, de tão terrível que era o medo. Eles mesmos não conseguiam encontrar nenhum motivo para isso. Os ataques podem ser provocados quimicamente através de injeção de lactose de sódio. Mas isso só funciona com pacientes que pertencem ao grupo do pânico. A imagem do PET revela um campo assimétrico de abastecimento de sangue.[27] "O sistema límbico, que tem uma participação importante nas emoções, estava em desequilíbrio", disse Raichle. No lado direito do cérebro deles, a corrente sangüínea era mais intensa do que no esquerdo, mesmo quando não havia ataque de pânico. Esse desequilíbrio no fornecimento de sangue para o cérebro só existia nas pessoas que podiam ser levadas a ter ataques de pânico através da lactose de sódio. Quando a equipe de Raichle examinou outras pessoas, encontrou uma mulher que possuía o padrão de assimetria típico dos pacientes de pânico. Descobriu-se que anteriormente sofrera de constantes ataques de pânico. Ela estava disposta a se submeter a um teste. Injetaram-lhe a lactose de sódio. Imediatamente ela teve um ataque. Esses ataques às vezes podem ser evitados com a ajuda de antidepressivos. Esses medicamentos tiveram bons resultados também em dosagens pequenas, quando, por exemplo, o objetivo é livrar os autistas do medo latente que os torna tão inseguros.[28]

Existe um grande número de casos que têm um desenvolvimento parecido e por isso não podem ser resolvidos mediante o reconhecimento das emoções. As emoções intensas normalmente não permitem que a pessoa reflita sobre si mesma. Um jogador de futebol profissional, que acabou de marcar o gol decisivo, não pode reconhecer, no seu êxtase, que se trata de êxtase. Aqui há um processo parecido com o do medo que surge a partir de um "curto-circuito" no cérebro.

Mas esses casos são mais raros. O pânico também existe de outra forma. Toda vez que havia um acontecimento que atingia seu sentimento de valor próprio e ele não via nenhuma saída, Wilhelm C. sentia pontadas no rim como se estivesse com cólica. Em questão de segundos ele era tomado pelo pânico, temendo que pudesse voltar a ter uma cólica semelhante a de muitos anos atrás, quando chegou a pensar que fosse morrer por causa disso. Semanas depois da crise, ele ainda pensa nisso e tem medo de sair de casa. Qualquer causa orgânica pode ser excluída. Mas o pânico sempre volta.

Esse medo surge aparentemente do nada. São ataques de medo típicos que podem desenvolver-se até se tornar uma síndrome do pânico. Quando leva a pessoa a evitar lojas de departamentos, elevadores ou as filas, fala-se em agorafobia. É o medo dos lugares públicos. Goethe, Darwin e até mesmo Freud tiveram esses ataques de pânico. No caso de Freud, ainda havia a influência de uma neurose de medo. À noite, antes de sua partida para uma série de conferências nos Estados Unidos, ele chegou a desmaiar. Isso aconteceu no Essighaus de Bremen, um conhecido restaurante da cidade, e na presença de seu aluno e colega Carl Gustav Jung. O medo surgido de repente provocou o desmaio. Sem isso, provavelmente a situação teria ficado insuportável. Um mecanismo de proteção fez com que Freud perdesse os sentidos. Em toda a população a incidência de ataques como esse é de cerca de 10%. Entretanto, manifestam-se raramente, às vezes uma única vez na vida. Portanto, nem todos têm que ser tratados. Devido ao fato de as pessoas que passam por isso freqüentemente não saberem explicar esses ataques, o médico também não consegue encontrar nenhuma explicação. Não descobre nada mas, ao mesmo tempo, o paciente tem algum problema. Talvez anote na ficha: neurose de medo, distonia vegetativa ou labilidade psicovegetativa. Freqüentemente trata-se de síncopes vago-vasais para as quais o médico também não tem explicação. A pressão arterial cai repentinamente e, durante alguns segundos, o paciente perde a consciência. No exame geralmente feito em seguida, nada é encontrado. Também existem fobias do coração. E, às vezes, a causa é apenas o modo de respirar errado. O que chamamos de síndrome de hiperventilação, durante a qual o paciente apresenta uma respiração de cachorrinho, leva a pessoa ao pânico. Os sintomas físicos são avaliados como grave deficiência física ou como doença, de modo que, às vezes, nem mesmo se descobre a síndrome do medo que está por trás disso. Percepções físicas que são absolutamente normais podem ser interpretadas erroneamente pela pessoa envolvida.

Uma pessoa de idade avançada sente repentinamente um pulsar na carótida sem que tivesse feito nenhum esforço nem que tivesse passado por uma situação excitante. O neurologista pede uma angiografia da carótida. O resultado não revela nada. Nem um estreitamento nem nenhum outro diagnóstico pôde ser constatado. No histórico psíquico, no entanto, havia algum acontecimento. O paciente perdera um amigo por estenose da carótida. Quando ele mesmo sentiu a pulsação pensou que podia ser algo parecido. O medo aumentou e só confirmou o que ele temia. A pulsação piorava cada vez mais. Desse modo, uma observação do corpo pode levar a uma fobia. O homem moderno tem mais inclinação do que os seus ancestrais a somatizar seus medos. As doenças orgânicas têm mais *status* do que um distúrbio psíquico.

Nesse contexto, novamente, é importante que nem todos os acontecimentos que chamam a nossa atenção sejam interpretados de modo correto. Nem sempre a atenção é capaz de fazer isso. Especialmente no caso do medo, existem formas características de defesa como a repressão, a negação, a regressão, a identificação, a racionalização, a banalização e a projeção. Nesses casos, não se trata de pessoas neuróticas, mas de pessoas absolutamente normais que querem lidar com seu medo, consciente ou inconscientemente.

Na Alemanha, são realizadas cerca de vinte mil cirurgias de grande porte todos os dias. Esse fato por si só já causa bastante medo em muitos pacientes. Na medicina atual, baseada em aparelhos, cuida-se totalmente do paciente, mas ele não é amparado. Seria importante transmitir tranqüilidade, segurança, esperança e confiança para os pacientes. O medo é um sinal, uma advertência que surge no sistema límbico e é levado aos lobos temporais do cérebro.

Nas cirurgias do cérebro essas partes podem ser estimuladas eletricamente como parte de uma experiência. Imediatamente acontecem reações de medo. Ataques de pânico também são provocados por processos bioquímicos. Injeções com determinadas substâncias podem provocar estados de medo. Através de mudanças químicas podemos criar também uma atenção especial, cautela e boa expectativa. Inversamente, também pode ocorrer uma mudança química devido a uma atenção constante. Por isso, esse tipo de atenção nem sempre é indicado. Ele pode causar a liberação de catecolaminas, pois o sistema medular das glândulas supra-renais responsável por isso está ligado funcionalmente, através de um mecanismo de retorno, com o sistema nervoso central.

Pesquisas mais recentes provam que, por exemplo, podemos eliminar ou diminuir o medo se realizarmos os preparativos psicoterapêuticos correspondentes. Até mesmo durante uma anestesia o paciente, através do seu inconsciente, pode perceber informações auditivas, sem que ele saiba depois por que se lembra do conto de fadas *Frau Holle*. Durante a anestesia geral, ele ouviu uma fita cassete através de um pequeno microfone de ouvido e isso teve um efeito benéfico durante o procedimento. As informações auditivas significativas e relaxantes são arquivadas inconscientemente durante a anestesia. Mais tarde, entretanto, podem ser lembradas conscientemente. Portanto, aqui também temos um exemplo de um fato psicológico e um fato psicológico de dependência funcional. Isso é interessante principalmente porque uma anestesia tem, entre outras funções, a de "desligar" a consciência.[29]

Em muitos casos, o médico realmente é o único que pode ajudar a pessoa a se livrar de seu medo. Quando prestamos uma atenção erroneamente aos sintomas físicos, podem advir conseqüências fatais. Através do medo surgem modificações fisiológicas, como por exemplo uma liberação de adrenalina que reforça ainda mais os efeitos físicos. Estes, por sua vez, intensificam o medo. Desse modo, começa um círculo vicioso que precisa ser interrompido. É um fato conhecido que os sintomas físicos ficam mais fortes quando se lhes dispensa uma atenção excessiva.

Numa experiência realizada em laboratório, sugeriu-se a 25 pessoas que sofriam de ataques de medo que sua freqüência cardíaca estava subindo consideravelmente. Como resultado, ela realmente subiu. No caso de outras 25 pessoas que nunca sofreram nenhum ataque, a sugestão não teve nenhum efeito. Uma influência voluntária da respiração pode provocar sintomas de medo, quando se trata de pacientes com medo. Os mecanismos psicológicos, como a percepção do perigo e a reação que se segue, provavelmente acontecem no *locus coeruleus*. Ali estão a maioria das células nervosas que produzem a noradrenalina. A noradrenalina é um neurotransmissor, uma substância que reforça a transmissão de agitação no cérebro. Pessoas que sofrem desses ataques de medo têm um sistema de advertência sensível, o que faz com que o alarme dispare com freqüência excessiva por motivos insignificantes. As células nervosas no *locus coeruleus* são hipersensíveis.

O Instituto de Psicologia da Universidade de Marburg desenvolveu um programa de terapia para esses casos. Mas esse programa pressupõe que haja um acompanhamento psicológico.[30]

Aeroporto de Düsseldorf! Um incêndio de grandes proporções! Alarme! Pessoas morrem sufocadas. O tráfego aéreo tem de ser interrompido. O corpo de bombeiros está vindo. Uma grande catástrofe está ocorrendo. Uma devastação de dimensões inimagináveis. Dezesseis pessoas morrem. Quase todos os que vêem o fogo no saguão principal de atendimento entram em pânico. Quando pediram que comentasse esse acidente, Jack Gorman constatou:

"Em situações de pânico, nosso sistema primitivo é estimulado e ativado. As batidas do pulso sobem rapidamente. A corrente sangüínea para o cérebro aumenta muito depressa, e o metabolismo cerebral modifica-se imediatamente. A atividade cerebral aumenta de maneira repentina, principalmente a do sistema límbico que, como parte do cérebro, é responsável pelas reações emocionais e reage às situações do ambiente.

Essas situações de pânico podem ser enfrentadas forçando-se a ativar de qualquer modo a consciência e a respirar calmamente usando o abdômen. É recomendável treinar isso antes, para o caso de uma emergência. Um treinamento que vise evitar o pânico é recomendável.

Originalmente, o medo tem uma função positiva, contanto que não fuja ao nosso controle. Ele nos adverte quanto ao perigo. Ele não permite que pensemos em outra coisa a não ser no modo de eliminar o perigo. Mas a isso deve-se seguir uma ação. Um vendedor que se deixa dominar pelo medo de novamente não vender muito naquele dia venderá menos, pois não consegue escapar a essa situação de medo. Quando se tem pouca resistência à pressão, não se pode ser vendedor. Tudo se concentra na questão de como sair desse estado.

O modelo de Goleman só é válido para as emoções que não atingem os níveis mais elevados de intensidade. O modelo do cérebro concebido até hoje previa que os estímulos dos sentidos do olho eram dirigidos através de um relé no diencéfalo, o tálamo. Os sinais brutos são passados adiante através do processador de pensamentos que é o córtex. Lá são transformados em objetos e considerados de acordo com sua importância. Em seguida, chegam à amígdala, que no sistema límbico confere qualidades emocionais a esse material. As emoções são, portanto, acompanhadas por percepções conscientes. Esse também é um dos pressupostos de Goleman, pois as emoções devem ser submetidas à atenção. A importante descoberta do neurologista nova-iorquino LeDoux consiste no fato de que ele encontrou as ligações nervosas que vão das percepções sensuais diretamente para a amígdala. O processamento de informações no cérebro, portanto, não é sempre o mesmo. Ele depende da intensidade das impressões para proteger a sua existência no organismo. O cérebro, portanto, não é só um órgão a serviço da avaliação objetiva e do processo de pensar. Muito pode ser aprendido com as emoções de modo prático, sem precisarmos do córtex.

Além de seu faro científico, LeDoux talvez deva a descoberta da função da amígdala no sistema límbico a uma experiência que teve na infância. Por ser filho de um açougueiro, muitas vezes ele pôde observar o abate de animais. Ele tinha um interesse especial pelo cérebro, com seus inúmeros meandros. Mais tarde, na Louisiana, ele mesmo passou a dissecar cérebros. Sua curiosidade e seu assombro contribuíram para que, mais tarde, ele não conseguisse mais esquecer essas experiências. Ele seria o descobridor dos reflexos emocionais.

Nas experiências, as cobaias podiam aprender a ter reações emocionais como o medo, embora o som que lhes causava medo não pudesse ser ouvido por elas, pois seu neocórtex fora removido cirurgicamente. Portanto, no sistema límbico, também a amígdala devia perceber, lembrar e provocar reações. A amígdala pode armazenar lembranças e criar padrões de reação sem que possamos jamais nos lembrar disso, pois nossa capacidade de lembrança está no córtex, e ele não era usado para certos aprendizados emocionais. Por isso, podemos pensar que reagimos a estímulos que nunca percebemos conscientemente, já que eles seguem diretamente para a amígdala, a partir da qual desenvolvem sua ação futura. As imagens de propaganda, que são mostradas em tempo tão curto que nem mesmo chegam a ser percebidas, vão, como diria Freud, para o inconsciente. Quando os freqüentadores de um cinema sentem sede no intervalo ou durante o filme, eles são informados, durante um milésimo de segundo, que a Coca Cola mata a sede; então tomarão uma Coca Cola no intervalo, embora não saibam por quê. Perceberam a mensagem apenas subliminarmente. Só podemos reconhecer as causas quando o córtex está em atividade. Mas também há mensagens secretas às quais ele não reage porque não as percebe. Em vez disso, é a amígdala que reage.

Imagine se esse procedimento fosse usado também por partidos políticos para ganhar as eleições.

A infância também desempenha um papel importante. Crianças pequenas que fogem de casa e depois de uma hora não sabem para onde ir, pois nunca haviam estado nesse ambiente desconhecido, começam a chorar. Outras pessoas percebem o que está acontecendo e as levam de volta para casa dizendo: "Você não precisa chorar!" Mas, para a criança, essa é uma situação existencial, até mesmo metafísica, algo que não é vivido pelo adulto. À criança faltam as palavras porque ainda não aprendeu a falar. E, quando adulta, ela conta esse acontecimento e ri do fato de ter chorado na infância por estar apenas a duas quadras de distância de sua casa, ela fala através de conceitos de que não dispunha naquela época. Portanto, não nos lembramos da situação, mas a reconstruímos para a criança que éramos. Porém a pessoa provavelmente ficou tão marcada emocionalmente por esse fato que não gosta de sair de casa muito tarde porque todas as vezes tem uma sensação desagradável.[31]

Essa é a melhor prova para o fato de que, mais tarde, ela não consegue expressar por meio de palavras o que sentiu. É a atenção que a registra. Mas falta o contexto a partir do qual poderia ser explicado. Não nos lembramos das emoções, mas das palavras que poderiam descrevê-las.

Podem ocorrer ataques de raiva ou de medo antes que o córtex tome conhecimento disso. Nesses casos, a razão está literalmente desligada. A ligação vai diretamente ao sistema límbico, sem passar pelo neocórtex, que poderia tê-la impedido. Por isso, a pessoa em questão não é responsável por seus atos.

Nosso sistema emocional não esquece o que viveu. E como não podia ser regulado lingüisticamente na primeira infância, Freud provavelmente tinha razão quando via os primeiros anos como decisivos. A tendência de agir pode ser reprimida mais tarde, mas não pode ser abandonada, pois a emoção que a fundamenta continua existindo, se bem que de maneira um pouco reprimida. Por isso, ela sempre voltará a provocar reações ou, pelo menos, a manter sua influência.

"Curto-circuito" no cérebro

No cérebro podem ocorrer distúrbios que provocam a liberação de hormônios, o que pode desordenar todo o comportamento de uma pessoa. Como já explicamos anteriormente, as deliberações e avaliações do neocórtex simplesmente podem ser contornadas. Uma ligação quase que direta de estímulos vai imediatamente para a amígdala no sistema límbico, conforme descobriu LeDoux. O medo pode disparar o alerta. Mas também pode ocorrer o inverso, quando estados de alerta provocam o medo. Antes que o córtex tome conhecimento de algo, a ligação é feita diretamente, de modo que os processos de pensamento não participem do medo.

Todos sabem como é difícil perceber e compreender racionalmente as emoções. Sem serem filtradas pela consciência, as emoções às vezes determinam o comportamento. Quando estamos atravessando a crista de uma montanha, e sem querer voltamos os olhos para o chão a fim de não errar o passo, pode ocorrer o seguinte: ouvimos um rumorejar nas folhas diante de nós e nas pequenas plantas no caminho. Algo se mexe. Assustamo-nos. Recuamos de um salto. Mas logo em seguida percebemos que o sobressalto não "tinha motivo", que aquilo não era um rumorejo; era apenas o próprio bastão escorregando pela encosta gibosa. Para casos extremos como esse, nosso cérebro não é lento demais nas ligações. A natureza cuidou providencialmente para que o cérebro não seja nem mesmo consultado para saber se ele acredita que está diante de uma situação de perigo ou não. As emoções derivam das percepções diretas e não da reflexão. Não se exige que o cérebro saiba como reagir a esse estímulo. É que nem tudo passa pelo córtex. Nem sempre podemos agir racionalmente. Fazemos algo com emoção. O cérebro não participa. Também não podemos descobrir através dele o que acontece nesses momentos. Só é possível ver claramente a situação quando o impacto já passou.

Isso também explica por que fobias e neuroses de medo são mais fortes do que a vontade e a razão, mesmo quando o pensamento consciente reconheceu que elas não têm fundamento. "Nada que nosso processador de emoções aprendeu pode ser destruído, a não ser que ele próprio seja removido", diz LeDoux. Mas, nesse caso, será que a psicologia realmente é possível, ou ela também deve ser arquivada por enquanto? A psicoterapia consiste na influência do sistema emocional, ensinando ao nosso neocórtex como ele pode refrear a amígdala.

Mesmo quando as tendências para a ação são reprimidas, as emoções que estão na sua base continuam existindo de forma branda. A terapia só pode influenciar as reações, não a própria causa. A tendência de provocar a reação continua existindo em grande parte. Freqüentemente, surgem conflitos de relacionamento entre as pessoas que querem receber elogios e ter reconhecimento, ou que pensam que são dependentes demais para serem elas mesmas. Como as emoções se passam em um contexto social, muitas vezes os pacientes acham que as outras pessoas é que os impedem de satisfazer suas necessidades. Eles já se retraem quando há apenas a hipótese de uma desconsideração. Essa retração é então interpretada pelos outros como uma ofensa ou pelo menos como um ato de defesa. Já que a vida humana consiste quase que exclusivamente em relacionamentos, essas pessoas enfrentam muitas dificuldades. Elas tornam-se vítimas de suas próprias emoções, que vão desde a falta de esperança, tristeza, raiva e inimizade até a ataques de violência.

O cérebro racional não trabalha como um computador, que obedece exatamente a esse comando e a nenhum outro. O cérebro emocional trabalha de modo mais difuso. Assim ele reage a toda uma gama de estímulos, muitos dos quais provocam uma situação de alerta que não precisava acontecer. Mas o sistema límbico emocional reage segundo o lema: Melhor acionar a sirene uma vez a mais do que uma vez a menos.

Portanto, temos de considerar que a nossa vida emocional volta a ativar ligações neurais antiquadas, que talvez já estejam um pouco frágeis e provoquem um "curto-circuito".

Neste processo, muitas lembranças da infância desempenham um papel dominante. Quem se dá o trabalho de se lembrar intensivamente, num momento de tranqüilidade, sem nenhum tipo de distração, até quando vai sua capacidade de recordar o passado, fará uma grande descoberta. Quase todas as pessoas situam suas primeiras lembranças numa idade entre três e cinco anos, mas a maioria as situa nos quatro anos. Oitenta por cento do conteúdo dessas lembranças trata de experiências negativas. Uma pessoa se lembra que sua casa pegou fogo. A outra, de que sua avó morreu. Uma terceira, que caiu com o rosto no chão e sangrou terrivelmente. No entanto, dos 80% de lembranças negativas, quase 70% está ligada a relações emocionais vulneráveis que dizem respeito sobretudo aos pais. São experiências traumáticas que marcam a infância. E nenhum adulto pode saber qual experiência se transformará em trauma. As partes do cérebro que poderiam intervir e proteger ainda não estão bem desenvolvidas. O neocórtex como sede da inteligência racional ainda não tem grande força.

Dessa forma, LeDoux, um neurologista do século XX, documentou cientificamente de maneira impressionante exatamente o acontecimento dinâmico a que Sigmund Freud chegara, cem anos antes, por caminhos totalmente diferentes. Freud havia postulado que os primeiros anos de vida ficam marcados por experiências que mais tarde são reprimidas, e que por isso se tornam inconscientes, com relação à mãe e ao pai. Estes dão à criança lições emocionais que ela não esquecerá nunca, que ficaram gravadas no corpo. Devido ao fato de a criança, na época das experiências emocionais, ainda não ter à sua disposição nenhuma linguagem emocional diferenciada nem conhecer as palavras necessárias para identificar as emoções, mesmo quando adulta ela não terá palavras para descrever as experiências passadas.

O adulto lida com isso criando para si mesmo, como a criança daquela época, experiências por que a criança não pode ter passado. Assim, deparamo-nos também com o fato de que lembramos vagamente algo para o qual não temos nenhum conceito. O desenvolvimento emocional da pessoa começou antes que a fixação lingüística tivesse sido possível. É como se a evolução propositadamente tivesse fechado esse terreno, para a razão do homem. A questão que surge daí é decisiva para a observação das emoções, para a inteligência emocional. Ela interviria posteriormente em algo que a evolução pôs numa "área de proteção ambiental" e para o qual não há caminho de volta. Tomar consciência dessas relações só pode fazer com que o adulto invente algo. E ele faz isso muito. Dessa forma ele aprende a se justificar psicologicamente. Ele não aprende a ter consciência do verdadeiro motivo de suas emoções.

O "choque do futuro"

Em 1970, quando Alvin Toffler publicou seu *best-seller Der Zukunftsschock* [*O Choque do Futuro*], ele havia descrito tendências que nesse meio tempo já se realizaram ou começaram a se delinear. Já reagimos com experiências, emoções, medo e comportamentos a algo que ainda não aconteceu e que talvez nem venha a acontecer. Mas imaginamos algo que poderia ocorrer. A reação no que se refere a isso é tão real quanto a reação ao que já existe.[32]

Quem afirma, referindo-se à inteligência emocional, que ela consistiria na capacidade de lidar bem consigo mesmo e com os outros, ignora a capacidade de lidar com o futuro. Como o medo e a decepção, o temor e o entusiasmo, a esperança e o receio hoje em dia estão ligados ao futuro, vivemos numa sociedade que valoriza muito a realização psíquica. Juntamente com um sistema que proporciona a satisfação material, criamos um tipo de economia que também almeja a satisfação psíquica. O caráter psicológico foi ignorado durante muito tempo pela economia nacional.

A indústria da experiência começou com a propaganda. Os produtos passaram a ter uma psicologia. Bens e todas as outras coisas foram criados de modo a oferecer um ganho psicológico quando são adquiridos. Na compra de um carro, soma-se a isso o caráter espiritual; na compra de um artigo de marca, uma vantagem imaterial. É o ganho emocional que decide a compra. Mas isso funciona apenas quando a satisfação psicológico-emocional já vem embutida no produto. Toffler cita o maravilhoso exemplo de que uma mistura para bolo fácil de ser feito não transmitiria nenhuma satisfação emocional: "A empresa (uma indústria do ramo alimentício norte-americana) ficou surpresa quando as donas de casa recusavam esse produto em favor de misturas que exigiam um pouco mais de trabalho — ao acrescentar ovo em pó, a empresa facilitara excessivamente o trabalho da dona de casa e tirou dela a sensação de participar criativamente do processo de produção do bolo. O ovo em pó foi rapidamente eliminado e as donas de casa voltaram, satisfeitas, a quebrar ovos. Mais uma vez um produto foi modificado para assegurar uma vantagem psicológica."

A indústria não oferece mais produtos, mas experiências previamente programadas, que deixam certa margem para a experiência pessoal.

O desenvolvimento dessa sociedade de serviços de experiências cria um grande problema emocional. Até que ponto ainda podemos distinguir entre as nossas próprias emoções e as que também são reais, mas que nos são transmitidas sem que as reconheçamos? O apelo de Goleman para as pessoas confessarem suas experiências foi destruído por uma sociedade que oferece experiências que a pessoa não pode nem deve confessar a si mesma.

Trata-se de observar dois outros tipos de emoção. Em primeiro lugar, o medo coletivo do futuro; talvez também a esperança de um futuro melhor. Em segundo, o ato de lidar com a satisfação emocional e com sua busca, que é justamente o que nos oferece essa mesma sociedade, deve ser melhorado por meio da atenção às emoções, à maneira de Goleman. Nos antigos e seguros sistemas que garantiam nosso sustento, do emprego vitalício ou do casamento, surgem fatores instáveis, que não os tornam tão seguros assim. Isso provoca grande decepção quando as expectativas não se confirmam num prazo curto. E também leva a avaliações incorretas quando se pensa que tudo cai em desuso com excessiva rapidez.

Portanto, não se pode descrever a inteligência emocional sem admitir tanto o desenvolvimento sociológico e as mudanças radicais da sociedade quanto as experiências, os afetos e as emoções que temos como indivíduos. A uma psicologia interior deve-se associar a psicologia exterior, como Arnold Gehlen afirmou décadas atrás.[33] Todos os que hoje ocupam cargos importantes trabalham num mundo que não existia antes de sua carreira. Esse processo de mudança tem uma influência enorme sobre a reação emocional do homem. O reconhecimento, ou até mesmo a análise dessas emoções, não pode ser realizado exclusivamente com a ajuda da inteligência emocional. É nesse momento que ela precisa fazer as pazes com a inteligência racional.

O princípio da esperança

Hoje em dia, o mecanismo do *stress* não basta para nos proteger dos perigos. Ficou difícil prever os acontecimentos que modificam a nossa vida, embora tenhamos apenas os antigos mecanismos à nossa disposição para solucioná-los.

Em 1996, fizeram os empregados do grupo Vulkan de Bremen esperar por uma solução durante várias semanas. A insegurança com relação a seus empregos no futuro transformou-se em estado emocional para eles. Era apenas uma questão de tempo, até que os protestos e a disposição para lutar se transformassem em algo pior. A falta de esperança se alastrou antes que o grupo recuperasse o equilíbrio. Isso aconteceu exatamente doze dias depois de declarada a concordata no tribunal da comarca de Bremen. Mas, nesse meio tempo, o ambiente ficou depressivo em conseqüência da declaração de falência. A nova doença se chama "Give-up-itis" (a doença da desistência).

Os pesquisadores que estudam o futuro também a conhecem bem. Dizem que se exige do homem de hoje uma adaptação que não existia antes. Não estamos mais integrados numa cultura. Talvez ainda sejamos amparados por uma rede social. Mas somos torturados pelo fato de ter que lidar incessantemente com novas mudanças no ambiente. A alienação tornou-se um fator na mudança de vida. E o Estado não pode eliminá-lo. Ele até mesmo tem que fomentar a mudança para continuar existindo. Porém as condições da evolução permanecem as mesmas; por isso surgem as pressões emocionais. Não é fácil confiá-las ao autoconhecimento. É impossível reconhecer essas relações se a insatisfação, a decepção e a falta de esperança são as primeiras a penetrar na consciência.

Há alguns anos, Loreto, uma cidade de tamanho médio nos Estados Unidos, passou a ser o centro das atenções. Lá, o número de falecimentos por infarto crescia à medida que a rede das relações sociais se desfazia. Os imigrantes, na sua maioria italianos, não conseguiam suportar a desintegração da grande família que no passado garantia apoio e proteção.

James Lynch, da Universidade de Maryland, confirmou esse dado através de uma pesquisa num outro campo. Entre a população negra masculina crescem lado a lado o número de casos de pressão arterial alta e a alienação social. O mesmo já vale para os jovens provenientes das regiões da África Central que pediram asilo na Alemanha. Também as pessoas do Leste europeu, que abandonaram tudo e passaram a viver no nosso país, sofrem com essas mudanças e se tornaram um grupo de risco. Mas ainda não há dados estatísticos e epidemiológicos exatos a respeito da incidência das doenças. Porém já existem numerosas pesquisas comprovando que a falta de esperança pode ser o fator responsável quando homens ou animais desistem de tudo e morrem. Quando animais cheios de vida são submetidos a uma situação da qual não conseguem escapar, eles morrem rapidamente. Ratos que estão numa tina cheia de água, com paredes lisas demais, o que impede que eles saiam da tina, desistem de lutar depois de poucos minutos. Os mesmos animais, todavia, são capazes de nadar durante horas quando têm a esperança de se salvar, isto é, quando enxergam uma margem que os salvará.

Soldados norte-americanos que haviam sido prisioneiros de guerra na Ásia e foram libertados morrem de câncer, em acidentes automobilísticos e de doenças que não têm nenhuma relação causal com seu cativeiro ou com a fome com mais freqüência do que os soldados que não ficaram prisioneiros. No entanto, suas doenças e as causas da morte tinham uma ligação com a confiança, a paz, a fé nos homens e a esperança quanto ao futuro. No caso deles, havia traumas emocionais. Eles não acreditavam mais que saberiam viver de acordo com circunstâncias que haviam mudado novamente, embora antes elas fossem bem familiares.[34]

Por outro lado, pesquisas feitas com sobreviventes de campos de concentração nazistas mostraram que havia pessoas que não tinham sofrido nenhum tipo de agravo espiritual, ou estes foram insignificantes, pois elas faziam parte de um grupo que possuía um fator, que chamamos de saúde, muito desenvolvido.[35] O termo "fator de saúde" foi cunhado pelo pesquisador de *stress* americano-israelita Aaron Antonovsky. Ele se refere a uma aptidão natural de certas pessoas de não serem afetadas pelo *stress* e por outros tipos de pressão. Entrevistas com sobreviventes dos campos de concentração e relatórios médicos sobre eles revelaram que um determinado fator evitou que se desesperassem ou ficassem cronicamente doentes. Viktor Frankl, de Viena, é um desses sobreviventes e foi um dos primeiros a reconhecer esse fator, procurando fortalecê-lo ainda mais. No campo de concentração, ele desenvolveu a assim chamada logoterapia e a análise da existência.

O psicólogo Abraham Maslow desenvolveu uma teoria sobre a personalidade humana segundo a qual o homem é guiado pelas necessidades de segurança, de pertencer a um grupo e de amor, de respeito, de reconhecimento e de realização. Portanto, o homem seria, em primeiro lugar, um ser emocional cuja inteligência consistiria em viver de acordo com as emoções. Maslow escreveu:

"A insatisfação e a agitação surgem quando a pessoa não faz aquilo a que está apta a fazer como indivíduo. Músicos têm de fazer música, pintores, pintar, poetas, escrever, se quiserem ficar em paz consigo mesmos. O que o homem pode fazer, ele tem de ser!"[36]

Um outro grande psicólogo, Martin Seligman, desenvolveu um teste com o qual se pode medir a atitude de vida com relação à esperança. A esperança é o que mantém o futuro aberto.[37] Os gregos viam nisso algo negativo, pois acreditavam na predestinação determinada pelo destino e pelos deuses. Mas os judeus liderados por Paulo tiveram a coragem de dar aos homens a esperança e de mudar o rumo da história do mundo.

Embora a esperança não possa ser confundida com otimismo, queremos dedicar algumas palavras ao otimismo. Martin Seligman pôde demonstrar que o otimismo na vida leva a pessoa a superar positivamente os acontecimentos que causam aborrecimento em outras pessoas. Os otimistas vêem nos obstáculos apenas barreiras ocasionais com que não se preocupam. Não vêem neles nenhuma ameaça à sua pessoa. Os pessimistas consideram muitas coisas como pessoais; os otimistas, como acontecimentos passageiros.

O teste de Seligman teve até mesmo um papel importante nos Jogos Olímpicos de Seul, em 1988. Num primeiro momento, o nadador norte-americano Matt Biondi foi uma decepção, embora todos esperassem dele uma medalha de ouro. Mas Biondi rapidamente superou a derrota. Seligman sabia por quê. Antes dos Jogos Olímpicos, ele testara os nadadores. Biondi obteve os melhores resultados. Ele transformou a derrota numa vantagem, ficando mais rápido ainda. E ganhou mais algumas medalhas de ouro. Acontece algo parecido com Boris Becker. Ele sabe que terá de enfrentar desafios. Quando está perdendo, ele muda o rumo das coisas e acaba ganhando. Poderíamos repetir as palavras de Karl Menninger:

"Temos de encorajar todos os indivíduos que não se considerem como simples observadores de si mesmos, mas como os que dão origem a algo. Ele é uma entidade importante que tem o poder de influenciar grandes decisões, tomando pequenas decisões."[38] Mas, para tanto, precisa de otimismo como modo de vida. Por isso, atualmente a psicologia começou não só a controlar os estados emocionais como também a modificá-los.

As tentativas de Goleman no sentido de tornar a vida mais suportável, ensinando os homens a lidar com suas emoções de modo adequado, merecem ser elogiadas e reconhecidas. Sou também da opinião de que deveria haver uma escola das emoções. Nela, as crianças deveriam aprender que existe a felicidade e a alegria, o medo e o terror, o prazer e o amor, mas que também existem o nojo e a surpresa, a tristeza e a agressão. Elas não precisariam aprender de imediato uma classificação das emoções, mas deveriam treinar para não dar vazão a todas as emoções na sua forma mais intensa. Os índios aprendem a suportar a dor; os japoneses, a não deixar transparecer nenhuma emoção quando estão contrariados. Nosso informante da Antigüidade acertou exatamente as características da inteligência emocional quando disse:

"Quando alguém o contraria, é apenas a imaginação que o irrita. Portanto, faça um esforço para não ser guiado por ela nesse momento; mais tarde, quando tiver tempo para refletir, você vai poder se controlar."[39]

PARTE 5

O "gerenciamento" das emoções

Quando se trata de emoções, a infância, a educação, a sociedade
e o ambiente são de fundamental importância.
Podemos observar, mesmo nas crianças, se elas têm
inteligência emocional. As crianças são capazes de esperar
por uma recompensa; elas economizam seu dinheiro e não
o gastam imediatamente porque querem comprar
algo que lhes dará grande alegria.

Uma criança aprende a andar

Matthias tem dez meses de idade e já sabe andar. Antes só conseguia dar três passos. Quando foi incentivado a andar sozinho, ficou em apuros. Caiu logo no primeiro passo. Mas poderia ter dado até dez passos se a situação tivesse ajudado. Como uma criança pode fazer com que seu corpo se mova? É muito simples. Se a criança tem autoconfiança, ela sabe andar. Ela tem de superar a distância que existe entre ela e o adulto. Quando a mãe fica perto da criança, a chama e com um sorriso a criança sente a segurança que emana do sorriso da mãe. Por um momento, não pensa no ato de andar. Simplesmente sai andando. Não existe a incerteza de se a criança sabe ou não andar. Todos nós passamos por essa experiência. Como foi que tiramos tão pouco proveito disso? Não conseguimos passar a confiar em nossas capacidades?

Se a pesquisa neurológica estiver certa, o primeiro passo livre de uma pessoa não só traz alegria, mas também é um estímulo para que milhões de neurônios no cérebro sintam um impulso para crescer. Novas ligações são formadas entre as células nervosas e para toda a vida determinarão o cérebro e a psique.

As descobertas surpreendentes da pesquisa neurológica confirmam que nas crianças de dez meses de idade o hemisfério direito do cérebro participa mais ativamente das emoções como o aborrecimento e a raiva, e o esquerdo, mais nas emoções como a felicidade e o bem-estar.

Nosso sistema nervoso é flexível. Nos primeiros anos de vida, ele é um campo imenso de possibilidades, das quais poucas são aproveitadas. Ocasionalmente, a pedagogia e a observação hastearam a bandeira da mobilização da inteligência e, ao mesmo tempo, das emoções, dos movimentos, das capacidades musical e matemática. Desestimularam-se, porém, quando os programas não obtiveram bons resultados. As ligações e as relações funcionais do cérebro eram desconhecidas. Ainda hoje, quando já sabemos muito a respeito do nosso sistema nervoso, os neurocientistas hesitam em aplicar os programas em crianças. O psicólogo da evolução Peter Zimmerman, da Universidade de Regensburg, parte do pressuposto de que cada criança é um indivíduo a seu próprio modo. Para incentivá-la desde cedo é necessário que os pais tenham inteligência emocional. Eles devem usar toda a sua empatia no sentido de descobrir o que naquele momento é adequado para a criança de acordo com sua fase de desenvolvimento.[1] Aos "pais de tenistas" não se deve necessariamente atribuir essa inteligência emocional. É verdade que, no caso de Steffi Graf, seus pais a treinaram desde muito cedo e por isso tiveram tão grande sucesso no tênis. Mas eles mesmos, depois, puderam avaliar se realmente contribuíram para o desenvolvimento humano e emocional de seu filho.

Na primeira fase de vida da criança, a qualidade e a quantidade dos *inputs* decidem qual a finalidade das inúmeras ligações dos neurônios. Fazendo uso de estímulos externos, a trama é aumentada. Para os movimentos ou as atividades que produzem comportamentos e expressões como espernear, gritar, galrear, as primeiras experiências, juntamente com as emoções, com freqüência são decisivas.

Por isso, os pais devem brincar com seus filhos e acarinhá-los. Também não há nada contra a prática da linguagem infantil. Pais que dão atenção aos seus filhos de modo adequado e, portanto, os ajudam a desenvolver seus talentos e capacidades, não só usam sua inteligência emocional, como também ajudam no desenvolvimento de uma inteligência emocional nos seus filhos. Confiança e o sentimento de felicidade são expressos pelas crianças pequenas dando gritos e usando exclamações de alegria. Elas têm as emoções básicas. Também aprendem o que é a ressonância humana. Estão diante da manifestação de reconhecimento e respeito.

O problema é não aproveitar as fases previstas para o exercício e o aprendizado das aptidões. Quando isso acontece, muitas vezes se desperdiça as chances por toda uma vida. As janelas se fecham, como dizem os pesquisadores da evolução. A cada nova vela que é acesa no bolo de aniversário, as novas chances e as chances perdidas estão ligadas. As comutações das células nervosas têm que acontecer no tempo determinado; caso contrário, será tarde demais. Essa descoberta dos neurocientistas acarretou a dúvida quanto aos esforços para treinar a inteligência emocional dos adultos. A tentativa de Goleman também fracassará se for dirigida só aos adultos. O importante é a comunicação entre pais e filhos. Ela se dá através da alegria natural expressa pelos pais diante de seus filhos. O interesse da atual geração de pais é maior do que o das gerações anteriores. Eles também estão mais dispostos a aprender algo no que concerne à educação de seus filhos e a não se apegar apenas aos modelos antigos e convencionais. É importante que se ofereça aos filhos vários jogos. As crianças se desligam na hora certa quando recebem estímulos demais.

Muitas coisas já estão estabelecidas na hora do nascimento. A arquitetura das potências está determinada: as batidas do coração, a respiração, a temperatura do corpo, as seqüências simples de movimentos; não precisamos nos preocupar com isso. Mas já na barriga da mãe começa a comutação fina no cérebro por meio de experiências, estímulos do ambiente e aprendizado prénatal. Como afirmou Angelika Friederici, diretora do Instituto Max Planck para Neuropsicologia de Leipzig, os estímulos acústicos, visuais e táteis ordenam e estruturam os milhares de neurônios. Quanto mais estímulos forem oferecidos à criança, mais chances terá de escolher o que é apropriado para ela.[2] Sob a influência da psicologia da evolução, a nova psicologia afirma que a estrutura genética do homem oferece muitas possibilidades para pôr talentos e aptidões à disposição de situações ambientais que ainda não existem, que só existem em escala limitada.

Já nos anos 20, a pedagoga Maria Montessori desenvolveu o conceito das fases sensíveis. Ela havia reconhecido intuitivamente que as crianças só em determinada época têm seu aprendizado melhorado. Ela desenvolveu todo um sistema pedagógico: através de jogos e material de trabalho, incentiva-se a criança a cuidar da própria ocupação. Os materiais são construídos de tal forma que a criança aprende através dos diferentes sentidos e de maneira independente. Surgiram argumentos sociais contra esse método; um deles é o de que a criança aprenderia a se concentrar, mas não aprenderia a lidar com outras crianças. Ela não necessita mais de nenhum tipo de motivação interior. A moderna pesquisa neurológica confirma isso. Nas fases sensíveis, o lugar das motivações para um processo de aprendizado é ocupado pelos processos de amadurecimento. Não tem problema nenhum se uma criança cai quando está aprendendo a andar; ela não se desencorajará. O próprio amadurecimento assume a função da motivação. Só depois de uma fase sensível surge a necessidade de uma motivação exterior. Esta freqüentemente depende da vontade e pode requerer muito esforço.

É de menino que se torce o pepino, diz um ditado, e ele é apoiado pelas descobertas da moderna pesquisa neurológica. A determinação pode ir tão longe que as comutações dos neurônios nunca mais podem ser revertidas. Quando Louis Washkansky, da África do Sul, o primeiro paciente a receber o coração de outra pessoa, acordou e pôde falar, ele cantou a seguinte canção de ninar: "Durma, meu príncipe, durma."

Era a primeira sensação de confiança vinda dos primeiros dias de sua infância. O conforto dado pelos pais na canção para que adormecesse não atingiu apenas duas orelhinhas; mas através delas também foram atingidas as áreas do cérebro que produzem as emoções e as guardam para toda a vida. A memória também está ligada à inteligência emocional, não só ao decorar de poesias.

Alguns dias mais tarde, diante das câmaras de televisão, Washkansky havia voltado ao mundo dos adultos, quando se referia ao coração de uma mulher de 23 anos que recebera:

"Sou o novo Frankenstein", disse, sorrindo, para a câmara.

Através da própria atividade, o cérebro das crianças se decide bem cedo por uma língua. Ela ouve o próprio balbuciar. Sabe-se da alegria que sente com isso. Os primeiros sons são os mesmos em quase todas as línguas. "Au-au" existe em todas as línguas, seja russo, português ou chinês. É a partir da ligação entre a língua dos pais e a língua da infância que a língua materna começa devagarinho a se diferenciar.

As crianças também aprendem a inteligência emocional quando os pais não lhes permitem tudo. Elas querem desafiar os limites. As crianças freqüentemente verificam até onde podem ir, interior e exteriormente. Às vezes, ficam insuportáveis. Se os adultos cedem, ficam pior ainda. É importante que os adultos tenham inteligência emocional suficiente para reconhecer o momento certo de dizer não à criança.

Toda uma geração de pais, há muitos anos praticou o princípio: "Tudo é permitido, castigo é tabu." Por isso, é possível que hoje muitas pessoas não tenham limites nem internos e nem externos.

Veio a público recentemente uma pesquisa assustadora publicada pela polícia criminal. Segundo ela, no ano de 1995, a criminalidade entre crianças e adolescentes em Hamburgo cresceu em 24,7%, em Hessen, em 13,6% e no Saarland, em 13,5%. Atualmente, em Nordrhein-Westfalen um em cada três suspeitos é adolescente.

Isso confirma os temores de Goleman. Nos Estados Unidos espera-se um aumento na criminalidade para quando, daqui a alguns anos, as crianças e os adolescentes atingirem vinte anos de idade.

Não pode haver nada de errado no fato de os pais ajudarem seus filhos a lidar com o aborrecimento, a frustração e a solidão. O teste de Marshmallow, que será descrito no segundo capítulo depois deste, é um exemplo disso. Aprender a lidar com as próprias emoções e necessidades pode se transformar num jogo, jogo esse que não é ensinado como matéria comum, mas que é incentivado por meio do aprendizado através da própria experiência.

A pesquisa do cérebro é a disciplina que nos convence a levar a educação emocional realmente a sério. É especificamente na infância que se determina a evolução da inteligência emocional.

No caso dos animais, principalmente dos gatos, sabemos disso há muito tempo. Em 1980, David Hubel e Torsten Wiesel, da Universidade de Harvard, receberam o prêmio Nobel por esse trabalho. Haviam descoberto que gatinhos que eram impedidos de ver algo depois de abrir os olhos não formavam mais nenhuma outra linha de neurônios e ficavam retardados pelo resto da vida. Se bem o desenvolvimento das diversas funções do cérebro seja determinado por uma disposição natural, a formação acontece de fato por meio de estímulos externos. São eles que estimulam o crescimento das células do cérebro.[3]

Só em certas épocas as crianças aprendem, como que brincando, o que é amor, autoconfiança, sucesso, ordem, quando elas entram nas fases sensíveis previstas pela natureza. Quando a época do aprendizado não é aproveitada, mais tarde as crianças terão dificuldade para aprender tudo isso. Essas fases de aprendizado explicam, por exemplo, por que as crianças de um ano de idade reagem de modo tão sensível a mudanças no espaço, de maneira que arrumam as coisas exatamente como as encontraram. Os adultos muitas vezes interpretam de modo errado o jogo de esconde-esconde com as crianças nessa idade. Uma criança se esconde e sempre pensa que não é vista. Quando o adulto se esconde num lugar inesperado e a criança não consegue achá-lo, ela fica decepcionada, pois seu jogo segue o seguinte princípio: não o vejo, mas sei onde você está.

Nos Estados Unidos existe uma escola de psicologia que se chama psico-história. A linha central dessa escola é a de que as mudanças no tratamento das crianças costumam anteceder em uma geração as grandes mudanças políticas e sociais. Os acontecimentos no Leste da Europa poderiam comprovar isso. Os pesadelos políticos do czarismo e do estalinismo eram a expressão de uma educação infantil igualmente brutal. Bater em crianças era uma coisa comum, e as crianças bem pequenas eram amarradas, enfaixadas, apertadas. Tanto na educação quanto nas outras áreas da vida desenvolviam-se o medo da independência, a instabilidade das emoções e o desejo de controle. Até há poucos anos era esse o tratamento tradicional de crianças no interior da Rússia.[4]

A psico-história afirma o seguinte:
1. A evolução do relacionamento entre pais e filhos é uma fonte autônoma de mudança histórica e social.
2. As mudanças no relacionamento entre pais e filhos não independem da mudança social e tecnológica.
3. No decorrer da história, os relacionamentos entre pais e filhos ficam cada vez mais estreitos.
4. Os cuidados dos pais com relação aos filhos não diminuem com o decorrer da história; ao contrário, aumentam.
5. As práticas da educação infantil são a condição determinante para a tradição e o desenvolvimento de todas as características da cultura.

Mesmo que não concordemos com essas afirmações, não faria mal nenhum relacionar a história da educação com a atual situação social e política. O psicanalista sueco Erik Erikson fez isso há muito tempo. Aparentemente, faz diferença se a pessoa estuda apenas o desenvolvimento racional com base nos números ou se se ocupa com crianças. É que, no último caso, são usadas inteligências diferentes.[5]

Até mesmo na vida dos povos existem fases de desenvolvimento de longa duração que englobam várias gerações. Na sua infância, Josef Stalin e o ditador romeno Nicolae Ceausescu apanhavam freqüentemente de seus pais. Mesmo que não tivessem feito nada grave, eles eram constantemente castigados. As pessoas que conviveram com eles não só viam isso sem fazer nada, como também concordavam com esse tratamento dispensado às crianças. Essa humilhação precoce foi passada adiante por eles a outras criaturas indefesas: primeiro mataram animais; depois, seres humanos.

Ficou claro que a violência contra as crianças não é aplicada de modo generalizado à geração a que pertence Michail Gorbatschov, que era respeitado por seus pais.[6]

"É um milagre!"

Como se pode produzir um estado emocional de serenidade?

Eu havia feito uma palestra sobre a motivação no esporte de competição. Na platéia também havia pessoas de países do Terceiro Mundo. Depois da palestra houve uma discussão. Um negro da Nigéria levantou a mão e fez uma crítica: "Não sei se realmente tem sentido falar em motivação. Ninguém a viu até hoje. Só a suposição de que, no fundo, por se tratar do desempenho esportivo haja uma motivação. No meu país, algumas pessoas diriam que se trata de um espírito eficiente que faz com que o esportista seja capaz de realizar algo. Um espírito se expressa no desempenho. Foi ele que o realizou. Onde está a diferença com a motivação?" Eu sabia aonde ele queria chegar. Nós, ocidentais, transferimos toda a força interior para dentro de nós mesmos. Para ativá-las, inflamos o nosso ego. Mas talvez não vejamos outros contextos. Talvez um africano os atribua aos espíritos. Talvez um brasileiro conjure as divindades da Macumba para vencer. Talvez seja mais fácil confiar em deuses do que no eu. Mas nós não acreditamos nisso! E, por essa razão, isso também não funciona. Desse modo, resumi as palavras do africano. Mas ele não desistiu. "A motivação vai contra a natureza do homem. Tudo, até a última gota, deve ser extraído do corpo. Para fazer nosso trabalho do dia-a-dia, precisamos de pouca motivação. Quando gostamos do trabalho, talvez não precisemos de nenhuma. O mesmo se dá no que se refere ao esporte. Se eu quiser ganhar, faço um esforço. Mas gosto de fazê-lo. Às vezes, uso até as últimas reservas físicas e espirituais. Mas, nesse momento, não sou mais eu. Sou um tipo de médium usado como instrumento de um outro." Assim prosseguimos por algum tempo.

Certa vez, Pelé, o grande jogador de futebol, disse: "Por que fiz mil gols? Não sei. Por que eu, logo eu? É um milagre!"

Depois dessa palestra e da discussão, comecei a refletir. É verdade! Por que logo eu? Podemos dizer isso com relação a todos os acontecimentos com os quais nos deparamos durante a vida. C. G. Jung, numa de suas viagens para os Estados Unidos e quando cruzara este país, teve experiências parecidas. Ele estava viajando com o chefe de uma tribo indígena. Ambos queriam ir a uma reserva indígena: o índio, porque morava lá, e Jung, para colher informações psicológicas. Durante a viagem de carro, o índio exigiu que Jung parasse. Desceu do carro e deitou-se no chão a cerca de dez metros da estrada. Ficou imóvel por alguns minutos. Em seguida, levantou-se e voltou a entrar no carro. Como explicação, disse que de outro modo sua alma não conseguiria acompanhá-lo. Ele tinha de ficar imóvel por um momento a fim de esperar por ela. Então tudo estaria em ordem novamente. E esse homem não era nenhum ignorante, seguidor de qualquer crença nos espíritos. Ele trabalhava numa construção em Manhattan e conhecia a civilização dos Estados Unidos.

A unidade de corpo, mente e alma é importante para todos os esportistas. A concentração só ocorre quando o corpo não é caçado pela alma; quando — como diria nosso africano — ele "renuncia à motivação". O corpo sabe como se corre; a mente, não. O corpo pode pensar sozinho e — no que se refere aos movimentos físicos — bem melhor do que o eu. A mente apenas causa irritação. Na época em que a União Soviética tinha muito sucesso no esporte, os treinadores tentavam tirar a pressão nociva que a reflexão exercia sobre os atletas com um pouco de vodca antes das competições.

Certamente, não é coincidência o fato de fazermos uso de métodos de domínio do corpo e de relaxamento de origem oriental e africana. É a relação com nossas emoções que nos força a enveredar por caminhos diferentes dos habituais, bem trilhados. Treinamento autógeno, relaxamento muscular progressivo, meditação transcendental e yoga pretendem proporcionar um aprofundamento em nós mesmos e a liberação das emoções que nos fazem adoecer; querem diminuir a agitação corporal, libertar o organismo por intermédio de um movimento espiritual interior que confere tranqüilidade à alma. Já os praticamos; mas nós os transformamos numa técnica, pois não nos agrada o seu fundo religioso. Simplesmente ignoramos esse aspecto.

Neste ínterim, o Instituto para a Pesquisa Aeróbica, em Dallas, Texas, testou física e psicologicamente os vinte e quatro melhores corredores de longa distância dos Estados Unidos. Revelou-se que os corredores de elite são diferentes dos corredores médios. A elite não conhece o fenômeno do muro, aquele ponto, numa maratona, em que o corredor quer desistir porque não agüenta mais. Depois de cerca de trinta quilômetros, muitas pessoas sofrem um colapso na homeostase física. O volume de sangue diminui, as reservas de glicose já se esgotaram, a temperatura do corpo sobe cada vez mais, chegando, às vezes, a 40º C. Tonturas e transe podem ocorrer se a pessoa continuar correndo. Mas tudo isso é revertido quando ela persiste. Os corredores extraordinários conhecem esse estado. Eles aprenderam a pensar intensamente em algo diferente. É como se saíssem desse estado. Eles fazem com que o corpo não seja mais controlado pela razão. Para usar novamente as palavras do nosso nigeriano: "A alma abandona o corpo." Só é permitido ao corpo continuar correndo. O eu sai. Os corredores começam a sonhar. Praticam o deixar correr. Eles atingiram um estado emocional diferente, para o qual realmente não é necessário mais nenhuma motivação. Praticam uma psicologia que lhes permite sentir que não são eles que suportam mais o esforço que fazem. Desligam. Passam a se observar só a partir de fora. Transformaram-se, como diria Goleman, em registradores de seu interior, sem valoração, sem julgamento nem interpretação.

Atualmente, os corredores não correm mais 42 quilômetros. Os atletas que correm cem quilômetros são a prova de que intensos processos interiores realmente podem ser atenuados. Mas, embora no esporte ocorram experiências que beiram o limite da capacidade humana, estas são supervisionadas, como que protegidas. Os esportistas aprendem a conhecer bem seu corpo e sua psique. Sabem que uma melhora no desempenho não se dá através de constantes julgamentos de valor feitos por eles mesmos, mas através da observação de como "a máquina" funciona. Sente-se a tentação de afirmar que os grandes ganhadores são tão inteligentes que podem "desligar" sua inteligência. Ou melhor: sabem que existe uma inteligência por trás da analítica. Temos um cérebro dividido em três partes. Fornecemos a cada parte aquilo a que ela tem direito.

Numerosos exemplos do tênis e do golfe confirmam isso. Podemos observá-lo inúmeras vezes. Não é o adversário externo que tem de ser vencido. Em primeiro lugar, deve-se vencer o adversário interno. Todas as pessoas têm um adversário natural que não podem escolher e contra o qual têm que se bater, quer gostem ou não. É o próprio eu e as emoções que tantas vezes nos pregam peças. Permitir que seus próprios acontecimentos emocionais ocorram pode ser o caminho para uma alma modificada.

Os esportistas freqüentemente sabem que é melhor não fazer nenhum julgamento, mas deixar que o jogo interior se ponha em movimento. Tratar de imagens fica então mais fácil do que tratar de palavras.[7] As imagens são mais prístinas, baseadas no sistema límbico; mas as palavras vêm do neocórtex.

Muitas vezes, os esportistas não conseguem descrever com palavras o estado de bem-aventurança em que se acham logo depois de terem acabado de ganhar a competição. Pensam que cresceram além deles mesmos.

"Ele jogou como num sonho; acertou o gol como se fosse sonâmbulo", lemos, então, no jornal.

Nesses momentos do mais alto desempenho esportivo, ninguém pensa no próprio desempenho. Ele não é comparado com um outro, anterior ou posterior, no momento em que o feito é realizado. Isso só acontece mais tarde.

Nosso cérebro é uma complicada selva de vitalidade inconcebível. O eu, como a forma mais elevada da consciência, não consegue explorar essa selva. Ele tem suas próprias leis. Mas encara esse mundo e reivindica a onipotência. Finge que domina o cérebro. Porém, só uma parte mínima das informações captadas pelos sentidos chega à consciência. É o que sempre acontece com a difusão de informações. As agências de notícias selecionam as informações e passam-nas à redação, onde elas são novamente selecionadas. Desse modo, estima-se que apenas 1% das informações chega, por exemplo, ao noticiário do canal da televisão alemã que está em primeiro lugar e a outros noticiários.

Nossa consciência é um milagre. Ela não consiste em guardar coisas importantes, mas em não assimilar o que não é importante. É nesse momento que as emoções entram em jogo. Elas selecionam as informações e protegem a consciência do colapso causado pela grande quantidade de informações. Concomitantemente, porém, são as emoções que transformam o restante do potencial espiritual e intelectual do homem em algo possível de ser posto em prática e valioso. Há pessoas que passam por todos os testes de inteligência com louvor. Mas se algo lhes acontecesse que prejudicasse o tálamo, aquela região que fica acima do tronco cefálico e que constitui a ligação com o sistema límbico, elas não conseguiriam mais emitir juízos de valor. Não teriam mais condições de viver, embora com um Q.I. de 130. Quando não há nenhuma ligação entre o cérebro e o tálamo, como ocorre, por exemplo, durante uma anestesia geral, não há mais consciência. Essa descoberta causou uma revolução nas pesquisas sobre o cérebro. E essa descoberta, que impressionou profundamente os psicólogos, mudou a imagem da personalidade do homem em favor das emoções. Atualmente, as emoções não são mais consideradas simples assessórios, fatores de perturbação ou agitação. Elas formam a base da atividade do nosso cérebro, sem a qual não existiria nenhuma consciência. Poderíamos até mesmo ousar dizer que, sem as emoções, a ciência não é possível. No momento em que se comprova a veracidade dessa afirmação, a revolução se completa. A grande tarefa dos neurocientistas terá início.

O teste de gratificação

Resistir a um impulso é uma capacidade psicológica. O estudo a seguir, realizado pelo psicólogo Walter Mischel nos anos 60, conservou o seu valor.[8]

Se se diz aos alunos que eles serão recompensados tendo menos lição de casa se ficarem quietos até que o professor volte, normalmente haverá três grupos com comportamentos distintos. Um grupo não acredita e começa a falar assim que o professor sai da sala. Outro, que espera um pouco, mas, passando algum tempo, participa das conversas do primeiro grupo. E o terceiro grupo, que se comporta da maneira que será recompensada.

Esse teste Marshmallow revisado é uma pesquisa, se bem que não representativa nem estatisticamente aferida, da inteligência emocional. Inteligentes são as crianças do terceiro grupo. Seu desempenho consiste em esperar e adiar a recompensa. Elas conseguem refrear as necessidades impulsivas e acreditam que o professor realmente as recompensará.

Sem dúvida, espera-se dos alunos que dominem suas emoções e necessidades. Posteriormente, descobre-se que essa aptidão aparece num contexto bem mais amplo. Os alunos mais velhos eram cautelosos, capazes de se impor e de resistir. Podiam suportar o *stress* melhor do que seus colegas que não se adaptaram à vontade do professor. Hoje em dia, costuma-se oferecer vantagens justamente às crianças que não se adaptam. Mas não há nenhuma dúvida que uma regulamentação precoce das necessidades emocionais favoreceu as crianças mais tarde, tornando-as melhores alunos também nas matérias de lingüística e matemática científica. Elas aceitaram a oferta de impor a si mesmos uma pausa. Podiam alegrar-se de modo adequado diante da perspectiva de receber uma gratificação maior devido a uma renúncia imposta por elas mesmas.

Como indicador geral de uma inteligência emocional podemos considerar o fato de se parar antes de reagir, antes de decidir. Decisões espontâneas, tomadas sem nenhuma reflexão anterior, podem ter sido importantes biologicamente. Mas, no decorrer da evolução cultural, elas são substituídas por aquelas precedidas de um tempo de ponderação e reflexão. A antropologia cultural dedicou muitos estudos à descrição desses "retardamentos", que consistiam em numerosos rituais.

Todos os povos e culturas reconheceram há muito tempo que uma decisão imediata acarreta dificuldades, pois ela depende demais das emoções do momento. Nos primórdios da evolução, isso não tinha tanta importância. Naquela época, tratava-se de decisões rápidas e simples, que tinham como conseqüência a fuga ou o ataque. A herança desse tempo e da evolução seguinte ainda continua dentro de nós. Mas ela se acha diante de valores que também devem ser levados em consideração quando se trata de tomar uma decisão.

O índice de animosidade

Gene Klevan é um conhecido comentarista de rádio e televisão da WNEW em Nova York. Sua filosofia consiste em conciliar milhões de motoristas e pedestres em Manhattan com seu destino. Tudo começou com uma brincadeira. Ele queria, com muito humor, ridicularizar os engarrafamentos e a pressa, e por isso inventou o índice de animosidade. Sua escala ia de 0 a 10. No ponto 0 tudo está calmo, alegre e relaxado: "Tudo está bem."

O 3 indica a necessidade de as pessoas que estão na rua não serem perturbadas. "Deixe-me em paz!"

No 6 deve-se estar preparado para ouvir expressões agressivas: "Se você não me deixar em paz, vou bater em você!"

Quando atinge 10, pode-se esperar uma explosão, terminando em luta corporal em plena rua: "Se você não me deixar em paz, eu te mato!"

O índice é um tipo de avaliação estatística dos respectivos acontecimentos que podem fazer com que os usuários de transportes públicos e os transeuntes se tornem intolerantes. O instrumento cientificamente fundamentado para usarmos no futuro ainda não foi inventado. Mas podia ser parecido com o que Klevan concebeu. Atualmente, esse índice é uma sátira que, entretanto, já contribui para o comportamento na megalópole, a supercidade do futuro. A vida tem que ser suportada. E quando se pode sorrir diante dela, melhor ainda.

Gene Klevan estudou todos os acontecimentos em Nova York que parecem indicar um aumento da animosidade na população. Desse modo chega-se ao nível máximo de estado de alerta quando o índice de poluição supera os níveis mais elevados permitidos oficialmente; quando a temperatura sobe excessivamente; quando o time profissional de basquete ou os jogadores de futebol de Nova York perdem feio para os Cowboys de Dallas; quando os ferroviários de Long Island entram em greve e os usuários não conseguem chegar aos seus locais de trabalho; ou quando em Nova York falta energia elétrica à noite. Em todos esses casos, Klevan fixa o índice em 9 ou 10. Ele tem a intenção de advertir os usuários que estão na rua e usam o metrô de manhã e à noite. O serviço consiste em transmitir uma informação segundo a qual é possível avaliar o comportamento de seus concidadãos. Sabe-se o que esperar dos outros naquele dia e está-se preparado para isso. É a inteligência emocional aplicada, um serviço para os ouvintes de rádio.

Os motoristas de táxi conhecem o índice e o transmitem às outras pessoas. Os porteiros de hotel ocasionalmente tomam conhecimento dele e o passam para a frente. Muitos, aliás, se tornam bastante gentis quando ouvem que devem esperar agressividade e raiva contidas no trânsito. Eles ficam mais cautelosos. Com muito humor — mas são nova-iorquinos — dão risadas quando o índice sobe ainda mais. Certa vez, presenciei um transeunte fazer um sinal para um motorista: levantou os cinco dedos de uma das mãos e dois da outra, do mesmo modo como fazem os técnicos de futebol quando sinalizam ao seu time que ainda faltam sete minutos para a vitória.

Na física, os instrumentos de medição já mudam um pouco a matéria. O termômetro frio pode baixar a temperatura da água em algumas frações de grau. No caso dos seres humanos, isso é mais evidente ainda. Eles avaliam seu próprio comportamento quando notam que são avaliados, e, assim, o modificam. Desse modo, as emoções podem ser amenizadas. Muitos até mesmo levam a piada de animosidade muito a sério. Há nova-iorquinos que já a consideram uma informação séria. E, de certo modo, ela é. Com muita freqüência, nessa cidade as pessoas passaram por situações apocalípticas semelhantes ao fim do mundo. Não que elas tenham de duvidar imediatamente da civilização, mas a temem um pouco. É nesse caso que o índice se torna oportuno.

O que a emissora de televisão criara com seu barômetro de animosidade transformou-se, alguns anos mais tarde, numa medição séria das emoções. Damasio, que reconstruía o cérebro e suas funções com a ajuda de simulações em computador, descobriu que mesmo em pacientes que não tinham mais emoções devido a um ferimento em alguma parte do cérebro podiam ser medidas certas possibilidades de reação. As mudanças emocionais costumam se manifestar em pessoas saudáveis também através de pequenas oscilações na transpiração. A capacidade de condução elétrica da pele aumenta através da transpiração. Esse é um processo conhecido de longa data. Quando Damasio mostrava aos pacientes que não tinham mais imagens que os deixavam agitados, como, por exemplo, imagens de acidentes, ou que os excitavam, como as do *peep-show*, então eles não transpiravam, como ocorre com todas as pessoas, mas eles podiam dizer exatamente o que viam. Usavam também conceitos como horrível, sexualmente excitante, nojento, triste. Mas a pele não recebia essa informação. Damasio chegou à conclusão de que a comunicação entre o cérebro e o corpo não existia mais. Os anos vindouros mostrarão qual é a conclusão revolucionária que poderia advir disso.[9] Sem a comunicação entre os pedestres e os motoristas, que não se conhecem pessoalmente, o trânsito não poderá ser organizado. O "índice de animosidade" e o "barômetro das emoções" já fornecem dados novos dos quais podemos tirar conclusões que ninguém ainda imagina.

Em São Paulo, uma cidade de treze milhões de habitantes, em 1980 foi publicada uma pesquisa que mostra a dependência da produção industrial com relação ao sucesso ou ao fracasso do clube de futebol Corinthians. Com uma série de vitórias num ambiente eufórico, a produção aumentou em 4%; no caso da derrota com conseqüente descontentamento e desânimo, a queda foi de 6% nas 48 horas que se seguiram ao respectivo jogo. Os tumultos em eventos esportivos também já foram previstos. Isso aconteceu pela primeira vez antes do jogo final pela taça européia entre o FC Bayern e Leeds United em 1975 em Paris. Do mesmo modo como normalmente se prevêem a temperatura, a pressão atmosférica, a umidade do ar e a velocidade do vento, tentou-se, com algum sucesso, prever as mudanças emocionais. O "barômetro emocional de tumultos" baseou-se em grandezas diferentes e mutáveis, entre as quais estão, por exemplo, a seqüência dinâmica de gols, as decisões do árbitro, a importância do jogo, os grupos de torcedores de fora e o potencial de conflito antes do jogo, mas também outros fatores como faltas e supostos danos morais antes e durante o jogo. O início do tumulto e o conseqüente comportamento agressivo depois do jogo em Paris foram previstos com bastante precisão.

O método de Stanislawski

Vamos nos dedicar ao método de Stanislawski, que é aprendido por atores no intuito de expressar emoções com o máximo de autenticidade.

Konstantin Stanislawski era o nome artístico do russo Konstantin Sergejewitsch Alexejew (1863-1938), ator e diretor teatral em Moscou. Ele conhecia por experiência própria as dificuldades que muitos atores de teatro encontravam no sentido de achar a emoção certa para o papel que representavam na apresentação teatral da noite. Stanislawski conseguiu se aperfeiçoar lançando mão da auto-sugestão e da visualização. Por meio da imaginação e de comportamentos simulados, deveriam ser provocadas reações autônomas, que se aproximavam bastante da expressão real das emoções.

Para conseguir ter um excelente desempenho artístico, Leonard Bernstein, durante os ensaios de orquestra, sugeria, até mesmo a um José Carrera, que visualizasse o ciúme que sentia um Otelo. Às vezes, entretanto, ia tão longe, que Carreras se aborrecia, uma emoção que não era indicada para ele desempenhar o papel de Otelo.

O processo inverso consiste em ensinar a um cantor ou ator comportamentos tão precisos, que suscitam nele justamente as emoções que ele deve representar no palco. O assim chamado Method-acting poderia ser experimentado também com uma causalidade inversa. A expressão realista das emoções é realizada através de emoções. Mas nossa expressão facial não provoca, necessariamente, uma emoção correspondente. Quando recebemos instruções no sentido de mantermos uma expressão aborrecida durante um jogo divertido, não ficamos nem um pouco aborrecidos. Tudo depende, portanto, da situação natural, e não da artificial e experimental.

Faz parte do nosso conhecimento básico a respeito das emoções o fato de que a elas correspondem processos fisiológicos concomitantes. O afeto ocasiona mudanças no sistema nervoso autônomo, e elas podem variar desde uma aceleração do pulso até uma dilatação das pupilas. Conhecemos a tensão muscular, o enrubescimento, o empalidecer, a agitação do nervosismo ou o pavor estarrecedor sem fazermos nenhum movimento físico. A questão a saber é se a reação física surge como reação direta a um estímulo ameaçador ou como sinal de perigo, tendo as emoções como conseqüência.

À primeira vista, uma idéia como essa pode ser considerada cômica. Pois, nesse caso, ficaríamos tristes porque choramos e alegres porque rimos. A opinião popular é posta de cabeça para baixo. Mas as emoções são contagiantes. Não existem no espaço vazio, mas num contexto social. E este não contém apenas uma ressonância, mas também um caráter de convite. Isso vale até mesmo para o nosso comportamento emocional diante dos animais.

Os domadores sabem que existem dois métodos para lidar com as feras. Usando determinadas técnicas psíquicas, eles conseguem atingir um humor agradável, que irradia superioridade. Ou eles aprendem tão perfeitamente a seqüência de seus movimentos, que acompanham o comportamento territorial dos tigres e os manipulam através dos movimentos. Parece que já aconteceu de animais receberem psicofármacos para, por exemplo, através da benzodiazepina, perder a característica de predador e a agressividade. Psicofármacos podem provocar um "efeito domador". Com um domador norte-americano aconteceu o seguinte: Ele contraiu câncer, foi operado e conseguiu se curar. Quando voltou ao picadeiro três meses depois de adoecer, um tigre se lançou sobre ele e lhe rasgou a garganta. Biólogos atribuem a tragédia ao ambiente diferente que o domador criara devido ao cheiro de seu corpo. O processo de alienação quanto às relações emocionais, ocorrido durante sua ausência, também contribuiu. Não eram mais os "seus" tigres, e, para os tigres, ele não era mais o seu animal alfa mais inteligente, ou seja, o tigre na posição mais alta da hierarquia. A relação de dinâmica de grupo, criada com tanto esforço entre domador e tigres, não se sustentou mais por relações emocionais.

Programado emocionalmente: os estados desejáveis

Já em 1985, James Loehr e Peter McLaughin obtiveram grande sucesso ao treinar jogadores de tênis aos quais se ensinava como controlar as emoções. Gabriela Sabbatini venceu Steffi Graf quando aprendia a influenciar seu estado emocional. Seus treinadores aventaram a hipótese de que não são as vitórias que aumentam o bem-estar, mas um estado no qual as esportistas ficam livres do medo e relaxadas, se sentem muitíssimo bem, cheias de autoconfiança, tendo a consciência da própria força, da própria capacidade. Esse é um excelente e equilibrado conjunto de emoções. O conceito "inteligência emocional" ainda não existia. Mas o que mais tarde viria a ser denominado assim ali, pela primeira vez, alcançou o sucesso como um conceito programado.[10]

Aborrecimento, medo e raiva são pré-requisitos péssimos para um desempenho de destaque. Pré-requisitos excelentes, por outro lado, são a alegria, a autoconfiança, a tranquilidade espiritual, o otimismo, a concentração, a intuição e o estado de alerta. Este, e suas respectivas emoções, segundo os autores e treinadores, seria sempre igual em todas as realizações e relativamente independente do ambiente. Dependeria, todavia, dos processos fisiológicos, do estado dos nervos e do cérebro. Este último produziria os hormônios e neurotransmissores correspondentes para o estado emocional desejado. Como a pessoa sempre se encontra em algum estado emocional, seria importante assumir o controle das emoções. Mas isso só seria possível por meio da percepção do seu próprio estado.

Muitas técnicas são usadas na análise dos componentes desse estado emocional ideal. Anteriormente, o processo de *biofeedback* já pôde provar que somos capazes de influenciar até mesmo o sistema nervoso vegetativo autônomo, e que isso ocorre por meio da vontade, se bem que indiretamente. Também se podia trabalhar influenciando a musculatura do rosto, como fazem os atores. Havia ainda os rituais destinados a encontrar o ritmo perfeito e as técnicas de respiração capazes de controlar as emoções. Nesse treinamento também se aproveita o fato de que o cérebro não faz nenhuma distinção entre as cenas que realmente acontecem, e que são vistas com nossos olhos, e as que a pessoa visualiza. As mudanças fisiológicas são as mesmas. Até mesmo nos sonhos ocorre a realidade da fisiologia. As fotografias dos tomógrafos com emissão de pósitrons comprovam que os pesadelos provocam padrões de agitação semelhantes aos vividos na "realidade" do estado de vigília.

Os estados emocionais ideais, necessários a qualquer desempenho excepcional, consistem na alegria, na confiança, no poder e na capacidade. O treinamento dos astronautas da NASA foi o primeiro a se valer desse fato. Os primeiros astronautas enviados à Lua tiveram a sensação de já ter estado lá inúmeras vezes, tão familiarizados estavam com ela por meio do treinamento psicológico das emoções.

Em 1984, quando iniciamos o aprendizado das técnicas dos astronautas num seminário universitário, tivemos uma grande surpresa. Em poucas semanas, a maioria dos estudantes ficou num estado emocional que consideraram como positivo; alguns até mesmo atingiram um estado de euforia. O entusiasmo foi contagiante. Os seminários foram ampliados e repetidos nos semestres seguintes. Alguns antigos participantes, que hoje são psicólogos, praticam programas semelhantes em seus próprios consultórios.

O que é *mentally tough*? Significa que se consegue desenvolver a capacidade de controlar o próprio estado emocional, de relaxar, de se concentrar ou de ter autoconfiança. Mas também significa a capacidade de fugir do *stress*, de se livrar do aborrecimento, do cansaço, da irritação e atingir com mais facilidade as metas que nos impomos. A própria disposição criativa é melhorada. O controle do *stress*, praticado em todos os lugares nos Estados Unidos nos anos 70 e 80, transformou-se em controle emocional. Mas é como se as indicações de trânsito numa rua tivessem sido trocadas durante a noite. Se até então se acreditava que um desempenho excelente proporcionasse um estado emocional positivo, agora se afirma que é um estado emocional positivo que proporciona desempenhos excepcionais. É por causa desse estado emocional que se alcança o sucesso. Aprendemos como controlar as emoções. São esses os verdadeiros pré-requisitos para um desempenho excepcional. Assim que as emoções corretas estão estabelecidas, todas as outras inteligências conseguem desabrochar e proporcionar uma realização que não teríamos considerado fosse possível.[11]

A prática desse processo se evidencia:
1. Em primeiro lugar, perceber e avaliar qual o nosso estado emocional. Este pode ser negativo e pessimista, mas também tenso e contraído. Pode-se tratar também de uma motivação elevada.
2. Preparar uma estratégia para adaptar o estado emocional. Isso pode ser feito por meio da respiração, mas também pela visualização, o humor, os exercícios físicos ou os rituais. Temos de descobrir o que sabemos fazer melhor.
3. Sentir-se bem, ter emoções positivas e cheias de energia.
4. Dar o melhor de si.

Era o primeiro programa bem-sucedido para se fomentar a inteligência emocional que se referia ao próprio eu. É claro que um modelo como esse também chega à diretoria dos trustes norte-americanos, da costa oeste à costa leste, da Pacific Gas & Electric à AT&T. Por fim, decidiu-se não só tolerar essas mudanças emocionais entre os colaboradores mas até mesmo incentivá-las.

Muitos programas semelhantes foram desenvolvidos, e todos eles estão ligados às emoções. As técnicas utilizadas eram a visualização e o treinamento indireto.

Era como uma revolução. O que estava embaixo era levado para cima; o que estava em cima, para baixo. Não era o desempenho que estava em primeiro plano, embora continue sendo a meta desejável, mas as emoções necessárias para garantir esse desempenho. O sistema nervoso humano e o cérebro humano foram declarados objetos de treinamento, a mobilização de todas as nuances da inteligência, o objetivo evidente dos psicólogos.[12] Em todos os lugares falava-se em atitude mental, o que significava, na verdade, emoções. Em última análise, o supertreinamento desenvolvido por nós também faz parte desse grupo.

Como o cérebro tem ligação com todas as fibras e células do corpo humano, a bioquímica é tão importante quanto toda a circulação sangüínea, a respiração e os respectivos estados do sistema nervoso. Os neurotransmissores são responsáveis pelo medo, pelo aborrecimento e pelo estado de alerta. A serotonina nos faz relaxar. Alguns sinais podem ser dirigidos voluntariamente; outros, apenas indiretamente, como reflexos. Com isso e de modo decisivo, o sistema límbico permanece no centro visual do interesse científico, mas também do prático. Acima de tudo, é o esporte que tem um papel predominante, pois nesse caso não é só o desempenho que pode ser medido de modo relativamente objetivo. Os próprios esportistas falam constantemente sobre o que percebem e o que os leva a vencer ou perder. Também nesse caso a inteligência emocional é descoberta e incentivada.

Para acabar com o humor negativo, repleto de energia, como o aborrecimento ou o medo, temos de aprender a atingir um estado psíquico diferente. No esporte, muitas vezes não se trata de relaxar. Mas o estado ideal depende da situação geral. Um bom exemplo é Boris Becker. Antigamente, ele ficava com muita raiva, que aumentava cada vez mais, o que muitas vezes lhe custou a vitória. Hoje, aprendeu a suscitar esse estado emocional apenas nos momentos em que ele é indício de sucesso. Hoje ele entra na partida com emoções mudadas — graças a processos mentais para os quais o remete sua inteligência emocional.

Os críticos objetarão que, por meio desse tipo de controle emocional surge um bem-estar que é reprimido, artificial e que, por isso, não é nada mais do que uma variação do "Pense e sinta-se positivo!" Esse perigo existe, mas pode ser eliminado quando é controlado pelo desempenho, como ocorre no esporte.

Também é importante que o treinamento não seja feito sozinho. É preciso a ajuda de especialistas.

Kennedy e a crise cubana

No dia 29 de outubro de 1962, o mundo enfrentava a seguinte situação: A União Soviética estava prestes a instalar foguetes que, em poucos minutos, poderiam destruir, com suas armas nucleares, qualquer cidade dos EUA. John F. Kennedy aconselhou-se com seu estado-maior de segurança e com os militares que tinham os cargos mais altos na Casa Branca para ver o que fazer a fim de desviar a ameaça da U.R.S.S.

Então Kennedy tomou uma decisão que pressupõe um controle das emoções. Distinguiu entre a real ameaça aos EUA em função dos foguetes soviéticos e a idéia dessa ameaça. Sua decisão baseou-se não numa ameaça objetiva, mas na avaliação subjetiva de como as outras nações avaliavam as ações norte-americanas, portanto, na inteligência emocional. O equilíbrio do poder não tinha mudado, disse o presidente. A mudança estava só na aparência. Os militares não o compreendiam. Para eles, havia uma ameaça. Mas Kennedy achou que era a idéia de uma ameaça que poderia levar uma pessoa a agir de maneira errada.[13]

Numa ameaça real, há certa quantidade de possibilidades de reação; por exemplo, pode-se pôr um fim à ameaça atacando primeiro. Numa ameaça que existe na imaginação humana, entretanto, há a possibilidade de reações bem diversas.

Kennedy deve ter sido um dos primeiros a entender que a ação política da U.R.S.S. e dos EUA havia-se tornado um tipo de jogo de pôquer, um assim chamado *chicken game* que nunca seria seguida por uma agressão letal. A partir desse momento, na Casa Branca não se falava mais em *Cold War* mas em *Supergame*.*

Kennedy foi o primeiro a pôr em prática o controle do *stress* na política mundial. O perigo não é a ameaça objetiva do organismo. O perigo está em reagir a uma idéia. O controle consiste em mudar a idéia do perigo.

Nikita Chruschtschov deveria ter a possibilidade de ceder mesmo mantendo as aparências. Essa era uma premissa que não teria tido nenhuma importância numa guerra nuclear, mas, sim, na ameaça de uma guerra nuclear que devia ser evitada. Por isso, Kennedy impôs um bloqueio naval. Um ano antes, ele também havia praticado uma desescalada gradual por ocasião da construção do muro de Berlim. Mas Kennedy ignorou uma coisa que prejudicou sua

---

* Não se falava mais em "Guerra Fria", mas em "Superjogo" (N.T.).

vitória: as filmagens do retorno dos navios soviéticos significaram uma derrota para o Kremlin, o que levou à queda de Chruschtschov.

Kennedy, a primeira estrela de televisão da política, usava a televisão também em ocasiões impróprias. As fotos dos U-2 nas rampas de lançamento foram ampliadas, para que se pudesse apresentar provas à imprensa mundial. Ele mandou filmar a mudança de rumo dos navios soviéticos diante da linha de bloqueio. Embora Kennedy se lembrasse sempre de conceder ao adversário a possibilidade de manter as aparências, ele o expunha na televisão.

A diferença entre uma realidade e a idéia dessa realidade é teórica. Poderia se pensar que é algo sutil demais. Mas também nesse ponto o filósofo romano Epicteto se adiantou à modernidade. O seguinte pensamento era o lema prático de sua vida: "Não são as coisas que nos inquietam, mas as idéias que temos acerca delas." A morte em si mesma, por exemplo, não teria nada de terrível; só a idéia que temos dela teria. Epicteto estabeleceu uma diferença fundamental entre ser e consciência. Não conhecemos o ser, e a consciência que está ciente desse fato transforma-se, ela mesma, num ser que não conhecemos. Toda a teoria cognitiva ocidental, que culmina em Immanuel Kant, vive desse pensamento. Também Albert Ellis, psicoterapeuta norte-americano, refere-se a ele quando postula sua terapia racional-emotiva.[14]

A decisão de Kennedy foi um bom exemplo de que ele sabia avaliar corretamente as emoções de sua própria superpotência e também a dos soviéticos. Se ele tivesse seguido as estratégias e táticas da inteligência friamente calculista, provavelmente teria ocorrido uma guerra nuclear. Devemos afirmar que o secretário geral soviético Chruschtschov, por sua vez, de repente também percebeu corretamente a reação emocional dos EUA. Os dois políticos usaram sua inteligência emocional no auge de uma crise perigosa. Haviam tomado decisões racionais sem negligenciar as emoções. Estas foram integradas às decisões. Esse é um exemplo da política mundial que demonstra que, com a ajuda da inteligência, pode-se tanto fazer uso das emoções numa situação de crise quanto pô-las de lado. Em ambos os casos, revelou-se que a inteligência é capaz de dominar as emoções.

Durante a crise cubana, também ficou claro que o sucesso político pode ser transformado em derrota quando a inteligência emocional serve como um catalisador e muda os acontecimentos. Isso quase acontece diante dos nossos próprios olhos. Devido à telecomunicação mundial, as pessoas sentiram imediatamente o efeito psicológico provocado pelas imagens vivas. Do mesmo modo como no passado os telefonemas passaram a substituir os telegramas, assim agora as imagens do local do acontecimento podiam ser mostradas diretamente aos políticos responsáveis no mundo inteiro.

Os primeiros pontos altos eram as imagens que mostravam os navios soviéticos mudando de rumo na linha do bloqueio que o presidente Kennedy impusera durante a crise cubana. Os soviéticos — era o que as imagens queriam dizer — não podiam chegar a Cuba. Eles haviam cedido. Chruschtschov atingira seus objetivos políticos. Ele via o resultado da crise cubana como uma vitória. É que ele conseguiu a diminuição do número de foguetes norte-americanos na Turquia e que os norte-americanos prometessem que nunca atacariam Cuba. Psicologicamente, todavia, tratava-se de uma derrota. As imagens dos navios soviéticos mudando de rumo correram o mundo, e o gabinete político responsabilizou Chruschtschov por isso; ele considerou as imagens humilhantes. A partir desse momento, Chruschtschov praticamente não tinha mais poder no Kremlin. A crise de Cuba foi vista como uma derrota, pois o mundo todo havia testemunhado que os soviéticos não dominavam os mares. Os norte-americanos impuseram limites e os soviéticos tiveram de obedecer.

Excesso de estímulos emocionais

O que os soviéticos e os norte-americanos fizeram durante a Guerra Fria era muito semelhante às assim chamadas técnicas de "inundação" da terapia comportamental norte-americana. Nessas terapias, um paciente que tem medo sem um fundamento objetivo, é posto numa situação que provoca medo. Mas não se lhe oferece nenhuma chance de fugir dessa situação. Por isso se diz que o paciente fica "cheio" de medo. Ele deve sentir seu medo do modo mais intenso possível.

Mas ele também é estimulado a relatar as conseqüências horríveis que, em sua opinião, resultam para ele dessa situação de medo. Nesse processo, as emoções não só são produzidas mas também esgotadas. Esse método também foi chamado de terapia de implosão, pois tem a intenção de levar ao ponto no qual os estados de medo "desmoronam". Num primeiro momento, são fortalecidos, mas depois desaparecem, para nunca mais voltar.[15]

A situação das duas superpotências correspondeu psicologicamente à tendência de implosão da ameaça permanente. Só que não se sabia disso. Quando se disse que uma das potências nucleares poderia acabar destruindo a outra mil vezes, isso não teve importância ante o reconhecimento de que uma única vez já seria suficiente para um ataque fatal ao adversário. Posteriormente, pode-se dizer que foi muita sorte nenhum dos adversários perder o controle.

Na psicoterapia há um método para fazer com que um aumento do medo faça ruir os estados de medo. Ele baseia-se na idéia de que qualquer emoção perde seu efeito quando é levada ao extremo. Na política, impõe-se esse princípio quando nem mesmo se quer diminuir psicologicamente o medo do lado adversário.

Ainda hoje não existe nenhuma descoberta empírica que indique com quais pacientes esse método é bem-sucedido. Ainda há um número excessivo de casos nos quais acontece o efeito oposto. Antes que possa ocorrer uma diminuição de seu medo insuportável, esses pacientes perdem completamente o controle sobre si mesmos, têm uma crise de loucura e sofrem danos permanentes. Por isso, do ponto de vista ético, essa terapia não pode ser usada.

Na política tentou-se fazer o contrário, do ponto de vista psicológico, sem que se soubesse quais seriam as conseqüências. O medo que era instigado perdia cada vez mais o seu efeito. Juntamente com outros fracassos econômicos, políticos e científicos, e sabendo que não podiam ganhar a Guerra Fria, a motivação da União Soviética ruiu. Mesmo assim, ninguém enlouqueceu. Havia esse perigo, mas tudo aconteceu muito rapidamente. Nenhum esforço foi feito para salvar o sistema com agressões e guerras externas, tampouco por meio de reformas coerentes. Gorbatschov perdeu seu ímpeto rapidamente e se tornou muito indeciso. Chegou tarde demais e foi castigado pela vida.[16]

Esses acontecimentos justificam a tese de que a Guerra Fria foi decidida psicologicamente, pois a força emocional necessária para a tomada de decisões acabara. Nenhum dos lados conhecia com certeza a regularidade dos processos. Todos seguiram a psicologia instintiva e, no fim, esta favoreceu os norte-americanos.

Em 1995, Henry Kissinger havia dito em Munique que foram as armas nucleares dos dois lados que evitaram uma Terceira Guerra Mundial. Essas armas significaram, por fim, um gesto de ameaça agressiva que intimidava o adversário, mas não o matava.[17]

É um tanto problemático transpor para a política internacional os processos psicológicos que acontecem numa terapia ou no reino animal. Mesmo assim, os norte-americanos obtiveram sucessos "terapêuticos". Gorbatschov não sofreu mais a ameaça feita pelos norte-americanos da mesma maneira como seus predecessores. É verdade que os EUA usaram de psicologia para provocar grande medo nos soviéticos. Mas o presidente Reagan também fora da opinião que se podia converter os dirigentes soviéticos.

As emoções agressivas que constantemente dominavam os dois lados durante a Guerra Fria foram anuladas. Para isso contribuiu também o fato de que as constantes ameaças não eram mais levadas a sério. Paulatinamente, os dois lados se convenceram de que se tratava de ameaças que não teriam como conseqüência o uso das armas nucleares. Tudo transformou-se num jogo de xadrez, que os jogadores sabiam que era e que continuaria a ser um jogo. Quando a ameaça é reconhecida como um jogo psicológico, ela perde seu poder. Cessaram as emoções ligadas ao estado de se sentir ameaçado. A ameaça perde seu potencial psíquico e transforma-se num ritual; ela se separa da ação para a qual aponta. Isola-se a si mesma. Uma ameaça de castigo perde seu valor se nunca é seguida pelo castigo.

Portanto, processos de ameaça sempre novos tiveram de ser inventados. Ficou para sempre a ilusão de que um dia esse jogo podia se transformar em algo sério. De fato, multiplicaram-se os pensamentos de que, por meio da negligência ou de um erro psicológico ou por um tipo de *overkill*,* a tensão ameaçadora pudesse fazer com que o outro lado perdesse o controle, o que acarretaria uma agressão espontânea. O equilíbrio emocional ante a ameaça transformou-se cada vez mais em assunto político de fundamental importância.

Na procura de novas formas de ameaça, Nixon chegou até mesmo a baseá-las no seu próprio caráter. Durante algum tempo, ele queria ser visto como aquele que odiava os comunistas, o que lançaria a bomba, se necessário fosse. Já que não queria usar a bomba atômica, teve de lançar mão da ameaça nuclear psicológica. E, diante dessa situação, teve a idéia de tornar-se ainda mais agressivo do que realmente era: a própria imagem como arma!

O próprio Richard Nixon chamou a isso de "teoria dos loucos".[18] Seu secretário de segurança, Henry Kissinger, ficou entusiasmado. A partir desse momento, nas negociações com os soviéticos, ele tentava deixar claro que o presidente poderia tomar medidas extremas a qualquer momento. Kissinger fazia o papel da pessoa sensata que deixava transparecer que seria muito difícil refrear Nixon. Este declarou mais tarde que transformou tudo isso num jogo rotineiro. Ambos — Nixon e Kissinger — estavam convencidos de que a diplomacia deveria se basear em ameaças de violência. Ambos faziam o papel de dois policiais, sendo que um era pretensamente mau e o outro, bom. As crises e os conflitos difíceis sempre têm algo de irracional. Portanto, é difícil resolvê-los racionalmente. Mas eles também não podem ser resolvidos irracionalmente. A conseqüência é que se trabalha com pouca psicologia e se tomam decisões sem se ter, de fato, consciência da situação em questão. Qualquer psicologia é insuficiente porque sempre lida com os incalculáveis graus de liberdade do comportamento humano. Os graves erros da União Soviética no que se refere a isso podem ser explicados pela sua desconfiança diante da psicologia da personalidade livre. Esta não era calculável para eles. A União Soviética, segundo sua ideologia, viu o homem como um ser reflexivo, naturalmente manipulável e, por isso, ele deveria ser educado para se tornar o homem soviético. Somente depois do grande congresso de psicologia internacional de Moscou, em 1966, vários professores soviéticos começaram a ter dúvidas, as quais, no entanto, expressaram com certa hesitação. Surgiu então uma psicologia da personalidade que se aproximava do Ocidente e se afastava do gabinete político e da linha partidária, que significava que ela não podia exercer nenhuma influência sobre a política do Kremlin.

Posteriormente, a política tentou manter a estratégia da ameaça mas, usando ao mesmo tempo palavras que visavam a distensão. Os esforços da política internacional, no sentido de iniciar os chamados métodos de formação de confiança, transformaram-se no verdadeiro modelo que prometia bons resultados sem ameaçar ninguém. Mas a história trilhou caminhos diferentes. O modelo

---

* Poder nuclear para retaliação em escala maior (N.T.).

de intimidação mútua aparentemente teve sucesso no sentido de que levou os adversários à compreensão de que se devia desistir da corrida armamentista.

Futuramente, as análises psicológico-emocionais terão grande importância. Com seu modelo da "inteligência emocional", Goleman descobriu que a sociedade está sofrendo uma crise emocional. Isso é uma contribuição muito importante.

"Esse novo conhecimento sobre a ação das emoções e suas fraquezas leva nossa atenção às possibilidades não aproveitadas para dominar nossa crise emocional coletiva", ele afirma, logo no início de seu livro.

Esse conhecimento pode ser aplicado à política. Porém, para isso, não é necessário fazer um apelo geral aos políticos, mas seria preciso analisar o percurso historicamente visível da Guerra Fria como exemplo máximo. A proliferação das armas nucleares provavelmente não pode ser evitada. Quando, entretanto, a bomba atômica chegar às mãos dos estados islâmicos ou da Coréia, eles não agirão de acordo com a psicologia que na época impediu que norte-americanos e soviéticos fizessem uso dessa arma.

As superpotências prezavam mais a própria existência do que uma guerra nuclear, que teria exterminado sua vida. O Islã, todavia, conhece, por exemplo, a guerra santa, na qual os mortos se transformam em heróis e mártires aos quais Alá promete a eterna bem-aventurança. Kissinger acha que foi a cautela do Ocidente que fez com que a ameaça nuclear durante a Guerra Fria não se tornasse realidade. Isso não poderia ser pressuposto sem mais nem menos nos Estados que pertencem a culturas completamente diferentes. A vida das pessoas pode parecer algo insignificante quando políticos fanáticos acreditam que podem se referir, por exemplo, a Alá ou a se considerar como seu instrumento.

Como se vê, na política, da qual afinal depende o destino de todos nós, a inteligência emocional forçosamente terá de lidar com as emoções que dizem respeito, por exemplo, ao processo de paz no Oriente Médio, em Israel, na Palestina, na Síria, na Jordânia e no Egito.

A "arte de viver" na Guerra Fria

Uma outra estratégia psicológica da Guerra Fria consistia em colocar repetidas vezes o adversário numa posição desfavorável, sem que as intenções agressivas fossem evidentes.

Um exemplo da história mais recente: Hitler dominava essa técnica magistralmente, talvez apenas por instinto, por causa de seu medo e de sua paranóia de que haveria sempre alguém contra ele. Ele conseguiu evitar muitos atentados simplesmente supondo que o autor em potencial do atentado ou o simpatizante tivesse planejado algo contra ele. A um general que sabia que alguns oficiais estavam planejando um atentado contra Hitler, este perguntou, de modo inesperado, numa reunião no quartel-general, alguns meses antes do dia 20 de julho, se ele tinha mais alguma coisa a relatar. O general se assustou porque pensou imediatamente que o "Führer" tivesse alguma suspeita ou possuísse um sexto sentido. Na realidade, a pergunta de Hitler dirigiu-se a uma pessoa que se encontrava numa situação psicológica excepcional e que relacionou a pergunta com seu conhecimento acerca do plano do atentado. A imputação de que o outro estivesse ocultando algo foi suficiente para que ele se sentisse desmascarado e para desistir do "jogo". Uma mera suposição é capaz de transformar-nos em vítimas das sugestões.

A União Soviética também sempre possuiu um traço paranóide que tentava compensar o tempo todo. Embora fosse ela própria que sempre teve o desejo de expansão, justificava essas intenções com uma ameaça por parte dos Estados Unidos, ocasionalmente também por parte da China. Na verdade, a doutrina de Brejnev se resumia à compensação do próprio medo de que em todos os lugares haveria adversários à espreita: os contra-revolucionários.

A revolução tecnológica da comunicação também contribuiu, por exemplo, com as transmissões ao vivo na televisão, para que a ameaça crescesse. A reação a acontecimentos importantes teve tempo reduzido de modo drástico, e os encontros eram de modo mais imediato e concreto. Responde-se aos acontecimentos na televisão e não às informações escritas. Bastam as imagens em movimento para que as impressões emocionais imediatamente entrem em jogo. Isso, por exemplo, exige do presidente dos Estados Unidos que tome as decisões mais rapidamente, por um lado, embora, por outro, ganhe mais espaço para manobras. Agora, ele pode formar uma imagem imediata das pessoas e dos acontecimentos. Ao presidente George Bush não bastavam mais os filmes de vídeo de dez minutos sobre seus interlocutores antes de conferências importantes — ao contrário de seu predecessor Ronald Reagan. Ele os fixou em uma hora para que pudesse ver um número maior de comportamentos emocionais e de reações da linguagem corporal de seus adversários políticos. Ele queria conhecer a psicologia de seus interlocutores no terreno anterior à negociação. Aqui a psicologia faz uma aparição repentina na política internacional. Lidar com pessoas sempre é psicologia, seja ela boa ou má, fraca ou forte, cheia de confiança ou desfavorável, ingênua ou paranóide.

Finalmente, as informações, ultrapassando as fronteiras através do telefax, da televisão por satélite e as fronteiras nacionais permeáveis levaram o monopólio de opinião do Partido Comunista da União Soviética ao colapso. E o Leste não aprendeu a lidar de modo prático com uma sociedade mais bem informada. A Glasnost veio tarde demais.

Os déficits emocionais

No dia 13 de maio de 1848, um grupo de operários ferroviários na linha Rutland-Burlington estava ocupado a cortar rochas da montanha. No precipício de Cavendish, em Vermont, ao norte de Nova York, aconteceu um acidente terrível. A barra de explosão escapou das mãos do contra-mestre e caiu no buraco perfurado. A pólvora explodiu. A barra foi lançada para fora do buraco como um foguete e perfurou o crânio do contra-mestre. Penetrou-lhe a cabeça ao lado do olho esquerdo, atravessou pelo lobo frontal e saiu perto do topo da cabeça. A barra suja de sangue e de massa encefálica projetou-se ainda por uma distância de cinqüenta metros.

Por causa desse acidente, o contra-mestre Phineas Gage tornar-se-ia um personagem importante na pesquisa do cérebro. É que ele não morreu. Logo depois, voltou até mesmo a falar. Os colegas o colocaram num carro. Mas ele levantou-se e ficou sentado. Um quilômetro adiante, quando chegaram ao hotel de Mr. Adams, ele desceu do carro. Lá havia um médico esperando por ele.

Mais tarde, tudo foi protocolado detalhadamente pelo médico local. Gage parecia estar sempre "alheado"; houve uma mudança no seu comportamento, perda de características, transtornos na visão e outras alterações. Sobrevivera ao acidente, mas se transformara numa pessoa diferente. Quando morreu anos depois, seu crânio e a barra de perfuração foram conservados. Ficaram em exposição num pequeno museu, arrancando arrepios e admiração nos visitantes.

Alguns anos atrás, todavia, chegaram os pesquisadores do cérebro. Eles desenharam o cérebro em três dimensões, com todos os detalhes, e reconstruíram o cérebro de Gage numa simulação feita por computador. Em seguida, compararam os protocolos de comportamento feitos cem anos atrás com suas descrições exatas relativas a 1.500 casos mais recentes que haviam examinado. Tudo foi arquivado por computadores e finalmente analisado. Uma parcela do lobo frontal do cérebro fora destruída, a que servia para transmitir as emoções provenientes de regiões mais profundas do cérebro para o córtex cerebral: um diagnóstico exato após cento e cinqüenta anos.

Depois de seu acidente, Gage não tinha sido mais capaz de tomar nenhuma decisão racional. A causa disso era a destruição dos caminhos pelos quais as emoções eram levadas àquela parte do cérebro que toma as decisões. Portanto, concluiu Hanna Damasio, a neurologista que examinou tudo, precisamos das emoções para poder tomar decisões.[19]

Na mesma época, um outro neurologista, de nome Oliver Sacks, fez uma descoberta parecida. Fez um relato de um engenheiro que, se bem continuasse a ler artigos científicos no *Scientific American*, por causa de fortes sangramentos na área do lobo frontal não se surpreendia com mais nada. Perdera a admiração que desde a juventude lhe determinara o entusiasmo pelas ciências naturais.

Havia ainda o caso de um juiz. Por causa do estilhaço de uma granada, sofrera uma lesão do lobo frontal. Desde então nada era capaz de abalá-lo emocionalmente. Finalmente, abandonou sua profissão porque havia-se tornado incapaz de imaginar os motivos dos acusados e das vítimas. A falta de emoções não fez com que ele se tornasse uma pessoa imparcial; pelo contrário. Ele não era mais capaz de fazer nenhum julgamento. Para se fazer justiça, não é necessário apenas a razão, mas também as emoções.[20]

Foram observações como essas que levaram os cientistas à descoberta de que as emoções são de vital importância para tudo o que fazemos e decidimos.

Para a imagem de mundo e as idéias que tínhamos até então acerca dos processos racionais, isso constituía uma revolução. Os processos racionais também são possíveis sem emoções. Mas, nesse caso, não existe mais nenhuma relação com a realidade das ações concretas.

Através do processamento eletrônico dos numerosos dados que não foram processados pelo cérebro, como, por exemplo, os modernos processos de produção de imagens como a ressonância magnética, tomógrafos e High Tech que temos hoje, podiam ser reconhecidos os ferimentos em áreas do cérebro que, na verdade, já não existiam mais. Por meio de simulações no computador, fizeram reconstruções para descobrir, a partir do crânio, quais áreas do cérebro deviam estar danificadas nos casos em que aconteceram os sintomas de perda protocolados muitos anos atrás. A moderna técnica racional havia reconhecido a importância fundamental da emoção. Mas isso só foi possível porque se podia relacionar a exata estrutura anatômica do cérebro com as características registradas do comportamento. Ainda não podemos avaliar as conseqüências decorrentes dessas descobertas.

O acontecimento emocional se passa no cérebro, sobretudo no sistema límbico, principalmente na amígdala. Há alguns milhões de anos, acrescentou-se o neocórtex. O homem tornou-se capaz de planejar, aprender, lembrar. Quanto maior o número de ligações que se desenvolvem entre o sistema límbico e o neocórtex, mais respostas emocionais são possíveis. Mas quando há uma quantidade muito grande de conexões, a margem de decisão poderia ser anulada por causa de um número excessivo de fatores. A evolução evitou o caos, reduzindo o número das emoções que influenciam nossas decisões.

No caso das pessoas com ferimentos na área dos lobos frontais, não acontece mais a seleção normal das reações importantes. Desse modo, elas não podem mais tomar decisões, pois não sabem como elas próprias e as outras pessoas podem reagir diante de sua escolha. Elas não são capazes de compreender a advertência que, por exemplo, lhes é dada através da contrariedade das outras pessoas. Quando cometem um erro, por exemplo, um investimento errado, não se arrependem, não sentem vergonha nem têm qualquer tipo de sentimento. Como conseqüência disso, voltam a repetir seus erros.

O cérebro humano é uma espécie de *hardware* que é visível em raios X. Os processos fisiológicos, psíquicos e mentais que se desenrolam dentro dele são o *software*. Este pode ficar visível através das imagens do tomógrafo com emissão de pósitrons. Este *software*, por sua vez, varia, conforme seja programado no sistema límbico ou no neocórtex.

Originalmente, o *software* não se localiza no cérebro, mas no sistema límbico. Este se desenvolveu numa época anterior da evolução e, mais tarde, o desenvolvimento do cérebro se sobrepôs a ele. O cérebro, com seus novos potenciais, propiciou ao homem uma vantagem imensa em comparação com todos os outros seres vivos. O homem desenvolveu instituições, desde o grupo de caçadores até o truste automobilístico. Podia programar e arquivar processos importantes e usá-los em situações que não dependiam mais da realidade daquele momento. Ele aprendeu sobretudo a visualizar comportamentos vitais e, assim, libertar-se do espaço e do tempo. Mas, desse modo também podia-se distanciar de suas próprias origens biológicas e sociais, e menosprezar suas emoções. Finalmente, estas acabaram formando obstáculos, como acontece no caso dos pilotos de Fórmula 1 e dos astronautas.

O ato de lidar o tempo todo com tecnologias e modelos matemáticos aparentemente pressupõe a lógica, os processos de pensamento e a ausência de emoções. É essa idéia que, numa sociedade informatizada, define a imagem ideal do executivo. Este tem de tomar suas decisões de modo exato, claro e objetivo, sem muito conteúdo emocional. Não deve levar em consideração o destino humano nem os processos emocionais quando se trata do sucesso e, por fim, da sobrevivência de uma empresa. Esse modelo foi de tal modo interiorizado, que eventuais "explosões" emocionais do executivo são até mesmo vistas como a expressão de uma personalidade forte, que dispõe de dinâmica e da capacidade de se impor. A pesquisa tem mais conhecimento agora. A psicologia da evolução, um ramo recente da ciência que se ocupa da evolução do homem desde os tempos primordiais, chegou à seguinte conclusão: é a inteligência emocional que nos salva, embora a estejamos soterrando sob uma inteligência intelectual. Devido à criação de estruturas racionais e também de empresas abstratas que seguem os padrões organizacionais de projetos, balanços, modelos, programas e idéias abstratas, ela ficou mais importante do que as emoções. Mas o homem não conseguiu alterar as trilhas neurais do seu cérebro, formadas em milhões de anos. As emoções continuam servindo como base para seu comportamento. A capacidade de interpretar e coordenar corretamente as próprias emoções e as dos outros numa determinada situação diz respeito à inteligência emocional. Ela nos proporciona uma vantagem na hora de lidar com nós mesmos e com as outras pessoas. Portanto, ela é extremamente útil. Isso certamente está ligado à evolução do homem. E pode ser acompanhada através dos milhões de anos pelo desenvolvimento do cérebro. Depois do tronco encefálico e do cerebelo, desenvolveu-se o cérebro. Este pensa, aquele sente. A moral ainda não desempenha nenhum papel. Mas o que acontece quando não existem emoções?

As emoções dos autistas

Para mostrar o que significa a ausência de emoções não há, atualmente, melhor exemplo do que o autismo. Ele está numa relação quase que recíproca com a inteligência emocional.

Desde que existe a pesquisa sobre a inteligência, a capacidade de adaptação a uma nova situação tem um papel importante na sua definição. Através do estudo do autismo, descobriu-se que as pessoas não realizam esta adaptação quando carecem de base afetiva. Elas não conseguem reagir subjetivamente. As imagens também nem sempre provocam uma reação emocional nessas pessoas. Os detalhes são bem reconhecidos, mas não provocam nenhum estado interior com sensações intensas. Falta alguma correspondência com as emoções. Os autistas também têm emoções. Mas estas não estão ligadas aos acontecimentos ou ao comportamento das outras pessoas.[21]

Os autistas não conseguem sentir empatia pelo mundo psíquico das outras pessoas porque lhes falta sentimento para isso. Como, entretanto, dispõem de uma inteligência normal, muitas vezes até excepcional, conseguem ter um comportamento igual ao dos outros. De modo cognitivo, tentam imitar as emoções. Isso pode ser desenvolvido a tal ponto que se comportam como se fossem orientados pelas emoções. Mas não sentem nada, pois não dispõem de nenhuma emoção que corresponda ao comportamento. Quando se vêem numa situação nova para a qual não encontram nenhum "modelo" em seu arquivo cognitivo, entram em pânico. Ficam fora de si, mesmo em situações sem importância.

Os autistas muito inteligentes podem relatar que as emoções são algo estranho para eles. Eles treinam a reação emocional, procurando na sua memória reações parecidas, já aprendidas. Compensam a falta de uma inteligência emocional pela cognição e pelo aprendizado. Não podem compreender a si mesmos nem as outras pessoas por meio de processos emocionais. Falta-lhes a argúcia para a vida espiritual das outras pessoas. A adaptação, a interação e a comunicação através de processos emocionais tornam-se déficits insubstituíveis. Faltam as emoções.

Os pobres príncipes

As filosofias racionalistas freqüentemente apresentam a base emocional da nossa vida espiritual como um fator de perturbação. Hoje reconhecemos que sua falta é um fator de perturbação. Ricos e pobres, príncipes e desajustados muitas vezes também apresentam déficits emocionais. São diferentes uns dos outros, vivem separados socialmente. E, mesmo assim, têm muito em comum.[22]

As famílias reais estão numa situação especialmente difícil, pois, em seu desenvolvimento, freqüentemente são impedidos de viver relações emocionais autênticas. No seu ambiente, lidam com funcionários com os quais não podem ter nenhuma emoção vital. São tão pobres emocionalmente quanto os economicamente pobres. As crianças que não querem comer e as crianças que não têm o que comer estão unidas por meio da carência da vida emocional.

Um dos conflitos com os quais Lady Diana se viu confrontada sem que estivesse preparada para enfrentá-lo, logo no início de seu casamento, tem suas raízes na própria casa real inglesa. Os Windsors nunca deram muita atenção ao lado emocional na educação de seus filhos. Seus membros tinham que ensaiar papéis e desempenhar funções. Acostumaram-se bem cedo a controlar suas emoções. Isso freqüentemente resultava na repressão de suas emoções. Nunca se viu a rainha Elisabeth II da Inglaterra chorar. Ela era capaz de se controlar. Mas, com Lady Di era diferente.

A educação e o incentivo do desenvolvimento da personalidade dos filhos dos reis eram deixados nas mãos de estranhos já nas primeiras semanas de vida. Com isso, as crianças praticamente só se encontravam com as pessoas que eram encarregadas de sua educação e que, portanto, também desempenhavam papéis e que só podiam se ligar emocionalmente a elas até certo ponto. Quando havia indícios de uma ligação mais forte, os empregados eram despedidos. Não havia nenhuma prova de que a identificação com as emoções das outras pessoas fosse compensadora. A casa real desenvolveu uma subcultura da carência, da perda de emoções, como no caso dos miseráveis cuja situação social precária leva a déficits semelhantes. Lady Di várias vezes tentou protestar contra esses déficits, recorrendo a comportamentos emocionais exagerados, quase histéricos. Estes, por sua vez, eram sintomas que um futuro rei não podia compreender nem tolerar. Portanto, os "pobres ricos" existem realmente.

Na maioria dos ricos, a psicologia de mordomo causa uma solidão que é compensada pela *dolce vita*, por recepções e encontros pessoais da vida pública. Na alta sociedade há cada vez mais personalidades que não sabem lidar com a vida — devido a uma carência de emoções autênticas. Um vazio emocional, juntamente com grande agitação, deixa essas pessoas sem rumo.

Mas há uma vantagem na educação dos filhos dos reis. Eles aprendem bem cedo, devido às obrigações protocolares, a respeitar a cultura de outros povos.

Outras culturas

Um ponto de vista inexistente em Goleman é o do encontro com os membros de outras culturas. Uma expressão verbal e de linguagem corporal direta, descontraída e informal, como a preferida pelos norte-americanos, não é adequada para os chineses. Eles consideram como tabu muitas maneiras de expressão emocional, e nos dão a impressão de serem impenetráveis. Não aprendemos a ler seus rostos. Certamente, eles trocam sinais emocionais entre si. Mas nós não os entendemos. Por exemplo, é difícil ensinar aos chineses o futebol agressivo. As agressões não devem ser mostradas no time. Ainda hoje os ensinamentos confucianos conservam sua influência. As conseqüências são conflitos dentro do time, o que não se admite.

Como vivemos numa economia global, a compreensão emocional das outras culturas tem certa prioridade. Essa compreensão não é adquirida pelo fato de se tornar consciente das próprias emoções e dos outros. Culturas não européias como a chinesa há muito tempo já socializaram as emoções. Na China, quem dá livre vazão às suas emoções e não sabe contê-las ainda hoje é considerado não civilizado. As emoções e a maneira de expressão emocional são duas coisas distintas para os chineses. Por isso, é tão difícil para os europeus e para os norte-americanos interpretar corretamente a linguagem corporal dos chineses. Freqüentemente eles sentem a comunicação com os chineses como se fosse um vazio. Possivelmente projeta-se a própria incapacidade de comunicação ao interlocutor, considerando-o falso ou fechado. Conheço um famoso executivo alemão que prejudicou um negócio lucrativo na Arábia Saudita porque foi muito afoito nas negociações e sacou de imediato a caneta para assinar o contrato. Os árabes disseram que ainda gostariam de esclarecer algo com seus próprios especialistas. Por trás de sua calma, escondeu-se a decepção emocional com o fato de os alemães terem violado alguns tabus.

Um homem de negócios norte-americano contou-me há pouco que, depois de negociar com os japoneses durante meses, de repente um velho japonês entrou na sala e olhou com atenção para os visitantes, com o rosto absolutamente imóvel. Pouco depois, um membro do grupo japonês declarou ao executivo que teriam de esperar por mais três semanas pois, naquele momento, os deuses não eram favoráveis ao acordo. Em toda a sua vida, o velho chefe sempre respeitou a vontade dos deuses. E ele queria fazer isso então. É claro que esta foi uma história da carochinha que contaram aos americanos. Eles estavam decepcionados. Não tiveram outra escolha a não ser tentar tudo de novo três semanas depois. Mas um deles buscou uma solução oriental. Depois das três semanas, tudo correu como da primeira vez. Mas, num momento crítico, o líder norte-americano da negociação pediu uma interrupção para, por sua vez, como disse, consultar os seus deuses. Então os japoneses declararam que estavam prontos para assinar o contrato. Eles poderiam ter feito isso antes, mas não fizeram.

A respeitada revista *Foreign Affairs* achou necessário, há pouco tempo, publicar um longo artigo com o título "Negotiating with the Chinese". O autor era um diplomata do Ministério do Exterior. Negociar com os chineses aparentemente era mais difícil do que com os japoneses aliados.[23]

Executivos com déficit emocional

Essas reflexões poderiam esclarecer muitos fracassos na economia. Ali encontramos pessoas com uma inteligência emocional pouco desenvolvida, muitas vezes na forma de "fracassos vestidos com ternos elegantes". Sua falta de empatia e de conhecimento da natureza humana pode levar empresas à falência. Elas confundem agressividade com capacidade de se impor; animosidade com auto-afirmação, e *coolness* com superioridade e comportamento de liderança. Freqüentemente, só há frieza emocional entre eles. Ao lidar com as emoções, isso às vezes se aproxima da fraqueza.

Há um motivo pelo qual as elites que dispõem de inteligência racional cometem tantos erros emocionais. Como todos eles freqüentam as mesmas escolas, fazem amizades só entre si e se isolam do restante das pessoas, moram em bairros nobres, freqüentam os mesmos restaurantes, preferem as mesmas revistas e também fogem das mesmas coisas, tornam-se um grupo elitista de conhecedores e, ao mesmo tempo, de ignorantes.[24] Assim, os líderes de certo modo também podem ser tolos. *Dumm* ["tolo"], do ponto de vista lingüístico, antigamente significava "surdo". O surdo ficava isolado dos contatos auditivos. Por isso, faltava-lhe o acesso à informação transmitida pela fala.

Há inúmeros exemplos que mostram que pouca inteligência emocional em determinados níveis da diretoria também pode ser responsável pela falência de empresas. Quando a falta de inteligência emocional coincide com uma introversão extrema, a ligação da liderança com a base praticamente não existe. Nas decisões importantes, os processos emocionais não são levados em conta. No fim, os executivos muitas vezes não sabem mais como devem falar com os operários do seu estaleiro ou com os mecânicos de automóveis.

É claro que um executivo tem de organizar grande número de informações e contatos, eliminando imediatamente o que é insignificante e secundário. Os executivos com inteligência emocional muito desenvolvida, no entanto, reconhecem justamente nos contatos e informações aparentemente sem importância e fúteis os indícios decisivos para as perspectivas futuras a longo prazo.

Os executivos têm de tomar decisões claras. Não podem considerar as emoções. Quanto menos informações têm à sua disposição, menos correções emocionais podem fazer. Mas a quantidade de informações também pode crescer de tal forma que perdem de vista o todo. Também aí as emoções mostram seu efeito nos processos de decisão. A compreensão emocional modera a agitação que talvez tenha sido provocada durante uma negociação em que se sentiu que a proposta feita pelo interlocutor não seria aceita.

Há muito tempo tentamos adivinhar se a elite da liderança alemã na economia ainda dispõe da competência básica necessária para suas relações sociais com os colaboradores. Com muita freqüência pregou-se e escreveu-se que era preciso ter a capacidade de se impor, e não a capacidade de sentir empatia. As seções de oferta de empregos dos grandes jornais diários falam por si mesmas. Exige-se o trabalho em equipe, mas, sobretudo, a capacidade de se impor. A palavra empatia até agora não apareceu. Mas isso não vai durar muito tempo. Nas posições de liderança, os problemas são muito graves e a competência muito baixa quando se trata de liderar uma empresa com muitos empregados. Aconteceram falhas na comunicação motivadas, de um lado, pelo tamanho e, do outro, pela falta da comunicação emocional.

Apontou-se para o fato de que a elite de liderança alemã seguia Friedrich Nietzsche, que pregava uma imagem do mundo e do homem à maneira de Maquiavel. A vontade de ter poder, de conquistar mercados, deveria ser mais forte do que os princípios morais no trato com outros trustes e seus executivos. Nietzsche tinha verdadeiro horror à compaixão. Ele via Jesus como aquele homem que não era capaz de lidar com a vida porque sofria junto com os outros e, assim, aumentava o sofrimento no mundo. Com seu príncipe Miskin, Dostoiévski representou esse tipo de pessoa no seu romance O *Idiota*. A personagem do título é vivida pelo príncipe que tem algo de parecido com Cristo. Idiota era a palavra que designava uma pessoa solitária, isolada e bastante altruísta. De qualquer forma, precisa-se de certo grau de compaixão para ligar os processos racionais a outros, emocionais. Hoje, em prisões especiais para adolescentes, já se pratica um treinamento contra a agressividade, que visa transmitir e desenvolver a compaixão em criminosos que golpearam outras pessoas sem nenhum sentimento. Seu déficit de compaixão precisa ser eliminado.

Atualmente, o mundo econômico e científico tem pouca sensibilidade no que se refere aos sinais da linguagem corporal das emoções. Só depois de se treinar a observação das mudanças corporais sutis do comportamento revela-se para nós a emoção que comanda a ação de alguém. Quem, na profissão, trata de telecomunicação o dia todo provavelmente depende de certas aptidões especiais, específicas de sua personalidade, para suportar essa profissão. Não se pode fazê-lo através da emoção. Por outro lado, o organismo também se protege, moderando as reações emocionais e adaptando-as à situação profissional. É evidente que o sucesso nas novas profissões ligadas à informática não ocorre através de uma carreira gradual, mas do aproveitamento de oportunidades que surgem numa rede lateral. Freqüentemente, surgem ligações inesperadas e imprevistas. A personalidade ideal para as telecomunicações requer uma inteligência emocional especial. Ela é parecida com um seguidor do zen-budismo: é calma, aberta, sensível.

Durante várias décadas, a psicologia tentou estabelecer-se na vida econômica — sem sucesso, deve-se mencionar. Só agora ela consegue fazer isso porque a palavra mágica do controle é aplicada às emoções como antes era aplicada aos números, aos balanços, aos problemas organizacionais e estruturais. O controle é a arte de, numa situação complexa, encontrar caminhos que levem ao sucesso. É preciso reagir rápida e inteligentemente às mudanças que freqüentemente só são percebidas nos sintomas aparentemente insignificantes. Numa época em que o número de empregos diminui e o controle se torna objeto de crítica, parece que essa revolução agrada a muitos. Alguns grupos sociais saudarão a transformação emocional do executivo frio e extremamente duro. Os sindicatos já tentaram isso em 1974. Naquela época, denominava-se "humanização do mundo do trabalho". Outros reivindicarão um estilo de liderança que oscile entre a razão e a emoção.

O controle é a arte de motivar a si mesmo e aos outros. Rudi Noppen dirige, em Munique, a empresa Webasto, que tem 3.745 empregados. Ela produz tetos solares para a indústria automobilística. Dias de prática e aprendizado fazem parte da cultura empresarial da Webasto desde 1988. Todos os executivos, vestidos com o macacão dos trabalhadores, têm de trabalhar na área da produção, segundo um modelo desenvolvido para isso, a fim de compreender o trabalho e os colaboradores com os quais normalmente não têm contato. Ao cabo desses dias de trabalho, todos os envolvidos entabulam uma conversa, que visa a comunicação e a empatia. Ali a inteligência emocional é até mesmo institucionalizada. A cada um dos colaboradores é dada, assim, a oportunidade de aplicar a inteligência emocional em benefício da empresa e de si mesmo. Por isso, atualmente os empregados, de modo geral, realizam seu trabalho de um outro modo.

Os executivos não podem organizar a seqüência dos trabalhos sem levar em conta seus colaboradores. É razoável que aproveitem as possibilidades encontradas no talento das pessoas e na qualidade dos produtos que fazem. Querem ser cheios de vida. É como num time de futebol. O técnico tem de desenvolver o espírito de equipe entre os jogadores e aproveitar suas capacidades de tal maneira que o time possa trabalhar com sucesso. Ele tem de reconhecer onde estão os pontos fortes de cada um dos jogadores.

O modelo de Goleman é atual por dois motivos. Aposta numa inteligência que até agora não tinha nenhuma importância na pesquisa da inteligência e nos testes de psicologia. Refere-se aos processos fundamentais desde os primórdios da espécie humana, que são provados fisiológica e psicologicamente por meio das técnicas da moderna pesquisa cerebral. As emoções nunca estão excluídas. São primárias na história da evolução e, por isso, podem ser reativadas a qualquer momento, sobretudo através de acontecimentos repentinos.

Reações semelhantes também podem ser provocadas através de sugestões ou informações errôneas. Por isso, lidar com as emoções é de fundamental importância para todas as situações, seja no casamento, na educação, na equipe de trabalho, num partido político, na relação com os clientes, entre os passageiros de um avião, os membros de um clube ou em encontros casuais durante as férias.

Lidar com as emoções requer muita sensibilidade no que concerne às expressões da linguagem corporal. A reabilitação das emoções que deve acontecer nesse momento, no entanto, certamente não será suficiente. Ainda não temos os exemplos expressivos, seguidos por conselhos práticos úteis. Por isso, o modelo de Goleman precisa de indicações fundamentadas, que também ensinam ao leigo como ele pode adquirir conhecimentos e experiências sem cometer erros graves ao mudar seu estilo de vida. Assim, por exemplo, a cabina de um jumbo não é o lugar indicado para as emoções; tampouco a torre de um aeroporto. O mesmo vale para todas as profissões que lidam com funções que envolvem controle. Só são escolhidos os astronautas que não demonstram medo. Portanto, existem grupos-alvo nos quais as emoções equivalem a perigo. Nesses casos, é necessário não só uma maneira adequada de lidar com as emoções mas também um ambiente calmo e concentrado que, na medida do possível, exclui as reações de *stress*. Também é necessário que haja confiança na técnica e na própria capacidade.

Aqui temos de mencionar também o esporte. As técnicas que chamamos de *arousal* devem ser dosadas com muita precisão para que sejam bem-sucedidas. O desempenho é refreado tanto pela pouca quanto pela excessiva agitação. Nesse ponto, todos têm que começar consigo mesmos. A inteligência emocional dirige-se às emoções dos outros, mas, antes de mais nada, às próprias emoções. O assim chamado supertreinamento nada mais é do que um controle emocional por meio do qual alcançamos desempenhos excepcionais. Se um esportista não consegue avaliar corretamente sua própria situação, como poderia avaliar a dos adversários? Se um cônjuge só vê no outro os defeitos responsáveis pela crise, como a situação poderia melhorar? Se o pai e a mãe usam suas emoções para tiranizar a família, como poderiam obter sucesso na educação da criança, no sentido de ela se tornar uma pessoa que sabe lidar com as próprias emoções?

Todas essas perguntas de Goleman parecem óbvias. A respeito delas, deve haver alguns exemplos que mostram que a projeção descontrolada dos próprios erros de comportamento sobre o comportamento dos outros tem conseqüências familiares e de política de pessoal que se vingarão mais cedo ou mais tarde. Uma pessoa colérica gosta de ouvir que o seu sucesso se deve ao fato de ela saber brigar com seus colaboradores. Ignora que, aos poucos, certamente faz com que as pessoas se revoltem contra ela. É que seus ataques também atingem os pontos fracos dos outros, ao que eles reagem de modo sensível. Mas adiarão suas frustrações e agressões e irão dirigi-las, por sua vez, contra pessoas que não têm nada a ver com o assunto. As pessoas de comportamento do tipo A geralmente não demonstram tolerância nenhuma quando outras pessoas cometem erros, e não demonstram nenhuma compreensão com respeito ao seu próprio comportamento quando comandam os outros. Acabam arruinando a própria vida. Elas desprezam sua inteligência emocional. Podem ser chamadas de tolas porque não sabem nem aceitam o que são as emoções. Em Manhattan há consultórios médico-psicológicos para esse tipo de pessoas. Um deles fica na própria Wall Street. E esta tem especificamente que ver com o problema de que corretores bem-sucedidos da bolsa não conseguem solucionar o conflito entre trabalho e amor, libertando-o de decisões racionais e de relações emocionais.[25]

A inteligência emocional, portanto, inclui, no tratamento com as próprias emoções, a disciplina baseada no conhecimento e no treinamento. Temos de aprender a expressão adequada dessas emoções. Isso faz parte do repertório de nossos comportamentos.

Os resultados das pesquisas relativas ao cérebro corroboram para a temática do controle emocional tanto quanto as descobertas atuais da psicologia da evolução, da sociologia das subculturas e das camadas sociais que praticam a supressão das emoções, tais como as casas reais, as ligas de esportistas profissionais, os escritórios de diretoria, os grêmios científicos, como também determinadas culturas. Quando as pessoas são privadas de suas emoções, surgem graves problemas de saúde. Imagens alucinatórias passam a alimentar o cérebro que depende dos estímulos das emoções. Quando estes não vêm de fora, são produzidos interiormente.

Goleman ressalta que as emoções podem ser utilizadas tanto de modo positivo quanto de modo negativo. Pode-se dizer que, originalmente, elas estão além da moral. Quando ocorre a valorização das emoções através das descobertas da pesquisa relativa ao cérebro, da psicologia da evolução e da história, não se pode ignorar que muitas coisas têm de ser representadas de modo mais diferenciado. Inteligência significa originalmente a capacidade de diferenciação. O "Matei sete de uma vez" do Alfaiate Valente* não diz respeito propriamente a gigantes, mas a moscas. Porém a inscrição no seu cinto não revelava isso. Não é porque uma pessoa sabe pilotar um Cessna que ela tem a capacidade de fazer um Jumbo aterrissar. Tudo depende das dimensões.

Também existem circunstâncias em que a inteligência emocional consiste em reprimir as próprias emoções. Um homem dotado de inteligência emocional, entretanto, quer sobretudo desenvolver e expressar as emoções de modo adequado, até mesmo quer respeitá-las e cultivá-las.

---

* Referência a um conto de fadas de Grimm (N.T.).

Por que tantas pessoas têm sucesso na vida, apesar de não disporem de nenhuma inteligência especial? A resposta é que elas têm a capacidade de lidar bem com as outras pessoas e conseguem avaliar melhor do que os outros a própria situação emocional no caso de tomada de decisões. Por isso, têm mais facilidade para tomar boas decisões pessoais que são efetivas para elas e para os outros.[26]

Goleman supõe que apenas 20% de nossa inteligência racional tem alguma participação nos sucessos da nossa vida. Os 80% restantes compõem-se de filiação de classe, felicidade e competência de vida. Acho que ele exagera. Ele ignora que, nos casos de sucesso, a *Street Intelligence* ["Inteligência de Rua"] não exclui a inteligência clássica, mas a pressupõe.

Por que estamos interessados em histórias de lavadores de prato que falam das pessoas que queriam subir na vida e conseguiram? Por que são publicadas apenas as memórias e as autobiografias de pessoas parecidas com Roger Alger, que são incitadas pela vontade de realizar algo ou ficam obcecadas por fazer política, ciência e algo mais? Por outro lado, outros grandes realizadores de vontades e idéias, tais como Gandhi ou Madre Teresa, demonstram uma indiferença incomum diante do mundo. É como se a própria criação os tivesse escolhido para que participassem dela. Todos eles, no entanto, possuem uma excelente inteligência de fator g, que se manifesta em sua inteligência emocional.[27]

A empatia

Há quarenta anos, a psicoterapia começou a estudar a empatia, a capacidade de se imaginar na situação de uma outra pessoa. Carl Rogers até mesmo a colocou no centro de sua psicoterapia verbal.

Em *Os irmãos Karamasov* de Dostoiévski, o ateu Ivan conta a seu irmão Aljosha, que crê em Deus, uma história fantástica a respeito da idéia da Igreja de dobrar o homem. Nesse momento, Aljosha aprende a compreender seu irmão. Imagina-se dentro da visão de seu irmão sobre Deus e o mundo. Quando se despedem, Aljosha nota que Ivan tem os ombros um pouco caídos. "Ele nunca tinha visto aquilo." Algo exterior é observado e reconhecido depois que se passou a compreender a pessoa. A ciência da psicologia sempre considerou esse fato de outra maneira: a observação do comportamento nada tem a ver com a compreensão daquela pessoa.

A empatia para a qual nos convida Goleman certamente é um valor sublime, mas, em vista de alguns números, passa-se a duvidar se só esse convite é suficiente. Segundo as avaliações social-psicológicas, 75% dos alemães têm uma opinião formada a respeito de um problema quando, por quatro vezes, viram algo ligado a ele na televisão. Com relação a isso, os argumentos apresentados não são importantes, mas a impressão causada pelas pessoas que apresentam esses argumentos. Do ponto de vista psicológico, são as identificações e as projeções que entram em jogo. Numa identificação, que segundo Sigmund Freud é um mecanismo de defesa semelhante à projeção, concordamos com a pessoa que pensa, sente e age de modo semelhante ao nosso. Numa projeção, as próprias fraquezas não admitidas e as opiniões reprimidas são rejeitadas na outra pessoa. Assim, interpretações bem diferentes podem provocar um mesmo comportamento, é claro que nos casos em que não se dispõe de outras informações. Parafraseando uma conhecida citação da Bíblia: a trave nos próprios olhos faz com que vejamos imediatamente a lasca no olho do outro. Depois da demissão de Rehhagel do cargo de técnico do Bayern München, cerca de dois terços da população achou que era uma grande injustiça, que a responsabilidade seria do "arrogante Beckenbauer". Na realidade, a situação era bem diferente. Mas as projeções haviam-se disseminado. Por isso, a empatia é uma esperança humana, mas, ao mesmo tempo, uma fraqueza humana que só pode ser superada através da instrução psicológica. A psicanálise exige que o futuro analista faça análise, a fim de aprender durante vários anos com um psicanalista já estabelecido.

As capacidades necessitam de uma disposição para o desempenho, da motivação para efetuar realizações. Os talentos devem ser despertados. O homem precisa de motivações para realizar algo. E são essas motivações que usam a capacidade emocional, a irradiam e enriquecem o mundo humano ou, então, o destroem.

As emoções não existem em estado puro. O medo e a raiva, o aborrecimento e o choque podem aumentar se forem bloqueados; mas alguns também são incompatíveis entre si. Sobre Mohamed Ali contam os *insiders* que, antes de uma luta de boxe, ele costumava falar até ficar com raiva, para perder o medo que sentia do adversário.

Bunny, o coelho da Disney, assustado mortalmente quando vê um gigantesco cão de fila aparecer ao seu lado, diz às crianças: "Oh, estou com muita raiva. Só sentirei medo depois."

Como já mencionamos, a inteligência emocional também tem um papel importante na política. Roosevelt e Brandt, Kennedy e Rockefeller foram políticos com muita inteligência emocional. Nixon e Chruschtschov a possuíam apenas em escala limitada. Chama a atenção também o fato de que Gorbatschov, nas suas *Memórias*, sempre volta a falar dessa capacidade. Ele também a chama de empatia.

No congresso do Partido Social Democrático (PSD) realizado em Mannheim em 1995, Rudolf Scharping interpretou o ânimo que reinava entre os companheiros no sentido de que não agüentavam mais o fato de não discutirem nada além das desavenças. Eles estariam com muita "ira, raiva e agitação". A avaliação estava correta, mas, ao mesmo tempo, revelou falta de inteligência emocional. É que Scharping não entendeu que eles estavam insatisfeitos sobretudo com ele e não só com a situação dentro do PSD. Bastou um único discurso, emocionalmente inteligente, de Oskar Lafontaine, para fazer com que os mais de quinhentos deputados mudassem de opinião e o elegessem. E como foi que Lafontaine conseguiu isso? Escolheu as palavras que ele sabia teriam o efeito desejado. Era como no drama *Júlio César* de Shakespeare, no qual Marco Antônio faz o discurso talvez mais famoso de toda a literatura: "Cidadãos, amigos, romanos! Escutem-me..."

Depois do assassinato de César, os romanos prestam homenagem a Brutus. Mas Antônio muda o rumo das emoções com um discurso de dez minutos. De repente, passam a dirigir-se contra esse mesmo Brutus que matara César. O discurso é uma realização da inteligência emocional porque também corresponde exatamente ao espaço de tempo em que as emoções necessariamente têm de ocorrer. Antônio conseguiu conter suas ambições até o momento em que notou mais chances de sucesso.

As emoções que estão por trás dos processos das descobertas científicas ainda precisam ser analisadas.

Os atos de pensar e compreender têm um papel importante. Precisa-se da capacidade analítica de julgamento e de dedução. A experiência e o conhecimento também fazem parte dessa avaliação. Às vezes, a inteligência científica pode ser reconhecida pelos desvios hábeis e significativos que levam ao objetivo. Mas isso não é suficiente. É a capacidade de tirar proveito cognitivo de uma situação nova sem fazer longas análises racionais. É o âmago do processo da descoberta científica. É um estado que, na falta de conceitos precisos, descrevemos como *feeling*, "sentimento", "sentir", "intuição", "visão". Os sonhos também fazem parte dessa categoria. Freqüentemente, são as pequenas mudanças dos padrões conhecidos há muito tempo que chamam a atenção da pessoa inteligente e das quais ela tira realmente proveito.

Nos caminhos bem trilhados da nossa percepção, às vezes existem pequenas oportunidades de olhar para dentro de um mundo diferente e ver algo novo. Mas muitos não reconhecem isso. Não o enxergam porque só aprenderam a seguir um plano ou um modelo. Mas nestes não aparecem essas modificações pequenas mas surpreendentes. E a lógica também não pode captá-las, mas, sim, suas conseqüências. Desse modo, fecha-se o círculo. A descoberta científica da inteligência emocional também fez uso da inteligência emocional.

Epílogo

Se a inteligência pressupõe a compreensão e a consciência, então o quociente de inteligência não é adequado para expressar a compreensão e a consciência diante de um fato ou conteúdo que não é idêntico aos números e à gramática. As pessoas se comunicam umas com as outras. Estão realizadas, são eloqüentes ou discretas em sua expressão emocional. Por que o conceito da inteligência não deveria valer para as pessoas que compreendem a si mesmas e aos outros e que estão cientes dessa compreensão, que percebem as emoções de modo consciente?

Descobrimos emoções em todos os lugares. E, para isso, servimo-nos da inteligência clássica. Inteligência é conhecimento, compreensão, orientação, reflexão, descoberta, ordenação e restruturação. Aplicadas às emoções, as características típicas da inteligência clássica possibilitam-nos reconhecer e compreender emoções, orientam-nos no mundo delas e fazemos descobertas que nos enriquecem. Aprendemos a ordenar o mundo emocional, pois provavelmente é ele o objeto mais importante que há para ser pesquisado. Nesse ponto, concordamos com Goleman.

Do ponto de vista da história cultural, a descoberta da inteligência emocional é um acontecimento ocidental do qual os filósofos já se ocuparam há muito tempo. Mas a prova científica definitiva do poder da nossa emoção só foi obtida há alguns anos no Novo Mundo. A moderna pesquisa do cérebro e o computador colaboraram para a obtenção dessa prova. Mas isso foi apenas o começo. Num mundo cada vez mais complicado e impenetrável, não conseguimos progredir só com a inteligência racional. Está na hora de voltar nossa atenção para as emoções. Precisamos expressá-las de modo adequado, mas também manter certa distância interior diante delas. Assim, poderemos solucionar muitos problemas que atualmente continuam bloqueados por não controlarmos o nosso afeto. Talvez chegue o dia em que uma maneira adequada de lidar com nosso mundo emocional se torne o objetivo do nosso aprendizado.

Seria fácil demais se simplesmente mudássemos de direção e só apostássemos nas emoções. As capacidades racionais do homem não devem ser desvalorizadas. Ambas as inteligências, a racional e a emocional, formam uma unidade.

Se pudermos acreditar nos pesquisadores, ainda teremos muitas surpresas. Novos conhecimentos modificarão nossa imagem do mundo e do homem. Instrumentos tecnológicos permitem que saibamos muito mais a respeito do funcionamento das nossas emoções. Um novo campo de pesquisa foi descoberto: a inteligência emocional.

Notas

Parte 1

1. H. Ernst e H. Gardner, "Unsere sieben Intelligenzen" ["Nossas Sete Inteligências"], in Psychologie Heute [Psicologia Hoje]*, 2/1985, pp. 20-31. (Tento tirar do seu pedestal a língua e a lógica.)

Howard Gardner, "Wie Komponiert Man eine Symphonie?" ["Como se Compõe uma Sinfonia?"], in Psychologie Heute [Psicologia Hoje], 9/1981, pp. 38-42.

U. Neisser, "Intelligenz — Gibt's Die?" ["Inteligência — Ela Existe?"], in Psychologie Heute [Psicologia Hoje], 8/1983.

Heiko Ernst, "Intelligenz" ["Inteligência"], in Psychologie Heute [Psicologia Hoje], 8/1981, pp. 22-5.

Heiko Ernst, "Alltagsintelligenz: Praktisch, Sozial, Emotional" ["Inteligência do Quotidiano: Prática, Social, Emocional"], in Psychologie Heute [Psicologia Hoje], 10/1988, pp. 3 e 4, pp. 20-7. (Até onde sei, este artigo foi o primeiro que apresentou a inteligência emocional num texto escrito em alemão.)

2. R. Peters, Praktische Intelligenz [A Inteligência Prática], pp. 73-161, mvg Landsberg am Lech, 1988.

3. S. Grubitzsch, Testtheorie Testpraxis [Teoria do Teste, Prática do Teste], pp. 80ss, Rowohlt, Reinbek, 1978.

4. O satélite de pesquisa COBE (Cosmic Background Explorer) captou num banho extremamente fraco de microondas uma ardência que restou do big bang. Isso confirmou a teoria de que os primeiros microssegundos após o big bang do universo devem ter se assemelhado a uma curva exponencial. Steven Hawking disse a respeito: "The discovery of the century, if not of all time." ["A descoberta do século, se não de todos os tempos."]

5. Edward Mallinkrodt Institute of Radiology, Washington University St. Louis, Bristol-Myers Pharmaceutical Research Center Wallingford (Connecticut), Neurological Institute Quebec, McGill University Montreal, Neuro-Isotope Laboratory.

R. Trotter, "Das Jahrzehnt des Gehirns" ["A Década do Cérebro"], in Psychologie Heute [Psicologia Hoje], 1/1992, pp. 57-9.

---

* A tradução dos títulos de livros ou artigos em alemão é literal, e pode não corresponder aos títulos em português dos mesmos caso tenham sido publicados no Brasil.

6. EQ Factor [Fator Q.E.], in *Time Magazine*, pp. 62-9, 16 de outubro 1995.

"Macht der Gefühle" ["O Poder das Emoções"], in *Der Spiegel*, 6/1996, pp. 52-9.

John Oldham, Louis Morris, "Wie gut Kennen Sie Sich Selbst?" ["Você Conhece a Si Mesmo?"], in *Psychologie Heute* [*Psicologia Hoje*], 10/1992, pp. 20-9, pp. 52-9.

Sobre a pesquisa neurológica.

Der Spiegel: Lernen, "Wie der Geist Funktioniert" ["Aprender como Funciona a Mente"], 10/1992, pp. 218-36.

Time: "Glimpses of the Mind. What is Consciousness? Memory? Emotion? Science Unravels the Best-kept Secrets of the Human Brain" ["Vislumbres da Mente. O Que é Consciência? Memória? Emoção? A Ciência Desvela os Mais Bem Guardados Segredos do Cérebro Humano"], pp. 36-44, 31 de julho de 1995.

"Die Suche Nach dem Ich" ["A Procura pelo Eu"], *Der Spiegel*, 16/1996, pp. 190-202.

7. P. R. Hofstätter, "Behaviorismus als Anthropologie" ["O Behaviorismo como Antropologia"], in *Jahrbuch für Psychologie und Psychotherapie* [*Anuário de Psicologia e Psicoterapia*], pp. 357-70, 1956.

F. Stemme, "Die Säkularisierung des Pietismus zur Erfahrungsseelenkunde" ["A Secularização do Pietismo até Chegar à Psicologia"], in *Zeitschrift für Deutsche Philologie* [*Revista Alemã de Filologia*], vol. 72/1951, pp. 144-58.

8. D. Goleman, *Emotionale Intelligenz* [*Inteligência Emocional*], Hanser, Munique, 1996.

9. *Time*, 6 de novembro 1995, p. 6.

10. Peters, *op. cit.*, pp. 12-4.

11. M. Friedman, D. Ulmer, *Treating Type A Behavior and Your Heart* [*Tratando o Comportamento Tipo A e seu Coração*], pp. 3-70, Alfred Knopf, Nova York, 1984.

12. D. Goleman, *op. cit.*, p. 7.

13. D. Goleman, *op. cit.*, pp. 65-70.

14. D. Goleman, *op. cit.*, pp. 284-87, pp. 329s.

15. J. Nye, W. Owens, "Herrschaft über Informationen sichert den USA ihre Weltmachtrolle" ["O Domínio sobre as Informações Assegura aos EUA seu Papel de Potência Mundial"], in *Welt am Sonntag*, pp. 23-4, 28 de abril 1996; esse artigo é interessante no sentido de que ele opõe à explosão da informação não uma redução emocional mas uma redução supra-racional.

Wirtschaftswoche, 20/1996, "Interview mit dem Nobelpreisträger für Physik, Arno Penzias, 1978". ["Entrevista com o Prêmio Nobel de Física, Arno Penzias, 1978".]

16. W. Köhler, *Dynamische Zusammenhänge* [*Contextos Dinâmicos*], Hans Huber Verlag, pp. 9-14, Berna, 1958.

17. P. D. Ouspensky, *Vom inneren Wachstum des Menschen* [*Sobre o Crescimento Interior do Homem*], pp. 21-5, Barth Verlag, Weilheim, 1965; Ouspensky explica que a evolução do homem ainda não acabou. Por isso existiriam possibilidades que não podem ser analisadas empiricamente. Por isso também, a consciência do homem a respeito de suas possibilidades mereceria uma atenção especial.

18. Goleman, *op. cit.*, p. 68.

19. Goleman, *op. cit.*, p. 69.

20. O assim chamado Supertreino é um conceito genérico que resume técnicas mentais diferentes para a solução de diversos problemas.

20a. Goleman, *op. cit.*, pp. 65s.

21. Informações detalhadas sobre as emoções dos chineses podem ser encontradas em M. Bond, *The Psychology of the Chinese People* [*A Psicologia do Povo Chinês*], pp. 213-66, Oxford University Press, Hong Kong, 1986.

22. Ouspensky, *op. cit.*, p. 11.
23. J. Adler, "The Rise of the Overclass" ["A Ascendência da Classe Elitista"], *in Newsweek*, pp. 32-46, 31 de julho de 1995.

R. Hernstein, Murray, Ch., *The Bell Curve* [*A Curva de Bell*], pp. 25-166, Simon and Schuster, Nova York, 1994 (Part I. The Emergence of a Cognitive Elite [Parte I. A emergência de uma elite cognitiva.]

24. F. Buytendijk, *Psychologie des Romans* [*Psicologia do Romance*], Otto Müller Verlag, Salzburg, 1966; B. descreve a experiência do ambiente e das emoções que, no caso dos romances significativos, é suscitada no leitor. A partir disso, surgiu uma terapia emotiva.
25. Goleman, *op. cit.*, p.12.
26. Goleman, *op. cit.*, pp.12s.
27. R. Wright, "Science, God and Man" ["Ciência, Deus e o Homem"], *in Time*, pp. 46-50, 4 de janeiro de 1993.

J. Horgan, "The New Challenges" ["Os Novos Desafios"], *in Scientific American*, pp. 8-11, dezembro de 1992.

Parte 2

1. Sobre a tomografia de emissão de pósitrons lecionam: W. D. Heiss, C. Beil, K. Herholz, R. Pawlik, K. Wienhard; *Atlas der Positronen-Emissions-Tomographie des Gehirns* [*Atlas da Tomografia do Cérebro com Emissão de Pósitrons*], Springer Verlag, Berlim, Heidelberg, Nova York, Tóquio, 1985.

K. Wienhard, R. Wagner, W. D. Heiss, *PET. Grundlagen und Anwendungen der Positronen-Emissions-Tomographie* [*PET. Bases e Aplicações da Tomografia com Emissão de Pósitrons*], Springer Verlag, Berlim, Heidelberg, Nova York, Tóquio, 1989.

E. Bigler, R. Yeo, E. Turkheimer (org.), *Neuropsychological Function and Brain Imaging*, Plenum Publishing Corporation, 1989; ver G. Pawlik, W. D. Heiss, *Positron Emission Tomography and Neuropsicological Function* [*A Tomografia com Emissão de Pósitrons e a Função Neuropsicológica*], pp. 65-138.

2. G. Montgomery, "The Mind in Motion" ["A Mente em Movimento"], *in Discovery*, pp. 58-68, março de 1989.
3. S. E. Petersen, P. T. Fox, M. I. Posner, M. Mintum e M. E. Raichle, "Positron Emission Tomographic Studies of the Cortical Anatomy of Single-word Processing ["Estudos de Tomografia com Emissão de Pósitrons da Anatomia Cortical do Processamento de uma Única Palavra], *in Nature*, vol. 331, pp. 585-89, 18 de fevereiro de 1988.

M. Posner, S. Petersen, P. Fox, M. Raichle, "Localization of Cognitive Operations in the Human Brain" ["A Localização de Operações Cognitivas no Cérebro Humano"], *in Science*, vol. 240, pp. 1627-631, 1988.

M. Raichle, "Circulatory and Metabolic Correlates of Brain Function in Normal Humans" ["Correlações Circulatórias e Metabólicas da Função do Cérebro em Seres Humanos Normais"], *in Handbook of Physiology* [*Manual de Fisiologia*], pp. 643-74, EUA.

4. Pelé, *My Life and the Beautiful Game* [*Minha Vida e o Jogo Bonito*], Doubleday, Nova York, 1977.

A. Ribeiro da Silva, "As Aptidões do Futebolista", *in Arq. Bras. Psic. Apl.*, vol. 24, pp. 7-20, Rio de Janeiro, 1972. (Da Silva analisa a antecipação, a parcela mental nos movimentos corporais bem-sucedidos no jogo.)

5. S. Begley, "The Brain" ["O Cérebro"], *in Newsweek*, pp. 40-4, 20 de abril de 1992.

6. Mecacci, *Das Einzigartige Gehirn* [O Cérebro Singular]. Campus Verlag, Frankfurt, pp. 49-61, 1984.

R. Restak, *Geheimnisse des menschlichen Gehirns* [Os Mistérios do Cérebro Humano], pp. 246-47, mvg Verlag, Landsberg am Lech, 1988. (Das Japanische Gehirn [O Cérebro Japonês]).

J. D. Morley, *Grammatik des Lächelns. Japanische Innenansichten* [A Gramática do Sorriso. Visões Interiores do Japão], Rowohlt Verlag, Reinbek, 1987.

D. Stuckenschmidt, *Japan mit der Seele Suchen* [O Japão Buscado com a Alma], Scherz Verlag, Berna, 1988.

7. R. V. Virchow, "Lernen und Forschen" ["Aprender e Pesquisar"], in *Die Deutsche Universitätszeitung* [O Jornal da Universidade Alemã], 4/1960, pp. 3-10.

8. R. Restak, "The Brain: The Last Frontier" ["O Cérebro: A Última Fronteira"], in *Warner Communications Company*, pp. 13-71, 1979.

9. R. J. Reiter, *Melatonin* [Melatonina], Bantam Books, Nova York, 1995.

10. *Psychologie Heute* [Psicologia Hoje], 2/1992, pp. 45s. (Gott im Abbild des Geistes? [Deus no Retrato da Mente?])

11. Mecacci, *op. cit.*, pp. 121-25.

12. R. Restak, *The Brain: The Last Frontier* [O Cérebro: A Última Fronteira], *op. cit.*, pp. 49-72.

13. Richard Nixon é citado como "caso" por muitos livros técnicos norte-americanos. Os atos protocolares do "escândalo Watergate" transformaram-se em verdadeiro achado para psiquiatras e psicólogos.

14. *Bristol-Myers Company Annual Report for 1984*, pp. 6-25.

15. *Bristol-Myers Company Annual Report for 1986*, p. 47.

16. M. R. Holloway, "R for Addiction" ["R por Vício"], in *Scientific American*, 3/1991, pp. 94-103. (Nesse artigo, o mecanismo dos receptores no cérebro é explicado detalhadamente e é responsabilizado pelo surgimento dos vícios.)

Bristol-Myers, *op. cit.*, p. 15, 1984.

17. R. Restak, *Geheimnisse des Menschlichen Gehirns* [Os Mistérios do Cérebro Humano], pp. 326-27, mvg Verlag, Landsberg am Lech, 1988.

18. M. Salewski, *Zeitgeist und Zeitmaschine* [Espírito do Tempo e Máquina do Tempo], dtv, 1986; nesse livro instigante também se encontram descrições de ficção científica (cérebro, universo, expedições para outras galáxias) que agora já foram ultrapassadas pela ciência.

19. A. Damasio, *Descartes' Irrtum* [O Engano de Descartes], pp. 227-37, Paul List Verlag, Munique, 1994.

20. R. Augros, Stanciu, G., *Die neue Biologie* [A Nova Biologia], p.18, Scherz Verlag, Berna, 1988.

21. Augros, *op. cit.*, p. 21.

22. Augros, *op. cit.*, p. 22.

23. R. Penrose, *Schatten des Geistes* [Sombras da Mente], Spectrum. Akademischer Verlag, Heidelberg, 1995; mostra os novos caminhos que podem levar a uma física da consciência, processos em que a física quântica tem um papel especial.

24. R. Restak, *Geheimnisse des Menschlichen Gehirns* [Os Mistérios do Cérebro Humano], *op. cit.*, pp. 319-22.

25. E. Pöppel, *Grenzen des Bewußtseins* [Os Limites da Consciência], pp. 7-69, dtv, Munique, 1985.

26. R. Descartes, *Meditationen* [Meditações], Meiner Verlag, Leipzig s.d., 2. Meditação.

27. J. Eccles, *Die Evolution des Gehirns* [A Evolução do Cérebro], p. 303, Piper, Munique, 1989.

28. R. Penrose, *op. cit.*, pp. 293-96, pp. 438-49; Penrose está à procura de uma física não aritmética do espírito. Sua idéia da inteligência inclui dois pressupostos imprescindíveis: 1. "Compreensão", 2. "Consciência", p. 48. Se adotarmos essa definição, algo já indicado pela intuição, o Q.I. clássico não seria muito útil. Ele reflete apenas uma compreensão consciente das relações entre os sistemas numéricos e os significados lingüísticos, e não uma compreensão de si mesmo e das outras pessoas.

29. Essa afirmação é uma das inúmeras variações do problema da contradição. Desde a Antigüidade, é válida a afirmação de que algo não pode apreender sua própria essência. Num primeiro momento era o paradoxo insolúvel de que algo de material como o cérebro possa reconhecer algo de imaterial como a alma. Em seguida, o paradoxo foi aplicado ao espírito que não poderia conhecer a si mesmo. Em Kant, o eu transcendental finalmente é transformado em "ponto máximo" da teoria cognitiva e da filosofia. Podendo imaginar o eu como algo completamente abstrato sem nenhum conteúdo, colocamos, nós mesmos, a consciência que torna nossos todos os nossos pensamentos.

Parte 3

1. P. Langley, H. Simon, G. Bradshaw, J. Zytkow, "Scientific Discovery" ["Descoberta Científica"] *in MIT Press*, pp. 47-54, Cambridge, 1987.

2. R. Herrnstein, Ch. Murray, *The Bell Curve* [A Curva de Bell], *op. cit.*, p. 4.

Der Spiegel, 52/1987, pp. 135-40, publicou um teste de inteligência desenvolvido por H. Eysenck, que também apresenta as soluções das questões. Com ele, pode-se calcular o próprio Q.I. em meia hora. Fica claro por que o Q.I. tinha que ganhar uma má reputação. As questões nada realistas não têm relação nenhuma com o sucesso na vida quotidiana, mas com uma vitória num jogo de xadrez ou uma nota 10 em matemática.

3. Pascal desenvolveu o cálculo de probabilidade, Descartes, a geometria analítica, Leibniz, entre outros, o cálculo infinitesimal.

4. M. Wertheimer, *Produktives Denken* [Pensamento Produtivo], pp. 118-20, Kramer Verlag, Frankfurt/M., 1957.

Mort La Brecque, "Denkfallen — Denkfehler" ["Armadilhas do Pensamento — Erros do Pensamento"], in: *Psychologie Heute* [Psicologia Hoje], 9/1980, pp. 20-7.

R. Lindner (org.), *Einfallsreiche Vernunft* [A Razão Imaginativa], Edition Interfrom, Zurique, 1989.

W. Möller-Streitbörger, "Intelligenz: Der Columbo-Effekt" ["Inteligência: O Efeito Columbo"], *in Psychologie Heute* [Psicologia Hoje], 12/1993, pp. 9s.

R. Sternberg, J. Davidson, "Rätselhaftes Denken" ["O Pensamento Misterioso"], *in Psychologie Heute* [Psicologia Hoje], 3/1983, pp. 38-44.

5. Wertheimer, *op. cit.*, pp.194-218.

6. R. Herrnstein, Ch. Murray, *The Bell Curve* [A Curva de Bell], *op. cit.*, pp. 17-21.

Ulric Neisser, "Intelligenz — Gibt's Die?" ["Inteligência — Ela Existe?"], *in Psychologie Heute* [Psicologia Hoje], 8/1983, pp. 56-62. (Aqui inicia-se o primeiro grande ataque contra a inteligência "acadêmica", que é medida por meio de testes de inteligência cujo indicador foi encontrado no Q.I.)

7. R. Peters, *Praktische Intelligenz* [A Inteligência Prática], pp. 45-60, mgv Verlag, Landsberg am Lech, 1988.

8. Herrnstein, *op. cit.*, p. 2.

9. St. Chase, *Die Wissenschaft vom Menschen* [A Ciência do Homem], pp. 45-60, Humbold Verlag, Viena, 1951.

10. Uma boa visão geral sobre quase todos os testes comuns é dada por S. Grubitzsch, *Testtheorie Testpraxis. Psychologische Tests und Prüfungsverfahren im kritischen Überblick* [Teoria do Teste, Prática do Teste. Os Testes Psicológicos e os Processos de Verificação num Resumo Crítico], Rowohlt, Reinbeck, 1991; a respeito do teste de inteligência e de estrutura de Amthauer, ver pp. 410-15.

11. Herrnstein, *op. cit.*, p. 9.

12. Herrnstein, *op. cit.*, pp. 20s.

13. L. Szekely, "Zur Psychologie des Geistigen Schaffens" ["Sobre a Psicologia da Realização Espiritual"], *in Schweizerische Zeitschrift für Psychologie*, vol. IV, n$^{\underline{o}}$ 2, pp. 110-24, 1958, e n$^{\underline{o}}$. 3/4, pp. 332-47, principalmente p. 335.

14. H. Kissinger, *Memoiren* [Memórias], vol. III. Goldmann, Munique, p. 1441, 1979.

15. W. v. Humboldt, "Über die Verschiedenartigkeit des Menschlichen Sprachbaus und ihren Einfluss auf die Geistige Entwicklung des Menschengeschlechts" ["Sobre a Diversidade da Construção Lingüística Humana e sua Influência sobre o Desenvolvimento Mental da Humanidade"], 1830-1835, *Ges. Werke VII* [Obras Completas VII].

B. L. Whorf, *Sprache, Denken, Wirklichkeit* [Língua, Pensamento, Realidade], pp. 140-47, Rowohlt, Reinbeck, 1963.

16. R. Haier, Intelligence Test Performance correlates with Brain Scan. [O Desempenho no Teste de Inteligência se Relaciona com o Scan do Cérebro], Irvine, Mitteilung 14 de fevereiro, 1988, Communication Office.

17. S. Grubitzsch, *op. cit.*, p. 138.

18. Ch. Krauthammer, "Deep Blue Funk" ["O Medo de Deep Blue"], *in Time*, pp. 42-3, 26 de fevereiro de 1996.

R. Wright, "Can Machines Think?" ["As Máquinas Conseguem Pensar?"], *in Time*, pp. 42-50, 10 de abril de 1996.

G. Kasparov, "Ein Einziger Fehler ist ein Fehler Zuviel" [Um Único Erro é um Erro em Excesso], *in Welt am Sonntag*, p. 23, 31 de março 1996. (Entrevista.)

G. Kasparov, "Schach ist die Beste Methode, um sich Selbst zu Erkennen" ["Xadrez é o Melhor Método para o Autoconhecimento"], *in Psychologie Heute* [Psicologia Hoje], 9/1985, pp. 60-3.

19. "Genieblitze und Blackouts" ["Momentos de Genialidade e Cegueira Temporária"], *Der Spiegel*, n$^{\underline{o}}$ 52/1987, pp. 126-40.

G. Roth, "Die Fähigkeit zur Selbstbewertung von Gehirnen. Impulse aus der Forschung ["A Capacidade da Auto-avaliação de Cérebros. Impulsos Vindos da Pesquisa"], Universität Bremen, 4/1996, pp. 5-8. (O artigo transmite de forma resumida uma idéia do que hoje é possível no campo da pesquisa cerebral e o que já está sendo feito.)

20. H. Förster, *Das Gedächtnis, eine Quantenphysikalische Untersuchung* [A Memória, uma Análise a Partir da Física Quântica], Deuticke, Viena, 1948.

St. Beer, *Kybernetik und Management* [Cibernética e Gerenciamento], pp. 52-5, S. Fischer, Frankfurt, 1959.

21. R. Degen, A. Huber, "Gedächtnis: Unser Kino im Kopf?" ["A Memória: Nosso Cinema na Cabeça?"], *in Psychologie Heute* [Psicologia Hoje], 7/1992, pp. 58-63.

W. Schönpflug, "Gedächtnishilfen" ["A Ajuda para a Memória"], *in Psychologie Heute* [Psicologia Hoje], 7/1987, pp. 36-43.

S. Singular, "Gedächtnis: Über Eselsbrücken zur Perfektion" ["Memória: Através de Truques de Memória para a Perfeição"], in *Psychologie Heute* [*Psicologia Hoje*], 10/1983, pp. 28-39.

22. Primeiro Congresso Internacional para Dominâncias Cerebrais, Munique, 1988.

N. Hermann, *The Criative Brain* [*O Cérebro Criativo*], Washington, 1981; H. desenvolveu testes não aferidos, destinados à área econômica, com os quais deve-se realizar uma seleção efetiva para todas as áreas possíveis baseada nas dominâncias cerebrais.

R. Ornstein, R. Thompson, *Unser Gehirn: Das Lebendige Labyrinth* [*Nosso Cérebro: O Labirinto Vivo*], p. 170, Rowohlt, Reinbeck, 1986.

23. Mecacci, *op. cit.*, pp. 90-7. (O Cérebro do Esportista.)

24. H. Gardner, *The Mind's New Science* [*A Nova Ciência do Espírito*], pp. 10-45, Basic Books, Nova York, 1984.

25. R. Ornstein, R. Thompson, *op. cit.*, pp. 166-71.

26. F. Stemme, *Cerebrale Dominanzen im Sport — Eine Neuropsychologische Hypothese* [*Dominâncias Cerebrais no Esporte — Uma Hipótese Neuropsicológica*.] Palestra realizada no Congresso para Dominâncias Cerebrais, Munique, 1988.

27. F. Stemme, "Cerebral Dominances in Sport" ["Dominâncias Cerebrais no Esporte"], in *Intern. Journal of Neuroscience*, vol. 45, pp. 183s, 1988.

28. M. Schrode, H. Gabler, "Aufmerksamkeitsveränderungen beim Tennisspiel" ["Mudanças de Atenção no Jogo de Tênis"], in *Leistungssport*, pp. 25-30.

29. "Brücke der Gefühle" ["A Ponte das Emoções"], in *Der Spiegel*, 19/1996, pp. 122s.

30. D. Kimura, "Sex Differences in the Brain" ["Diferenças de Sexo no Cérebro"], in *Scientific American, Special Issue: Mind and Brain*, 9/1992, pp. 81-7.

C. Gorman, "Sizing Up the Sexes", in *Time*, pp. 36-43, 20 de janeiro de 1992.

Parte 4

1. Ortega e J. Gasset, *Über das Römische Imperium* [*Sobre o Império Romano*], Reclam nº 7803, pp. 19-22, 1964.

2. F. Stemme, *Die Säkularisierung des Pietismus zur Erfahrungsseelenkunde* [*A Secularização do Pietismo em Direção à Psicologia*], *op. cit.*, pp. 149s.

3. I. Kant, *Anthropologie in Pragmatischer Hinsicht* [*A Antropologia do Ponto de Vista Pragmático*], *op. cit.*, p. 43.

4. Goleman, *op. cit.*, p. 15.

5. Essa pergunta levantada por W. Köhler (*Dynamische Zusammenhänge* [*Contextos Dinâmicos*], pp. 11s, Huber, Berna, 1958) é feita freqüentemente em exames de psicólogos Gestalt. A partir dela, inúmeros exemplos psicológicos podem ser abordados.

6. J. Gray, *Angst und Stress* [*Medo e Stress*], pp. 64-8, Kindler Verlag, Munique, 1972.

7. Ch. Blondel, *op. cit.*, p. 181.

8. Ch. Blondel, *op. cit.*, p. 182.

9. C. Buytendijk, *Psychologie des Romans* [*A Psicologia do Romance*], *op. cit.*, p. 33.

10. C. Rogers, *Entwicklung der Persönlichkeit* [*O Desenvolvimento da Personalidade*], pp. 321-28, Ernst Klett, Stuttgart, 1973.

11. Karl Philipp Moritz, *Magazin zur Erfahrungsseelenkunde* [*Revista de Psicologia*], Berlim, 10 vols., pp. 1783-1793.

12. A. Damasio, *Descartes' Irrtum* [*O Engano de Descartes*], *op. cit.*, pp. 178-226 (cap. 7: *Gefühle und Empfindungen* [*Emoções e Sentimentos*].)

13. Krech e Crutchfield, *Grundlagen der Psychologie* [*Fundamentos da Psicologia*], vol. 7, pp. 66-8, Beltz, Weinheim, 1985.

14. Krech e Crutchfield, *op. cit.*, vol. 5, pp. 56-62.

R. Plutchik, "Unsere Gemischten Gefühle: Emotionen" ["Nossos Sentimentos Equívocos: Emoções"], in *Psychologie Heute* [*Psicologia Hoje*], 7/1980, pp. 56-63.

R. Trotter, "Die 10 Gefühle, die die Welt Bedeuten ["As Dez Emoções que Significam o Mundo"], in *Psychologie Heute* [*Psicologia Hoje*], 10/1984, pp. 40-7.

J. Asendorpf, *Keiner wie der Andere. Wie Persönlichkeitsunterschiede Entstehen* [*Ninguém é Igual a Outro. O Surgimento das Diferenças de Personalidade*], Piper, pp. 222-25, Munique, 1988. (Nesse importante livro chega-se à conclusão de que as leis de probabilidade tanto quanto as relações de indefinição no sistema nervoso podem determinar o comportamento de modo eficaz. Através de uma escalada, as indefinições microfísicas podem influenciar os processos macrofísicos que se desenrolam no cérebro, pp. 298-303.)

15. Krech e Crutchfield, *op. cit.*, vol. 5, p. 57.
16. Krech e Crutchfield, *op. cit.*, vol. 5, p. 54.
17. Krech e Crutchfield, *op. cit.*, vol. 5, p. 55.
18. I. Sobez, R. Verres, "Die Kunst, Sich Richtig zu Ärgern" ["A Arte de Ficar Aborrecido Corretamente"] in *Psychologie Heute* [*Psicologia Hoje*], 4/1980, pp. 20-9.

R. Lazarus, "Der Kleine Ärger, der Krank Macht" ["Os Pequenos Aborrecimentos que nos Fazem Ficar Doentes"], in *Psychologie Heute* [*Psicologia Hoje*], 3/1982, pp. 46-9.

M. Müller, "Die Kunst des Ärgerns" ["A Arte de Ficar Contrariado"], in *Psychologie Heute* [*Psicologia Hoje*], 4/1990, pp. 20-6 (nesse livro há também um teste de aborrecimento em forma de perguntas).

A. Wolf, Ärger, "Was tun Gegen das Killer-Gefühl?" ["O Aborrecimento. O Que Fazer Contra Esta Emoção Assassina?"], in *Psychologie Heute* [*Psicologia Hoje*], 4/1996, pp. 20-7 (aqui há mais um teste de aborrecimento).

R. Eliot, D. Breo, *Is It Worth Dying For?* [*Vale a Pena Morrer por Isso?*], Bantam Books, Nova York, 1984 (nesse livro, que constitui uma revolução na pesquisa do *stress*, é apresentado um programa abrangente e de fácil aplicação que desvia suas emoções dos acontecimentos estressantes e as aplica em tarefas positivas, como, por exemplo a manutenção da própria saúde).

19. A. Ellis, R. Grieger, *Praxis der Rational-Emotiven Therapie* [*A Prática da Terapia Racional-emotiva*], Urban & Schwarzenberg, Munique, 1979.

Institute for Rational-Emotive Therapy, 45 East 65th Street, Nova York, N.Y. 10021.

D. Schwartz, *Gefühle Erkennen und Positiv Beeinflussen* [*Reconhecer as Emoções e Influenciá-las Positivamente*], mvg Verlag, Landsberg am Lech, 1987 (S. dá muitos conselhos práticos com relação a esse tema. Suas informações sobre a superação das emoções são úteis).

20. F. Stemme, K.W. Reinhardt, *Supertraining* [*Supertreino*], pp. 87-90, Econ, Düsseldorf, 1988.

21. Bielefelder Repräsentativuntersuchung, dpa 15 de abril de 1996.

22. S. Dunde, "Neid" ["Inveja"], in *Psychologie Heute* [*Psicologia Hoje*], 11/1984, pp. 20-7.

T. Bastian, "Das Ressentiment — Bruder des Neids" ["O Ressentimento — O Irmão da Inveja"], in *Psychologie Heute* [*Psicologia Hoje*], 10/1993, pp. 35-7.

23. D. Bonhoeffer, *Widerstand und Ergebung* [*Resistência e Entrega*], p. 255, Kaiser, Munique, 1958.

24. I. Kant, *op. cit.*, pp. 43s.

25. A literatura a respeito do medo é bem extensa. O medo já faz parte dos principais temas da psicologia mais recente.

H. Luszack, "Angst" ["Medo"], in GEO, 4/1996, pp. 84-102.

Gesundheit in Wort und Bild, Spezial: Angst [A Saúde em Palavra e Imagem, Edição Especial: Medo], 2/1966, pp. 6-15.

26. "Verwirrendes Puzzle" ["O Quebra-cabeça Confuso"], Der Spiegel, 37/1989.

27. E. Reiman, M. Fusselman, P. Fox, M. Raichle, "Neuroanatomical Correlates of Anticipatory Anxiety" ["Correlatos Neuroanatômicos de Ansiedade Antecipada"], in Science, vol. 243, pp. 1071-1074, 1989.

E. Reiman, M. Raichle, e outros, "Neuroanatomical Correlates of a Lactate-Induced Anxiety Attack" ["Correlatos Neuroanatômicos de Ataques de Ansiedade Induzidos por Lactose"], in Arch. Gen. Psychiatry, vol. 46, 6/1989, pp. 493-500.

J. Margraf, Panik, Angstanfälle und ihre Behandlung [O Pânico, Ataques de Medo e seu Tratamento, Springer, Berlim, 1989.

J. Margraf, "Panische Anfälle: Überfälle aus dem Nichts" ["Ataques de Pânico: Assaltos Vindos do Nada"], in Psychologie Heute [Psicologia Hoje], 11/1989, pp. 20-7.

28. O. Sacks, Eine Anthropologin auf dem Mars [Uma Antropóloga em Marte], p. 377, Rowohlt, Reinbek, 1995.

29. B. Gläsel, Erinnerungsvermögen bei Patienten unter Vollnarkose — Zur Psychologie der Angst [A Capacidade de Lembrança de Pacientes que Tomaram Anestesia Geral — A Respeito da Psicologia do Medo], Diplomarbeit Psychologie, Universität Bremen, 1996.

30. Phillips Universität Marburg, Fachbereich Psychologie, tel. 06421-283754 ou 283639; M. Göbel, S. Schneider.

31. B. Groethuysen, "Über den Kindersinn" ["Sobre o Sentido da Criança"], in Die Wandlung [A Mudança], caderno 7, pp. 582-94, 1947, Lambert Schneider.

F. Stemme, Pädagogische Psychologie [Psicologia Pedagógica], Klinkhardt, Bad Heilbrunn, pp. 116-18, 1970.

32. A. Toffler, Der Zukunftsschock [O Choque do Futuro], Kaur Verlag, Munique, 1974.

33. A. Gehlen, Anthropologische Forschung [A Pesquisa Antropológica], pp. 55s, Rowohlt, Reinbeck, 1961.

F. Stemme, A Psicologia Social do Futebol, vol. 33, pp. 106-115, 1981, Arq. Bras. Psi., Rio de Janeiro.

34. K. Menninger, Das Leben als Balance [A Vida como Equilíbrio], pp. 373-86, Piper, Munique, 1968 (Esperança).

F. Stemme, "Wir Brauchen das Prinzip Hoffnung" ["Precisamos do Princípio da Esperança"], in Vif Journal, 3/1982, pp. 74-7.

35. A. Antonovsky, Unraveling the Mystery of Health [Elucidando o Mistério da Saúde]. Jossey-Bass, San Francisco, 1987.

36. A. Maslow, Motivation und Persönlichkeit [Motivação e Personalidade], pp. 74-105, Walter, Olten e Freiburg, 1977.

37. M. Seligman, "Sind Sie Pessimistisch?" ["Você é Pessimista?"], in Psychologie Heute [Psicologia Hoje], 5/1991, pp. 26-33.

"EQ Factor" ["O fator Q.E."], in Time, pp. 66s, 16 de outubro de 1995.

38. K. Menninger, op. cit., p. 386.

39. Epicteto, op. cit., p. 28.

Parte 5

1. G. Miketta, W. Siefer, S. Begley, "Kluge Köpfchen" ["Cabecinhas Espertas"], in *Focus*, 10/1996, p. 166.
2. Ver acima, pp. 160-66.
3. Palestra de T. Wiesel, Congresso dos Prêmios Nobel, Lindau, julho de 1990.
4. de L. Mause, *Die Geburt der Perestroika* [*O Nascimento da Perestroica*], op. cit.
5. E. Erikson, *Kindheit und Gesellschaft* [*Infância e Sociedade*], Pan, Zurique, 1957.
6. de L. Mause, *Die Geburt der Perestroika* [*O Nascimento da Perestroica*], op. cit.
7. T. Gallwey, *The Inner Game of Tennis* [*O Jogo Interno de Tênis*], Random House, Nova York, 1974 (em alemão: *Tennis und Psyche*, Wila, Munique, 1977).

F. Stemme, "Die Grosse Leistung. Gewinnen Sie das innere Spiel" ["A Grande Realização. Ganhe o Jogo Interior"], in *Vif Journal*, 4/1982, pp. 16-8.

8. D. Goleman, op. cit., pp. 109-111 (controle de impulsos: o teste Marshmallow).
9. "Die Suche Nach dem Ich" ["A Procura do Eu"], p. 202, *Der Spiegel*, 16/1996.
10. J. Loehr, P. McLaughlin, *Mentally Tough* [*Mentalmente Forte*]. M. Evans, Nova York, 1986.
11. R. Kriegel, M. Kriegel, *The C Zone* [*A Zona C*], Anchor Press/Doubleday, Nova York, 1984.

Ch. Garfield, *Peak Performance* [*Desempenho Máximo*], Warner Communications, Nova York, 1984.

12. F. Stemme, K. W. Reinhardt, *Supertraining* [*Supertreino*], op. cit.

F. Stemme, "Was Kann die Psychologie für den Trainer Leisten?" ["O Que a Psicologia Pode Fazer para o Treinador Esportivo"], Internationaler-Trainer-Kongress, Mainz, 1991, *BDLF Journal*, 2/1992, Wiesbaden, pp. 9-17.

F. Stemme, *Supertraining — Mit Mentalen Techniken zur Spitzenleistung* [*Supertreino — com Técnicas Mentais para Desempenhos Máximos*], UEFA-Kongress, Helsinki, 1993.

13. R. Pastor, *Whirlpool* [*Remoinho*], Princeton University Press, 1992, p. 29.

F. Stemme, Gloede, W., op. cit., pp. 136-43.

14. A. Ellis, op. cit., pp. 3-36.
15. J. Wolpe, op. cit., pp. 195-202 (Emotionale Reizüberflutung) [Excesso de estímulos emocionais].
16. F. Stemme, W. Gloede, *Wer zu spät kommt* [*Quem Chega Atrasado*]. Roderer, Regensburg, 1996.
17. Herbert Quandt Stiftung '95, Jahresbericht [Relatório Annual], pp. 26-31.

H. Kissinger, *Global Outlook for the 21st Century* [*Perspectivas Globais para o Século XXI*], Dokumentation 12 der Herbert Quandt Stiftung, 1995.

18. W. Isaacson, *Kissinger*, edition q, Berlim, 1993, p. 178.
19. A. Damasio, op. cit., pp. 50, 52, 60, 63.
20. O. Sacks, op. cit., pp. 395s.
21. O. Sacks, op. cit., pp. 340, 372, 395s.
22. R. Grinker, The Poor and the Rich, *Psychology Today*, 10/1977, pp. 74-81.
23. F. Lavin, "Negotiating with the Chinese", in *Foreign Affairs*, 7/8, 1994, pp. 16-22.
24. J. Adler, *The Rise of the Overclass* [*O Levantamento da Classe Superior*], op. cit., p. 34.
25. J. Rohrich, *Arbeit und Liebe* [*Trabalho e Amor*], Fischer, Frankfurt, 1984, p. 11.

26. Iacocca, *Eine americanische Karriere* [*Uma Carreira Norte-americana*], ECON 9/1985, pp. 72-89, especialmente p. 81 (Der Schlüssel zum Management [A chave para o gerenciamento]).

U. Teufel, "Manager: Es fehlt an sozialer Kompetenz" ["Gerente: Falta Competência Social"], *in Psychologie Heute* [*Psicologia Hoje*], 12/1993, pp. 16s.

F. Nerdinger, L. von Rosenstiel, "Führung in kritischen Zeiten" ["Liderança em Tempos Críticos"], *in Psychologie Heute* [*Psicologia Hoje*], 12/1993, pp. 58-63.

27. J. Houston, "Die Farm der Formen, Schritte zu einer neuen Naturphilosophie" ["A Fazenda das Formas, Passos para uma Nova Filosofia Natural"], *in* M. Schaeffer e A. Bachmann (orgs.), *Neues Bewußtsein — Neues Leben, Bausteine für eine Menschliche Welt* [*Nova Consciência — Nova Vida, Elementos para um Mundo Humano*], pp. 440-65, Wilhelm Heyne, Munique, 1988.

Bibliografia

A. Livros

Antonovski, Aaron. *Unraveling the Mystery of Health* [Desvendando o Mistério da Saúde], Jossey-Bass Publishers, San Francisco, 1987.
Anthony, Robert. *Magic Power of Super Persuasion* [O Poder Mágico da Superpersuasão], Berkeley Books, Nova York, 1988.
Asendorf, Jens. *Keiner wie der Andere* [Ninguém é Igual ao Outro], Piper, Munique, 1988.
Augros, Robert e Stanciu, George. *Die neue Biologie* [A Nova Biologia], Scherz, Berna, 1988.
Baddeley, Alan. *So Denkt der Mensch. Unser Gedächtnis und wie es Funktioniert* [Assim Pensa o Homem. Nossa Memória e como Funciona], Droemer Knaur, Munique, 1982.
Barrow, John. *Ein Himmel voller Zahlen. Auf den Spuren der Mathematischen Wahrhei* [Um Céu Cheio de Números. À Procura da Verdade Matemática], Spektrum Akademischer Verlag, Heidelberg, 1994.
Beer, Stafford. *Kybernetik und Management* [Cibernética e Gerenciamento], S. Fischer, Frankfurt am Main, 1959.
Blondel, Charles. *Einführung in die Kollektivpsychologie* [Introdução à Psicologia Coletiva], Humboldt, Viena, 1948; ver: Das Gefühlsleben [A vida emocional], pp. 165-203.
Bond, Michael Harris (org.). *The Psychology of the Chinese People* [A Psicologia do Povo Chinês], Oxford University Press, Hong Kong, 1986; ver: Sobre as emoções e o sistema nervoso dos chineses, pp. 136-48.
Buytendijk, Frederik. *Psychologie des Romans* [Psicologia do Romance], Otto Müller, Salzburg, 1966.
Changeux, Jean-Pierre. *Der neuronale Mensch* [O Homem Neuronial], Rowohlt, Reinbeck, 1984.
Csikszentmihalyi, Mihaly. *Flow, Das Geheimnis des Glücks* [O Segredo da Felicidade], Klett-Cotta, Stuttgart, 1990.
Damasio, Antonio. *Descartes Irrtum, Fühlen, Denken und das Menschliche Gehirn* [O Engano de Descartes, Sentir, Pensar e o Cérebro Humano], Paul List, Munique, 1994.
DeBono, Edward. *Chancen* [Chances], Econ, Düsseldorf, 1978.
Descartes, René. *Meditationen über die Grundlagen der Philosophie* [Meditações sobre os Fundamentos da Filosofia], Felix Meiner, Leipzig, s.d.
Drucker, Peter. *Neue Realitäten* [Novas Realidades], Econ, Düsseldorf, 1989.

Eccles, John. *Die Evolution des Gehirns — die Erschaffung des Selbst* [A Evolução do Cérebro — A Criação do Eu], Piper, Munique, 1989.
Eliot, Robert, Breo, Dennis. *Is It Worth Dying For?* [Vale a pena morrer por isso?], Bantam Books, Nova York, 1984.
Epiteto, *Das Handbüchlein der Moral* [Pequeno Manual da Moral], Vita Nova, 1946.
Fast, Julius. *Körpersprache* [Linguagem Corporal], Rowohlt, Reinbeck, 1971.
Flanagan, Owen. *The Science of the Mind* [A Ciência da Mente], MIT Press, Cambridge, Massachusetts, 1984.
Gallup, George. *Die Mobilisierung der Intelligenz* [A Mobilização da Inteligência], Econ, Düsseldorf, 1965.
Gardner, Howard. *The Mind's New Science. A History of the Cognitive Revolution* [A Nova Ciência da Mente. Uma História da Revolução Cognitiva], Basic Books Inc., Nova York, 1985.
Goleman, Daniel. *Emotionale Intelligenz* [A Inteligência Emocional], Carl Hanser, Munique, 1996.
Gray, Jeffrey. *Angst und Stress* [Medo e Stress], Münchner Buchgewerbehaus, 1971.
Grubitzsch, Siegfried. *Testtheorie Testpraxis* [Teoria do Teste, Prática do Teste], Rowohlt, Reinbeck, 1991.
Hacker, Friedrich. *Agression* [A Agressão], Fritz Molden, Viena, 1971.
Heiss, Wolf-Dieter, Beil, Curt, Herholz, Karl, Pawlik, Günter, Wagner, Rainer, Wienhard, Klaus. *Atlas der Positronen-Emissions-Tomographie des Gehirns* [Atlas da Tomografia com Emissão de Pósitrons do Cérebro], Springer, Heidelberg, 1985.
Herrnstein, Richard e Murray, Charles. *The Bell Curve, Intelligence and Class Structure in American Life* [A Curva de Bell. Inteligência e Estrutura de Classes na Vida Norte-americana], Simon & Schuster, Nova York, 1994.
Hooper, Judith e Teresi, Dick. *Das Drei-Pfund-Universum. Das Gehirn als Zentrum des Denkens und Fühlens* [O Universo de um Quilo e Meio. O Cérebro como Centro dos Pensamentos e das Emoções], Econ, Düsseldorf, 1988.
Johnson, George. *In den Palästen der Erinnerung. Wie die Welt im Kopf entsteht* [Nos Palácios da Memória. Como Surge o Mundo na Cabeça], Droemer Knaur, Munique, 1991.
Kant, Immanuel. *Anthropologie in pragmatischer Hinsicht* [A Antropologia do Ponto de Vista Pragmático], Reclam, nº. 7541, Stuttgart, 1983.
Köhler, Wolfgang. *Dynamische Zusammenhänge* [Contextos Dinâmicos], Huber, Berna e Stuttgart, 1958.
Krech, David e Crutchfield, Richard, Livson, Norman, Wilson, William, Parducci, Allen. *Grundlagen der Psychologie* [Fundamentos da Psicologia], Beltz, Weinheim e Basileia, 1985, vol. 5, ver: Die menschlichen Emotionen [As Emoções Humanas], pp. 51-76, vol. 7, ver: Personenwahrnehmung [A Percepção das Pessoas], pp. 59-84.
Kriegel, Robert e Kriegel, Marilyn. *The C Zone* [A Zona C], Anchor Press Doubleday, Nova York, 1984.
Langer, Susanne. *Philosophie auf Neuem Wege* [A Filosofia num Novo Caminho], S. Fischer, Berlim, 1965.
Langley, Pat, Simon, Herbert, Bradshaw. Gary, Zytkow, Jan, *Scientific Discovery, Computational Explorations of the Creative Processes* [A Descoberta Científica, Explorações dos Processos Criativos Feitas por Computador], MIT Press, Cambridge, Massachusetts, 1987.
Lazarus, Richard e Folkman, Susan. *Stress, Appraisal, and Coping* [Stress, Elogio e Competição], Springer Publishing, Nova York, 1984.

Lind, Michael. *The Next American Nation* [A Próxima Nação Norte-americana], Simon & Schuster, Nova York, 1995.
Loehr, James e McLaughlin, Peter. *Mentally Tough* [Mentalmente Forte], M. Evans and Company, Nova York, 1986.
Mecacci, Luciano. *Das Einzigartige Gehirn. Über den Zusammenhang von Hirnstruktur und Individualität* [O Cérebro Singular. Sobre a Ligação entre a Estrutura Cerebral e a Individualidade], Campus, Frankfurt, 1988.
Murray, Edward. *Motivation and Emotion* [Motivação e Emoção], Prentice Hall, Englewood, Nova Jersey, 1964.
Ornstein, Robert e Thompson, Richard. *Unser Gehirn: das Lebendige Labyrinth* [Nosso Cérebro: o Labirinto Vivo], Rowohlt, Reinbeck, 1986.
Ouspensky, P. D. *Vom inneren Wachstum des Menschen. Der Mensch und seine Mögliche Evolution* [Do Crescimento Interior do Homem. O Homem e sua Evolução Possível], Otto Wilhelm Barth, Weilheim, 1965.
Penfield, Wilder. *The Mystery of the Mind. A Critical Study of Consciousness and the Human Brain* [O Mistério da Mente. Um Estudo Crítico da Consciência e do Cérebro Humano], Princeton University Press, Nova Jersey, 1975.
Penrose, Roger. *Schatten des Geistes. Wege zu einer neuen Physik des Bewusstseins* [Sombras do Espírito. Caminhos para uma Nova Física da Consciência], Spektrum Akademischer Verlag, Heidelberg, 1995.
Peters, Roger. *Praktische Intelligenz* [A Inteligência Prática], mgv Landsberg am Lech, 1988.
Pinker, Steven. *Der Sprachinstinkt* [O Instinto Lingüístico], Kindler, Munique, 1996.
Pöppel, Ernst. *Grenzen des Bewusstseins* [Fronteiras da Consciência], dtv, Munique, 1985.
Restak, Richard. *Geheimnisse des menschlichen Gehirns. Ursprung von Denken, Fühlen, Handeln* [Os Mistérios do Cérebro Humano. As Origens do Pensar, do Sentir, do Agir], mvg, Landsberg am Lech, 1988.
Restak, Richard. *The Brain: The Last Frontier* [O Cérebro: A Última Fronteira], Warner Books, Nova York, 1979.
Ruja, Harry. *Lebensführung durch Psychologie* [Orientação de Vida Através da Psicologia], Safari, Berlim, 1958.
Sacks, Oliver. *Eine Anthropologin auf dem Mars* [Uma Antropóloga em Marte], Rowohlt, Reinbeck, 1995.
Samuels, Mike, Samuels, Nancy. *Seeing with the Mind's Eye* [Vendo com o Olho da Mente], Random House, Nova York, 1975.
Scheflen, Albert. *Körpersprache und soziale Ordnung* [Linguagem Corporal e Ordem Social], Klett, Stuttgart, 1977.
Schrempf, Christoph. *Sokrates* [Sócrates], Frohmanns, Stuttgart, 1955.
Schwartz, Dieter. *Gefühle Erkennen und Positiv Beeinflussen* [Reconhecer Emoções e Influenciá-las Positivamente], mgv, Landsberg am Lech, 1987.
Spektrum der Wissenschaft: Gehirn und Nervensystem. Woraus sie Bestehen, wie sie Funktionieren, was sie Leisten [Espectro da Ciência: Cérebro e Sistema Nervoso. Em que Consistem, como Funcionam, o que Realizam], Heidelberg, 1987.
Stemme, Fritz e Reinhard, Karl-Walter. *Supertraining* [Supertreino], Econ, Düsseldorf, 1988.
Stemme, Fritz. *Pädagogische Psychologie* [Pedagogia Psicológica], Klinkhardt, Bad Heilbrunn, 1970.
Stemme, Fritz e Gloede, Walter. *Wer zu Spät Kommt. Psychologie, die Unbekannte Waffe im Kalten Krieg* [Quem Chega Atrasado. Psicologia, a Arma Desconhecida na Guerra Fria], Roderer, Regensburg, 1996.

Tausch, Reinhard. *Gesprächspsychotherapie* [*Psicoterapia Verbal*], Hogrefe, Göttingen, 1973.
Wienhard, Klaus, Wagner, Rainer, Heiss, Wolf-Dieter. *PET, Grundlagen und Anwendung der Positronen-Emissions-Tomographie* [*PET, Fundamentos e Aplicação da Tomografia com Emissão de Pósitrons*], Springer, Berlim-Heidelberg, 1989.
Wolpe, Josef. *Praxis der Verhaltenstherapie* [*Prática da Terapia Comportamental*], Huber, Berna, 1972.
Wonder, Jacquelyn e Donovan, Priscilla. *Whole-Brain Thinking* [*Pensar com o Cérebro Inteiro*], Ballantine Books, Nova York, 1984.

B. Artigos de revista, palestras, ensaios

Förster, Heinz von. *Das Gedächtnis. Eine Quantenphysikalische Untersuchung* [*A Memória. Uma Análise Através da Física Quântica*], Viena, 1948.
Hofstätter, Peter. "Behaviorismus als Anthropologie" ["Behaviorismo como Antropologia"], in *Jahrbuch für Psychologie und Psychotherapie* [*Anuário para Psicologia e Psicoterapia*], 1956, pp. 357-70.
Houston, Jean. "Die Farm der Formen, Schritte zu einer neuen Naturphilosophie" ["A Fazenda das Formas, Passos em Direção a uma Nova Filosofia Natural"], in Schaeffer, Michael e Bachmann, Anita (org.), *Neues Bewusstsein — neues Leben. Bausteine für eine Menschliche Welt* [*Consciência Nova — Vida Nova. Elementos para um Mundo Humano*], Heyne, Munique, 1988, pp. 440-65.
Lavin, Franklin. "Negotiating with the Chinese" ["Negociando com os Chineses"], in *Foreign Affairs*, vol. 73, n°. 4, 1994, pp. 16-22.
Peterson, S. E., Fox, P.T. Posner, M.I., Mintun, M. & Raichle, M.E., "Positron Emission Tomographic Studies of the Cortical Anatomy of Single-word Processing" [Estudos de Tomografia com Emissão de Pósitrons da Anatomia Cortical do Processamento de uma só Palavra, in *Nature*, vol. 331, 18 de fevereiro, 1988, pp. 585-89.
Posner, Michael, Petersen, Steven, Fox, Peter, Raichle, Marcus. "Localization of Cognitive Operations in the Human Brain" [A Localização das Operações Cognitivas no Cérebro Humano"], in *Science*, vol. 240, 1988, pp. 1627-631.
Raichle, Marcus. Circulatory and metabolic correlates of brain function in normal humans [Correlatos circulatórios e metabólicos da função cerebral em seres humanos normais], *Handbook of Physiology*, EUA, pp. 643-74.
Reiman, Eric, Raichle, Marcus, et. al. "Neuroanatomical Correlates of a Lactate-Induced Anxiety Attack" ["Correlatos Neuroanatômicos de um Ataque de Ansiedade Induzido por Lactose"], in *Arch. Gen. Psychiatry*, col. 46, 1989, pp. 493-500.
Reiman, Eric, et. al. "Neuroanatomical Correlates of Anticipatory Anxiety" ["Correlatos Neuroanatômicos da Ansiedade Antecipatória], in *Science*, vol. 243, 1989, pp. 1071-074.
Mind and Brain [Mente e Cérebro], Special Issue, *Scientific American*, volume 267, número 3, 1992.
Székely, L. "Zur Psychologie des Geistigen Schaffens" ["Sobre a Psicologia da Realização Espiritual"], in *Schweizerische Zeitschrift für Psychologie*, vol. IV, 1945, pp. 110-24 e pp. 332-47.
Stemme, Fritz. "Die Säkularisierung des Pietismus zur Erfahrungsseelenkunde" ["A Secularização do Pietismo e sua Transformação em Psicologia"], in *Zeitschrift für deutsche Philologie*, volume 72, pp. 144-58.

Stemme, Fritz. "Lernexperimente des Behaviorismus in philosophischer Sicht" ["Experiências de Aprendizado do Behaviorismo em Visão Filosófica"], in *Jahrbuch der Wittheit zu Bremen*, volume XII/1968, Röver, Bremen, pp. 115-37.

Stemme, Fritz. "Cerebral Dominances in Sport — a Neuro-Psychological Hypothesis" ["Dominâncias Cerebrais no Esporte — Uma Hipótese Neuropsicológica"], in *The International Journal of Neuroscience*, EUA, 1988, vol. 45, pp. 161-93.

Stemme, Fritz. Sport und Konflikt [Esporte e Conflito], Angelsachsen Verlag, Bremen, 1976.

University of California, Irvine, Comm. Office, 14 de fevereiro de 1988, Intelligence Test Performance Correlates with Brain Scan [Desempenho de Teste de Inteligência Correlata com Escaneadores do Cérebro].

Índice Onomástico

Adrianow, Oleg - 46
Ali, Muhammed - 182
Antonovsky, Aaron - 142
Aristóteles - 104
Asendorpf, Jens - 115
Augros, Robert - 56
Augusto (imperador romano) - 102
Aurélio Antonio Augusto, Marco - 122

Bargmann, Wolfgang - 43
Bassili, J. - 115s
Beckenbauer, Franz - 78, 90s, 182
Becker, Boris - 143, 162
Bernstein, Leonard - 159
Binet, Alfred - 69s
Biondi, Matt (nadador norte-americano) - 143
Blondel, Charles - 110
Bohr, Niels - 53
Bonhoeffer, Dietrich - 127
Brandt, Willy - 182
Brenner, Harvey - 125
Brejnev, Leonid - 78
Bruno, Giordano - 127
Bush, George - 59, 169

Carreras, José - 159
Carus, Carl Gustav - 103
Ceausescu, Nicolae - 151
Chruschtschov, Nikita - 163ss, 182
Cícero, ver Túlio Cícero, Marco -
Comer, William - 51

Damasio, Antonio - 56, 114, 157s
Damasio, Hanna - 170
Darwin, Charles - 70, 84, 132
Descartes, René - 44, 59s, 62, 68, 81, 85, 128
Diamond, Mariann - 45
Dostoiévski, Fedor M. - 26, 48, 110, 177, 181

Eccles, John - 60s
Einstein, Albert - 37, 43, 45
Eison, Mike - 15
Eliot, Robert - 122
Elizabeth II - 174
Ellis, Albert - 122s, 164
Epíteto - 128
Epstein, Seymour - 12
Erikson, Erik - 151
Ernst, Heiko - 12
Espinoza, Benedictus de - 128

Förster, Heinz von - 89s
France, Anatole - 75
Frankl, Viktor - 142
Freud, Sigmund - 21, 79, 84, 103s, 123, 132s, 136ss, 182
Friederici, Angelika - 149

Gage, Phineas - 170
Galilei, Galileo - 84
Galton, Francis - 70s
Gandhi, Mohandas Karmchand - 181

Gardner, Howard - 12, 69, 74s, 77s, 79
Garrincha (jogador de futebol brasileiro) - 78
Gauss, Carl Friedrich - 68, 70, 78
Gehlen, Arnold - 141
Gide, André - 110
Goethe, Johann Wolfgang von - 103, 113, 132,
Goleman, Daniel - 13, 16ss, 22ss, 58, 79, 102, 104, 106ss, 110, 112, 118s, 126, 128, 130, 135, 140, 143, 148, 150, 154, 168, 175, 178ss, 185
Gorbatchov, Michail - 11, 152, 166
Gorman, Jack - 135
Gould, Stephen - 73
Graf, Stefanie - 148, 160

Haier, Richard - 80
Hartmann, Eduard von - 103
Hebb, Donald - 94
Hegel, Georg Wilhelm Friedrich - 128
Helmholtz, Hermann von - 103
Herrnstein, Richard - 74
Hitler, Adolf - 168s
Holmes, Thomas H. - 124
Horácio Flacco, Quinto - 122
Hubel, David - 94, 150
Huntington, Samuel - 58
James, William - 118
Jensen, Arthur - 73
Johnson, Lyndon - 70
Josephson, Steven - 123
Jung, Carl Gustav - 132

Kabat-Zinn - 22
Kant, Immanuel - 82, 110, 128s, 164
Kasparov, Garry - 83ss
Kennedy, John F. - 55, 163s, 182
Kierkegaard, Soren - 104
Kissinger, Henry - 78, 167s
Kleist, Heinrich von - 103
Klevan, Gene - 156s
Köhler, Wolfgang - 21

Lady Diana - 174
Lafontaine, Oskar - 183
Lange, Carl - 118
Lassen, Niels - 53

Lazarus, Richard - 121
LeDoux, Joseph - 130, 135ss
Leibniz, Wilhelm - 68
Lenin, Vladimir - 46
Lippmann, Walter - 73
Loehr, James - 160
Lynch, James - 142

Maquiavel, Niccoló - 26
Marco Aurélio ver Aurélio Antonio Augusto, Marco
Margenau, Henry - 56, 61
Marx, Karl - 87
Maslow, Abraham - 143
McLaughlin, Peter - 160
McLean, Paul - 49
Menninger, Karl - 143
Meshberger, Frank Lynn - 45
Michelângelo Buonarotti - 44s
Mischel, Walter - 155
Montessori, Maria - 149
Moreno, Jacob - 111
Moritz, Karl Phillip - 113
Mozart, Wolfgang Amadeus - 79
Murray, Charles - 74
Madre Teresa - 181

Neisser, Ulric - 12
Newton, Isaac - 56
Nietzsche, Friedrich - 26, 177
Nixon, Richard - 49, 167, 182

Oppenheimer, Robert - 62
Ouspensky, P.D. - 21, 25

Pagels, Heinz - 57
Pascal, Blaise - 17, 68, 110
Pearson, Karl - 71
Pelé (jogador de futebol brasileiro) - 41, 78, 152
Penfield, Wilder - 55
Penrose, Roger - 57, 61, 90
Penzias, Arno - 20
Pert, Candice - 52
Peters, Roger - 12, 17
Petersen, Steve - 33ss
Planck, Max - 67s, 70, 149
Pöppel, Ernst - 59s
Popper, Karl - 60

Raichle, Marcus - 33, 35s, 38, 40, 50, 63, 80, 131s
Reagan, Ronald - 83, 166, 169
Rehhagel, Otto - 182
Restak, Richard - 54, 59
Ribeiro da Silva, Athayde - 78
Rockefeller, Nelson Aldrich - 182
Rogers, Carl - 111, 181
Röntgen, Wilhelm von - 43
Roosevelt, Franklin Delano - 182
Rose, Robert - 125
Rubens, Heinrich - 67

Sabatini, Gabriela - 160
Sacharov, Andrej - 46
Sacks, Oliver - 170
Saldanha, João - 113
Salovey, Peter - 17, 22s, 107s, 112
Scharping, Rudolf - 182s
Schiller, Friedrich - 103
Schopenhauer, Arthur - 26
Schwan, Robert - 90s
Seligman, Martin - 143
Selye, Hans - 94
Shakespeare, William - 110
Sócrates - 101, 110, 128
Spearman, Charles - 70s, 81

Sperry, Richard - 94
Stalin, Josef - 46, 151
Stanciu, Georg - 56
Stanislavski, Konstantin - 158
Székely, L. - 75

Tales - 101
Toffler, Alvin - 140
Toscanini, Arturo - 91
Túlio Cícero, Marco - 101s

Virchov, Rudolf - 43, 46
Vorländer, Karl - 129

Wagner, Henry - 50ss
Washkanky, Louis - 149
Watson, Lyall - 62
Wechsler, David - 73
Weizsäcker, Friedrich von - 56s
Wertheimer, Max - 68
Wien, Wilhelm - 67
Wiesel, Torsten - 94, 150
Witelson, Sandra - 97

Yamamoto, Lucas - 54s

Zimmermann, Peter - 148